天下布武への道

蜂須賀　劍

水曜社

目次

第七章　美濃攻略（二）　411

完　433

読者へ

織田信長はなぜ人気があるのか？

この男、人生最初のスポットライトを浴びる場面からしてとんでもない。父親の葬儀の一環で僧侶三百名を集めての銭施行に際し、髪は髷《まげ》も結わず茶筅《ちゃせん》に巻きあげ袴も着けず、大小の刀を縄の帯にさし現れ、言葉も発せず位牌に抹香を投げつけて帰ってしまう。この場面を切りだしただけでも唖然とし、なぜ？　の疑問が始まる。周りの大人達から〝例の大うつけよ〟と陰口をたたかれるのも至極当然な感を受ける。だがそんな男が数年後尾張を統一し、東の大国、今川の大軍を、しかも僅かな手勢で完膚なきまでに桶狭間で撃破する。このギャップは一体何なのか？　なぜこの様な事が可能なのか？　ここに多くの人が魅せられ、ある人は彼を天才と呼び、その天才性を解説する事でこのギャップの本質に迫った如きの感を得ようとする。またある人は合戦勝利を偶々運が良かった、とにべもなく偶然に帰す。そうであろうか？

そんな説明に満足できず、気がつけば早四年、私もこの男が繰り広げる数々のギャップの真相究明に明け暮れていた。期間は信長が家督相続した十九歳から三十四歳で〝天下布武〟の印を使い始めるまでの十五年（一五五二〜六七年）間、つまりギャップの温床を作った『信長公記《しんちょうこうき》』の巻首本がカバーしている年月に相当している。

信長は尾張統一に八年、美濃攻略に七年、計十五年をかけており、その後本能寺で討たれるのがそのまた十五年後、つまり家督相続後三十年の彼の人生の内、前半の十五年をカバーするという事である。かつこの期間は史料が少なく、ギャップの究明が難しい。が逆に想像力を刺激し、信長の人生でも一番魅力的な時期といえる。尾張から京へ、そして全国へ飛躍していく信長の助走期間でもあった。

史料『信長公記』は信長に仕えた家臣、太田牛一が一六〇〇年頃に出した、信長に関し最も信頼できるものとされ、これを精査し、また同年代の信頼に足るとされる別の史料と比較し、足りない所を補いながら〝ギャップ〟の究明を進めた。さらに歴史の考察であまり取り上げられない〝数字〟、彼を取り巻く〝環境〟（自然、政治、経済）、彼の生まれた家織田弾正忠家の主《あるじ》達を取り上げる事で、信長が活躍した舞台の土台や下した決断の背景を理解し、彼の実像に迫る手法を採った。

信長はこの十五年に及ぶ助走期間の最後に自分の集大成として〝天下布武〟（の印）の使用を始める。そこまでの道を辿り、ギャップの解明を目指した。なぜ、信長は日本人の記憶に残り人気を博するのか？　この疑問を抱きながら、新しい信長像に迫れればと思う。

序

歴史の時代区分では中世の後に近世が来る。その始まりは永禄十一年（一五六八年）の信長の上洛からが有力である。つまり信長は近世の扉を開いた男である。また明応の政変「明応二年（一四九三年）」から始まったといわれる日本の戦国時代、その終わりもこの上洛時が終焉という説を取る方もいる。となると信長は戦国時代を終わらせた男でもある。その上洛までに成し遂げた彼の四つの業績、尾張統一、桶狭間の合戦勝利、小牧山城築城、美濃攻略を踏まえ「天下布武」を宣する永禄十年（一五六七年）、つまり中世最後の年までを辿りたい。

信長が生れ、成長、奮闘し、「天下布武」に至る十六世紀とはどの様な時代であったのか？避けて通れない時代背景が「小氷河期」と呼ばれる、気候の寒冷化である。十四世紀初頭から約五百五十年間続き、その中でも最悪期が西暦一五〇〇年を中心とした前後五十年であった。

我が国の歴史上、その前後で社会構造を根底から一変させた出来事が四度ある、と云われている。南北朝（十四世紀）、応仁の乱（十五世紀）、明治維新（十九世紀）そして第二次世界大戦の敗戦（二十世紀）である。初めの三つはこの「小氷河期」、つまり気候の寒冷化が天候不順をもたらし、農業生産に打撃を与え、飢饉を招き、社会を大混乱に陥れ、その結果として起きた。「小氷河期」が社会構造を根底から変える出来事を三度も引き起した、と云っても過言ではない。人が生きるため〝食べ物〟を奪い合う、つまり生存を懸けた根源的な争いがこれら社会変動の根底にあった。

信長が生まれる二百年前の一三三三年鎌倉幕府が滅び、その後、後醍醐天皇による建武の新政、足利尊氏の室町幕府の開幕とそれ以降南北朝の争いが続き、一三九二年に足利義満により統一されるまで約六十年間全国的な騒乱が続いた。あろう事か南北朝は天皇が南の吉野と北の京にそれぞれ居り、両天皇とそれぞれに付いた公家、武士間の争いとなった。結果は正統性のあった南朝方の敗北で収束し、結果、天皇・公家体制が大幅、かつ広範囲に弱体化し、武家の足利幕府に完全に権力が移行する結果で終わった。

しかし、その足利幕府も南北朝を統一した三代将軍義満の時代（将軍即位から亡くなるまでの期間、一三六八年〜一四〇八年）が頂点で、その後次第に足利幕府体制そのものの持つ制度的脆弱性と天候不順に翻弄され、急速に弱体化していく。その象徴的出来事にこの様なものがあった。

南北朝の争いと応仁の乱の狭間で、寒冷化の最悪期に入った長禄・寛政年間（一四五九～一四六一年）に天候不順で大飢饉となり、最後の年（一四六一年）の最初の二ヶ月間で餓死した遺体八万二千が、京の賀茂川の流れを堰き止めた。（過去の人口推計値で一四五〇年の京の人口は十五万とある）。その時の幕府の長、八代将軍、足利義政（銀閣寺の建立者）は政治の主導権を側近等に浸食され、政治に倦んでおり、飢饉への対応は皆無であった。幕府の余りの無為無策に、時の後花園天皇が一遍の詩をもって義政を誡《いまし》められた。

後花園天皇が誡められた際の御歌、

残民争採首陽蕨（生き残った者達は首陽山の蕨を争って採っている）
処々閉炉鎖竹扉（どの家のかまどにも火が入っておらず、家の扉も閉まったままだ）
詩興吟酸春二月（詩が歌いたくなる春二月なのに）
満城紅緑為誰肥（花や木は誰のために咲き、芽吹くのか）

（首陽山とは　古代中国で〝殷〟を臣下の〝周〟が攻め滅ぼした時、臣下のやることか、と諫《いさ》めた伯夷《はくい》・叔斉《しゅくせい》兄弟が周の建国後、周の穀物を食べる事を恥として、首陽山に隠れ住み、蕨を採って生き延びていたが、その後餓死した、という故事）

だが義政は全く聞く耳を持たず、自分の〝花の御所〟の改築に勤しむだけの日々を送っていた。気候変動がもたらす自然の猛威に襲われ、かつ幕府の機能不全で、民の惨状悪化が食い止められず起こった悲惨な出来事であった。

この大飢饉が序奏となり、応仁の乱（一四六七～七七年）が勃発。この乱後（十五世紀末）に、織田弾正忠家の祖、信長の曽祖父・良信（すけのぶ／ながのぶ）が歴史上に現れる。信長はこの良信の曾孫として、天文三年（一五三四年）歴史のスパンでみれば鎌倉幕府崩壊後二百年連綿と打ち続いた動乱の中で、しかも小氷河期のピーク時内に生をうけ、成長後その混沌の歴史の潮目を変える男となった。時代が縋《すが》る思いで待ち望んだ男ではなかったか。

そんな男の十五年の軌跡を切り出し、追っていく。

天下布武

天下布武の印

信長が『天下布武』の印を使い始めたのは美濃を攻め落とした永禄十年（一五六七年）からで、奇しくも 応仁の乱勃発から百年の節目の年であった。信長の傅役、平手政秀の母方の縁者であり、臨済宗、妙心寺派僧侶沢彦宋恩《たくげんそうおん》の選といわれている。

意味は一般的に伝わっている〝武力で天下を統一する〟という意味ではなく、孔子の編纂と伝えられる歴史書「春秋」の注訳書の一つ「春秋左氏伝」にある、武は〝七徳の武〟からの拝借と思う。それは仮にも沢彦は僧侶、〝武力で天下を統一する〟などという言葉を選ぶとは思えないからである。

では〝七徳の武〟とは？

「左氏伝」の宣公十二年（紀元前五九七年）の項に、楚子（荘王）が晋に邲《ひつ》の戦で勝った際、臣下が晋軍の兵の屍骸を集めて戦勝記念の京観《けいかん》（大きな塚）を造り、武功を子々孫々に伝えられては、との提案をした。楚子は臣下を誡《いまし》めて、周の建国時の王・武帝の詩を引用した。

〝武〟という文字は〝戈《ほこ》〟（戦）を〝止める〟と書く。〝武〟とは〝暴を禁じ、戦を止め、大（国）を保ち、功を定め、民を安んじ、衆を和し、財を豊かにする〟の意である。

然るに自分は楚と晋の兵士の屍を戦場に晒した。これは暴であると諭し自身の徳のなさを列挙し、武功の武の意味が違うと京観を造らせなかった。この〝七徳の武〟の考えを天下に広めるが天下布武であり、信長にとり、戦国の世を終わらせ、天下泰平をなす、の意であった。

また信長はこの時、攻め落とした美濃稲葉山城の麓の町〝井の口〟の名称も、沢彦の三つの選の内から〝岐阜〟を選び改名した。その三つの選とは岐山、岐陽、岐阜と伝わっている。

暴虐な振舞いの多かった殷の紂王《ちゅうおう》を討って、新国家周が建国された。その周の発祥の地が〝岐山〟である。また、儒家の始祖、孔子の生まれた国・魯の首府の名前が〝曲阜〟である。〝阜〟は岡を意味する。岐山の〝岐〟と曲阜から〝阜〟を採った〝岐阜〟の〝岐〟は新しい国を建て、〝阜〟

は仁を持ってその国を治める、信長の意志を込めた選択であった。〝仁〟とは孔子が最上級の徳目としたもので、〝他人に対する思いやりであり優しさ〟である。

最後はこの二年前から信長は麒麟《きりん》の麟を模った花押（サイン）を書くようになった。麒麟は〝王が仁のある政治を行う時に現れる、神聖な生きもの〟で、自分こそがその王であるの意思表示であった。

これら三つの事をほぼ同時期に実施した事から、信長の目指したものは、尾張、美濃を統一し、次の指針を、〝戦国の世を終わらせ、天下泰平をなし、新しい国を建て、仁を持ってその国を治める〟に設定した。しかしなぜこの時であったのか？

この疑問、天下布武へ至る「道」、を辿る。

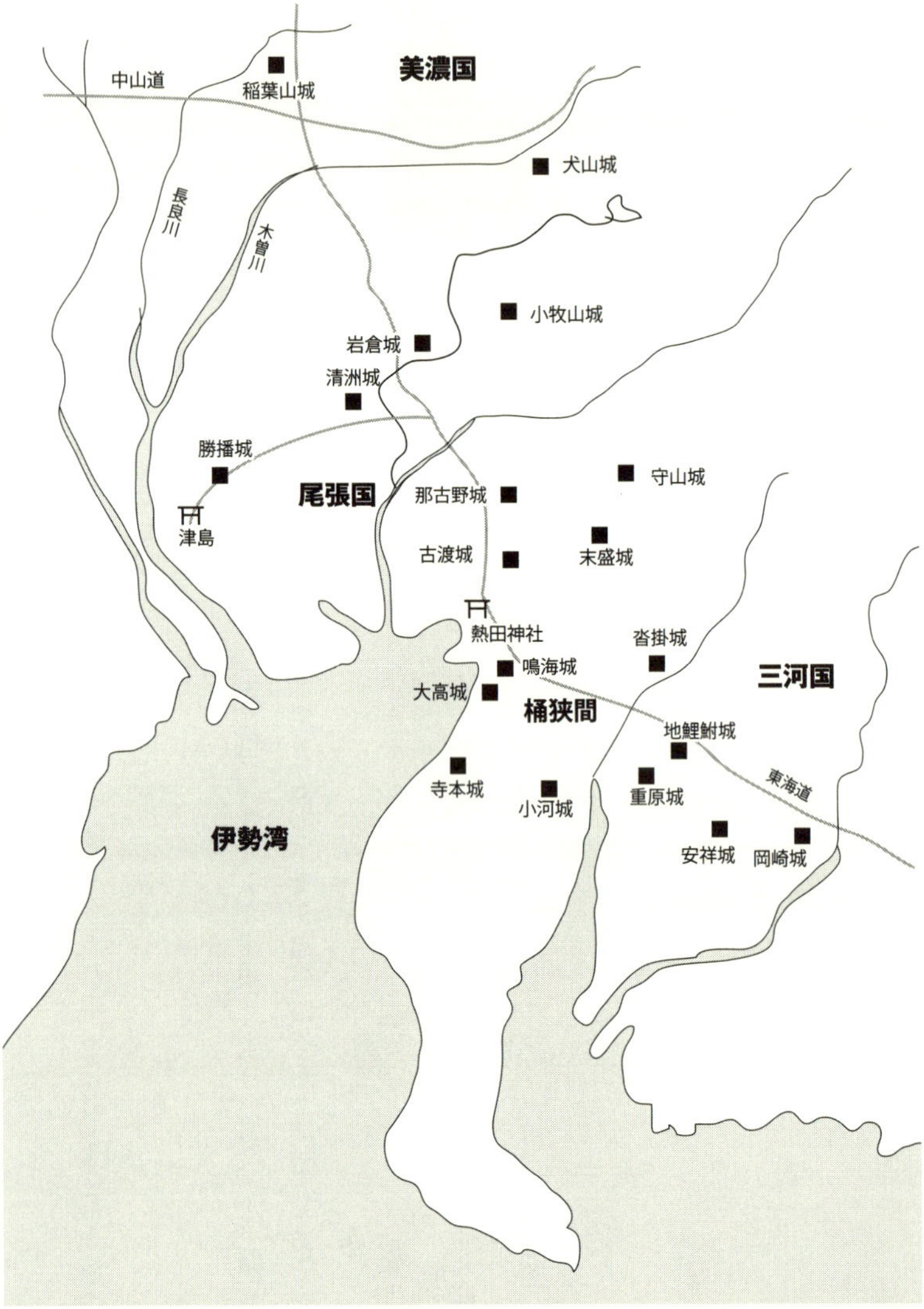
美濃国
中山道
稲葉山城
犬山城
長良川
木曽川
小牧山城
岩倉城
清洲城
勝播城
津島
尾張国
那古野城
守山城
古渡城
末盛城
熱田神社
沓掛城
鳴海城
三河国
大高城
桶狭間
地鯉鮒城
東海道
寺本城
小河城
重原城
伊勢湾
安祥城
岡崎城

第一章　〝うつけ〟を高く評価した二人

越前・朝倉家

美濃・斎藤家

一、朝倉宗滴

信長は若い頃奇行が多く、身近な家臣達から〝うつけ〟としか評価されなかった。が一方早い時期から彼を高く評価した人物が居た。しかも尾張国の外に、である。越前の朝倉宗滴《そうてき》であり、美濃の斎藤道三である。なぜこの二人は信長を評価したのであろうか？　この二人を通して信長の人物像を掘り下げていく。

朝倉氏と織田氏はかつて共に越前で守護大名・斯波氏に仕える重臣であり、同僚であった。斯波（義重）氏は応永の乱（一三九九年、三代将軍足利義満の有力守護大名から力を削ぐ策略が要因）で六ヶ国を治める守護大名・大内（義弘）氏討伐が行われ、その際軍功があり、義満より尾張守護職を与えられた。応永七年（一四〇〇年）頃織田氏は尾張守護代に抜擢され、越前より新領地、尾張に移った。

一方の朝倉氏は応仁の乱時、主君、斯波氏が西軍に属したため、彼らも東軍と戦っていたが、東軍からその実力を買われ、越前の守護職を条件に寝返りを謀られ、東軍に鞍替。その後主君・斯波氏、守護代・甲斐氏を武力で圧倒し、実力で越前の守護をせしめた。その時の当主が朝倉孝景《たかかげ》朝倉家七代目当主で、宗滴はその八男である。

朝倉宗滴

父・考景が死去した際、宗滴は僅か四歳であったが、家督を彼に継がせるという話もあった。しかし四歳では余りに幼い、という事で嫡男氏景《うじかげ》が継いだ。宗滴は朝倉家当主の幼名、小太郎を、成人後、曽祖父の名前で、祖父、父も一時名乗った、教景《のりかげ》を継ぐという実質嫡男扱いであった。宗滴は法名。氏景の次の当主・貞景《さだかげ》の代から、宗滴が軍奉行として越前衆を率いる、実質的最高実力者となった。

彼は十八歳から亡くなる七十九歳まで十二回合戦に出て、一度も負けた事がなく、特に三十歳の時（永正三年・一五〇六年）、加賀、能登、越中の一向一揆勢三十万人（数に誇張ありか?）が越前に攻めよせた〝九頭竜川の合戦〟では、朝倉勢一万を率いて、これを撃退。宗滴は陣頭に立ち、〝死ぬ気で戦わない奴は俺が殺す、一向衆と戦って死ぬか、俺に殺されるか、好きな方を選べ〟と味方を叱咤し、勝利した、と伝わっている。

この宗滴が天文二十四年（一五五五年）七月に加賀の一向一揆討伐の陣中で倒れ、九月に亡くなった。彼の生前の言葉が『朝倉宗滴話記』として家臣により纏められた。その中で彼は臨終の言葉として、

「後三年生きたい。やり残した事や命が惜しいのではない。織田上総介の行末をもう少し見たいのだ」

を残した。一度も会った事もない若者、織田上総介（＝信長）に、なぜこれ程の関心を持ったのか、不思議である。

信長が家督を継いだのが天文二十一年（一五五二年）三月、宗滴が亡くなったのが天文二十四年（一五五五年）九月、この間僅か三年半。尾張の一若者に対し、越前の年の離れた最高実力者が彼の何に関心を示し、臨終の言葉として、これをいわしめたのか、状況証拠を積み上げ、真意に迫りたい。信長の家督相続後三年半の動きを『信長公記』、宣教師ルイス・フロイスの『日本史』等残された信頼に足る史料を参考に追う。

天文二十一年（一五五二年）三月　父、信秀逝去：抹香投げつけ

「信長御焼香に御出づ。其の時の信長公御仕立、長つかの太刀、わきざしを三五《みご》なわにてまかせられ、髪はちゃせんに巻き立て、袴もめし候はで、仏前へ御出でありて、抹香をくはっと御つかみ候て、仏前へ投げ懸け、お帰り（略）」

（『信長公記』「備後守病死の事」）

信秀の墓

親の葬儀の一環（銭施行）に際し、何ともセンセーショナルな〝うつけ〟を強調する話であるが、ルイス・フロイスの『日本史』の関連記事を読むとイメージが変わる。

「彼の父が尾張で瀕死になった時、彼は父の病気平癒の祈禱（きとう）を仏僧らに願い父が病気から回復するかどうか訊ねた。彼らは彼が回復するであろうと保証した。しかるに彼は数日後に世をさった。そこで信長は仏僧らをある寺院に監禁し、外から閉め、貴僧らは父の健康について虚偽をもうした。だから、今や自らの生命につきさらに念を入れて偶像（仏像）に祈るがよい、と言い彼らを外から包囲した後、彼らのうち数人を射殺せしめた」

（『日本史』Ⅱ「32章」）

とある。ルイス・フロイスが信長に会ったのは岐阜時代。時間は経っていたが、この様な話が世の中に流布していたか、少なくとも彼の側近が語って聞かせたのであろう。

この話からすれば、織田弾正忠家の菩提寺、萬松寺の東堂（開山、大雲永端和尚＝信秀の叔父、信長の大叔父）が三百名もの僧を集めて銭施行を開いた。祈禱の霊験もなく亡くなった父の位牌を前に何のための銭施行か、全く意義の見いだせない行為に対する怒りと拒否が、抹香投げつけに繫がった、と読める展開である。

さらに二つ。一つは、この抹香投げつけ事件が起こった時、尾張が特に弾正忠家が置かれていた状況と関係があるのではないか。これに関しては、三の山赤塚合戦の項でさらに詳しく話をしたい（P42）。

二つ目は、信長はこの銭施行開催に事前に反対していたのではなかろうか？　彼が弾正忠家の新当主。彼の反対が一族郎党に無視され銭施行が開かれた事に対する怒りも含まれていたのだと思う。これは彼の普段着での登場からの推察であるが。

新当主、発足当初から家中は〝大騒動〟であった。この行為を見て『信長公記』では、

「三郎信長公を、例の大うつけよと、執〻《とりどり》評判候ひしなり。其の中に筑紫の客僧一人、あれこそ国は持つ人よと、申したる由なり」（『信長公記』「備後守病死の事」続き）

と、書く。〝大うつけ〟と裏で舌打ちする重臣達の顔が目に浮かぶ。一方客観的に見れば、新当主、信長のやった事を国持ち大名になる人物、と見抜く客僧もいる。この出来事の経緯が分かれば、単なる〝うつけ〟の抹香投げつけでない、何かがあり、信長の行為を評価する者もいたと分るであろうが、史料がないのが残念。この話は銭施行に参列した者から広く尾張内外にセンセーショナルに伝わったと思われる。特に、宗滴の朝倉家には宗滴の父、孝景《たかかげ》が残した家訓（朝倉孝景条々：一四七九～一四八一年の間に成立）がある。その第三条に、

「天下雖為静謐（てんかせいひつたりといえども）遠近之国々に目付を置き、所々之行跡を被聞候（きかれそうろう）はん儀、専一之事」

〝世の中平穏であっても、遠近の国々へ目付（諜報員）を置き、情報収集に専念しろ〟とあり、尾張の出来事は目付から逐一越前に報告されていたと想像できる。この抹香投げつけの話は痛く宗滴の関心を引いたのではなかろうか。その理由は、

信長の行動には宗教（仏教・仏僧）に対し〝畏れ〟（敬意を含んだ恐れ）が感じられない。それは治る、と断言しながら父を治せなかった仏僧達の行う加持祈禱に効力（霊験）はあるのか？　と〝疑い〟、僧らに自らの命を懸けて祈禱させ、矢を射かけて〝効力（霊験）を試し〟、結果仏僧たちが自らの命を守れず、加持祈禱は〝おためごかしの認識〟に至ったであろう一連の行為からであった。

〝宗教に畏れを抱かず、宗教の力を疑い、その効力を試す〟。これは当時の社会的通念を根底から揺さ振る、タブーへの挑戦ではなかったか。そして結論として〝加持祈禱はおためごかし〟の認識に至る。

次に、たとえどんな理由があろうと、有力一族の当主が亡くなれば葬儀の一環として銭施行を行うのは社会的常識としてあったのであろう。霊験のあるなしは兎も角、やること自体に是非はなかったのではないか。信長はその形式的社会常識も意味のないものと否定する。しかもその意志を、抹香を仏前に投げつける、過激な手段で表す。

宗滴にはこれらの行為が世の中の既成概念を破壊する、いや、〝突き貫ける〟破天荒な行為と見え〝衝撃〟を受けると同時にその行為がもたらす信長の存在そのものへの〝危うさ〟（天罰が下るを含め）を感じ、彼のいくすえに強い関心を持った、のではなかったか。

この宗滴の受け取り方を真に理解するには、この当時の人々が持っていた宗教観を見ないと理解できない。井上鋭夫教授の著書『本願寺』から、

「天台・真言・法相等古代国家の仏教は、荘厳な堂塔を構営し、盛大な仏事を営むが、それも詰まる所加持祈禱をなす事が使命であるからである。加持祈禱は超人間的な霊力に対し、所定の手続きによって働きかけ、有限の人間の無限の願望や欲望の実現を期すもので、本質的に呪術に外ならない。（中略）また神仏習合によって原始的シャーマニズムの系譜を引く民族信仰と融合してそれらは社会的慣習と結びついていたから、大社巨刹（きょさつ）への信仰心よりもさらに強固な基盤を持っていたと言える。そしてそのいずれも現状を維持し、伝統的権威を守り、新しいものの出現を阻止しようとするという役割を果たすものであった。その故に親鸞の国家仏教批判は南都北嶺に対する攻撃にとどまらず、呪術と因習との抗争でもあった」（『本願寺』）

※神仏習合：日本固有の神への信仰と仏教信仰とを折衷して融合調和させる事

宗滴や信長が戦った一向一揆の宗祖・親鸞（一一七三〜一二六二年）に関して書かれた文章であるが、中世日本人の宗教観の根底はこのようなものであった。十六世紀に入っても、この宗教観は変わっていなかったと思える。例えば、相模国を切り従えた北条早雲（一五一九

年死去）は家訓『早雲殿廿一箇条』を残しているがその中で、

「（第一条）：第一に神仏を信じ奉るべき事
（第二条）：夜は早く寝て、朝は寅（午前四時）の刻に起き、行水をし、神仏への礼拝をなして、（略）
（第五条）：神仏を礼拝する事は、身の行いというものである。神仏に対して拝む気持ちがあるならば、ただひたすらに心を正しく、（略）」
（『早雲殿廿一箇条』）

と、一国を乗っ取る程の人物ですら家訓として〝真摯な信仰心〟を子々孫々へくどいほど説いている。突然起こる天変地異、突然襲う病魔になす術もないこの時代に人々が頼ったのが神であり、呪術であったのは、ある種やむを得ない事であったか。神の霊験を信じ、只ひたすらに畏れ敬う、が世の常識であった。戦国期に入り、命のやり取りが生業の武士達は合戦が日常化するとさらに神頼みに傾斜する。二木謙一教授の『合戦の文化史』にこの様な話があり、当時の武家社会への理解がます。

「室町中期から戦国期にかけての時代に、軍配兵法といわれるものが出現している。これは卜筮（ぼくぜい）により開戦の日時・方向・雲気などの吉凶を占い、軍神をまつって出陣・首実検・血祭などの儀式をおこなうものである。（中略）。武田信玄は出陣前にみずから卜筮をおこない、上杉謙信も出陣にさいしては五大尊明王を本尊として※五壇護摩を執行し、武禘式をあげるのが常であった。（中略）。戦国大名たちは、軍事に関する加持・祈禱・卜筮にたくみなものを軍師と称して優遇した」（『合戦の文化史』）

※（五壇：密教で、五大明王を安置する五つの壇）

この様に世の中が、神仏習合で民衆信仰と結びついた仏教の教えが日常生活の隅々まで浸透し、その力を信じ、畏れ、敬う時代の中にあり、しかも戦国の世の武士階層ではいっそう信仰が深化していく中、十九歳の信長は自分が体験した事以外は信じないという全く世の因習に囚われない行動を見せる。これは当時誰かに教えられた訳でもなく、信長が持って生まれた天賦のものであったか。四百六十年前の日本に現代人的感性を持った男が、突然現れたという感じを受ける。

宗滴の朝倉家の家訓『朝倉孝景条々』では、

「（第十二条）：可勝合戦（かつべきかっせん）、可執城責等時（とるべきしろぜめのとき）、選吉日（きちじつをえらび）、調方角（ほうがくをととのえ）、遁時日事口惜候（ときひをのがすことくちおしく）、（中略）、雖為悪日悪方（あくにちあくほうたりといえども）見合、諸神殊には八幡摩利支天に、別而致精誠（べっしてしょうじょういたし）、励軍功候（ぐんこうはげみそうら）はば、勝利可為案中（しょうりあんのうちたるべきのこと）、

（第十二条）：勝てる戦、落せる城攻めの時に吉日や方角を選んでいる内に好機を逃す事は口惜しい。（中略）。日柄、方角が悪くても皆で八幡、摩利支天に真摯に祈願し、軍功を励めば思い道理に勝利できる」

父、孝景の豊富な実戦経験と実績からの自信が相まった、先進的と評される家訓であるが、根底に在るのは神頼み。この家訓下で育った宗滴にはこれが理解でき、かつ受け容れられる範疇ではなかったか？　さらに岐阜時代の信長の宗教観に関する史料がルイス・フロイスの『日本史』に残っている。

「彼は善き理性と明晰な判断力を有し、神及び仏の一切の礼拝、尊崇、並びにあらゆる異教的（仏教的）占卜や迷信的慣習の軽蔑者であった。形だけは当初法華宗に属しているような態度を示したが、顕位について後は尊大にすべての偶像を見下げ、若干の点、禅宗の見解に従い、霊魂の不滅、来世の賞罰などは無いと見做した」

（『日本史』Ⅱ　32章）

中世の戦国期に、武士階級に生まれたにも関わらず、我々現代人と同じような感性を持つ、それが信長の特異な存在を際立たせる。これを周りの者達は〝うつけ〟としか受け止められなかったが、越前にこの異次元の感性を持つ男に、彼の行動に衝撃を受け、強く興味を持つ様になった老実力者（この時七十六歳）が居た。その最初の切掛けが〝仏前への抹香投げつけ〟

事件ではなかったか。

天文二十一年（一五五二年）四月　三の山赤塚合戦：敗戦

信長に家督相続直後、大きな試練

「織田上総介信長公、十九の御年の事に候。鳴海の城主山口佐馬助、子息九郎二郎、廿年、父子、織田備後守（信秀）殿御目を懸けられ候ところ、御遷化候へば、程なく謀叛を企て、駿河衆を引き入れ、尾州の内に乱入。沙汰の限りの次第なり」

「一、織田上総介信長公十九の御年、人数八百計りにて御発足、中根村をかけ通り（中略）三の山へ御あがり候のところ、（略）」

「一、御敵山口九郎二郎、廿の年、三の山の十五町東、（中略）。九郎二郎人数千五百計りにて、赤塚へかけ出だし候」

（『信長公記』「三の山赤塚合戦の事」）

『信長公記』の文脈からすると、父・信秀の亡き後程なく、うつけの悪評高き信長が家督を継いだ事から駿河の今川の攻勢を最初に受ける尾張南東部の国境《くにさかい》の国人、土豪衆が動揺し、織田から今川に乗換えた、と取れる。がその様な単純な筋書きであろうか？

『信長公記』の記述内容から受けるこの合戦への疑問は？

①なぜ、信秀に目を懸けられた山口親子が首謀者となり謀判（叛）なのか？

②なぜ、山口方が兵数千五百なのか？　また、彼等は何処から来たのか？

③なぜ、信長方はたった八百なのか？

④織田と今川に取りこの合戦の意義は何か？

である。これらの疑問への回答を求めながら話を進めたい。

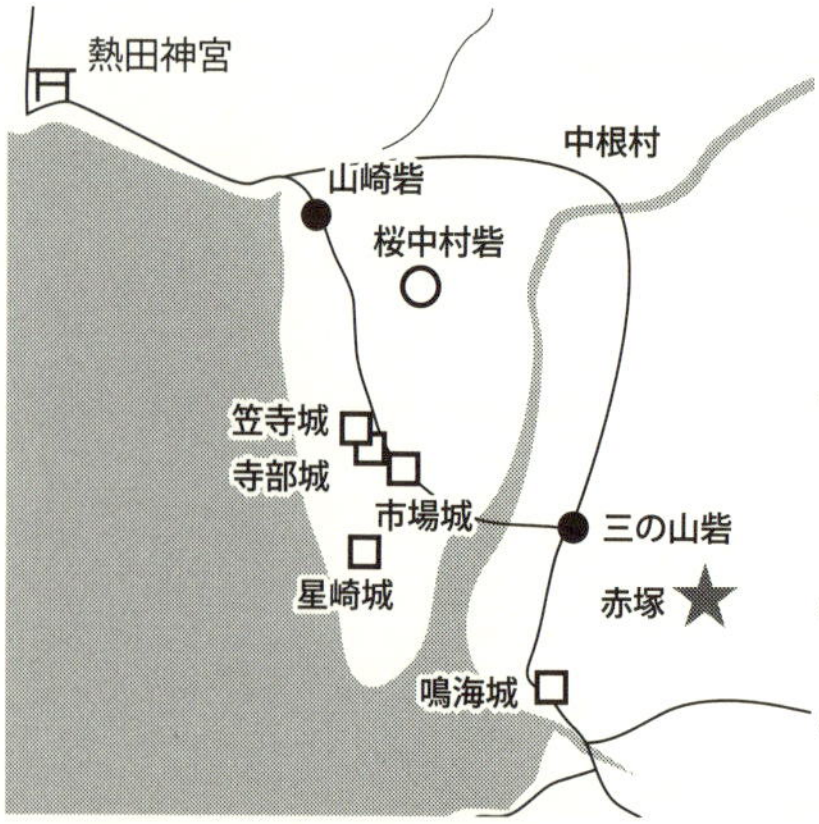

三の山赤塚合戦
天文二十一年（1552年）4月

●信長は山崎、三の山の両砦を築く。

●この合戦ではもう一つ砦がないと横が空いてはしまう。候補は信長が三の山に向かった際に、通過した中根村あたりか？

●この合戦は桶狭間の合戦場の北で行われた。

●信長が通った道は両合戦とも同じであったと思える。

①なぜ、信秀に目をかけられた山口親子が首謀者となり謀叛なのか？

『信長公記』の巻首本の中に出て来る織田と今川の戦いは四回。小豆坂《あずきざか》合戦、三の山赤塚合戦、村木砦攻めと桶狭間の合戦である。良く読むと参陣した者の名前から、前半の二つの合戦には関連性があり、ある種のメッセージが隠されている、と思われる。ここから山口親子の謀叛の理由が読み解ける。三の山赤塚合戦の詳細に立ち入る前に、まず父信秀時代の小豆坂合戦の章を読むと、

「其の時よき働きせし衆。織田備後守（信秀）、織田与二郎殿（信康）、織田孫三郎殿（信光）、織田四郎次郎殿（信実）、織田造酒丞殿（みきのじょう・信房）、是は鎗きず被（こうむ）られ、内藤勝介、これはよき武者討取り高名。那古野弥五郎、清洲衆にて候、討死候なり。下方左近、佐々隼人正、佐々孫介、中野又兵衛、赤川彦右衛門、神戸市左衛門、永田次郎右衛門、山口佐馬助、三度、四度かゝり合い〳〵、折しきて、各手柄と云ふ事限りなし。前後きびしき様体《ようたい》是なり。爰にて那古野弥五郎が頸は由原討ち取るなり。是より駿河衆人数打ち納（い）れ候なり」（『信長公記』「あづき坂合戦の事」の〝後半部〟）

この章は表題に「あづき坂合戦の事」とある割に、合戦そのものは詳しく書かれておらず、

参陣した者の名前が主。ここにメッセイジが潜んでいる。それは、

・その時よき働きせし衆

このフレーズに出て来る面々は、三つのグループからなっている。まず弾正忠家の身内（織田姓）。次に古くからの家臣達（下方や佐々等）。そして最後に中野又兵衛、山口佐馬助である。この二名と討ちとられた那古野弥五郎の共通点は天文七年（一五三八年）に、信秀が那古野城を今川氏豊から奪って以降、彼の下知に従うことになった者達という点である。

・那古野弥五郎の討死

『信長公記』に〝那古野弥五郎、清洲衆にて候、討死候なり〟とある。双方何千人もの兵がぶつかり合う合戦で、しかも〝前後厳しき様体是なり〟と激戦であった。つまり討死した者の数はかなりの数であり、名のある武将も多数討死したであろう（追って数を試算する）。しかし、戦死者で具体的に名前が出て来るのは〝那古野弥五郎〟ただ一人であり、討

ち取った今川方の武将の名前由原までもが出て来る。なぜなのか？

・那古野氏とは？

那古野氏は十三世紀中葉、今川家の家祖、国氏の次女を娶り、女系ながら今川一門と見做され、足利将軍家の奉公衆（親衛隊）一番方に属する由緒ある家であった。

奉公衆：足利三代将軍、義満が有力守護大名の力を削ぐために整備した軍（親衛隊）である。（義満が拡充・増強した、が正しい解釈か）。五番方まであり、構成員は鎌倉時代からの有力御家人、守護大名家の庶流、足利家一門から選ばれ、各番五十〜百名、総計四百名前後で、彼らの家臣を含めると五千〜一万名となった。各番持ち回りで京に駐留し将軍に近習、それぞれの領地近くの将軍家の御料所の管理の役も担った。またそれぞれの領地では守護不入や段銭不納の特権を持ち（将軍直属）、出身地の守護大名に対して独立した存在であった。将軍家にとり守護大名の力を削ぐ役割も果たしていた。その地位は世襲で、故に番内の結束は固かった。

大永年間（一五二一～一五二八年）に今川義元の弟、氏豊が那古野氏に養子に入り、那古野城を築城し在城した（経緯は後述P１８９と１９９）。この氏豊に主な家臣が十二名いた。天野信景著の『尾張人物史略』一七一一年成立によると那古野蔵人高信（弥五郎の父）、中野左衛門重次（又兵衛の父）、戸部新左衛門（＝山口佐馬助の養父か？ 佐馬助が戸部家に養子に入ったが、一五三八年以降山口姓に戻ったと推測）が十二名の内の一部である。

・山口佐馬助

山口佐馬助教継《のりつぐ》。父は桜中村城の城主、山口教房《のりふさ》で山口宗家の安盛（市場城主）、盛重（寺部城主）兄弟の従兄弟であった。山口家内の庶流であり、信秀から鳴海城を貰う前は笠寺城（別名戸部城）主であった。山口佐馬助が戸部家に養子に入り、戸部新左衛門正直を継承、一五三八年以降山口姓に戻したと推測。信秀が佐馬助親子の働きを賞して鳴海城を与えている事からして有能であった。その有能さ故に戸部家に養子に入れたか？（笠寺地区には地理的に北から桜中村城、笠寺城（戸部城）、寺部城、市場城、星崎城とあり、笠寺城を中心として半径１㎞の範囲内に全て存在する）。

今川家は、那古野弥五郎を今川一門と中野又兵衛、戸部新左衛門（山口佐馬助）等を今川一門の家臣達と見做していた。にも拘らず、氏豊が信秀に攻められた際、家臣の責務を果たさず、あまつさえその後信秀の傘下で今川家に刃向かうなぞ言語道断の思いがあった。この感情は『信長公記』のこの章の最後に、〝爰にて那古野弥五郎が頸は由原討ち取るなり。これより駿河衆人数打ち納れ候なり〟に繋がり、その意は〝那古野弥五郎を由原が討ち取ったので、兵を納めた〟と読める。

由原という名の有力家臣は今川家にはいない。庵原の間違いと思われる。庵原とはこの戦で今川軍を率いた、義元の師僧で軍師、太原雪斎の出身一族の名である。今川方、総大将・太原雪斎が裏切り者、那古野弥五郎を討ち取ったので軍を引く、という意味ではなかろうか。つまり今川家は氏豊の家臣であった者で、氏豊追放後、織田の傘下で、今川に弓を引く者を絶対に許さない、というメッセイジを鮮明に与えた。これが二つの合戦に関連した部分である。つまり山口佐馬助は元々今川一門の家臣であり、この事が謀叛の伏線となった。

では、謀叛の直接の理由は何であろうか？　小豆坂の合戦から三の山赤塚合戦まで丸四年、どの様な出来事があったのか、史料から纏めてみた（表1）。詳しく見ると、

・天文十八年（一五四九年）　十一月

安祥城の落城時生捕られた信長の庶兄、織田信広と織田に売られていた松平竹千代（後の家康）の交換が〝笠寺城（山口佐馬助の城）〟で行われた。この事実からも山口佐馬助は今川家に面識がある事が窺える。（今川方は小豆坂合戦勝利や安祥城奪還を踏まえ、次の一手として意図的に人質交換を笠寺城で行い、この時山口佐馬助に謀叛を促したであろう）。

・天文十九年（一五五〇年）

今川方が規模（五万）は兎も角、西三河、尾張知多郡（の南部でか？）の織田方勢力の掃討作戦をやっていた事は確かであろう。結果、尾州錯乱。信秀（守り）と信長（攻め）の間で対今川の方針に関し争いが起こったか？または、犬山の織田信清の謀叛の事か？　となる。尾張内は箍《たが》が緩んだ状態であった。

（表１）小豆坂の合戦から三の山赤塚合戦までの推移

天文17年	1548年	3月、小豆坂の合戦で織田信秀敗戦。信秀、末盛城築城。
天文18年	1549年	3月、松平広忠逝去。11月、安祥城陥落。城代・織田信広、松平竹千代と交換。
天文19年	1550年	『定光寺年代記』尾州錯乱。八月、駿州義元五万騎ニテ智多郡へ出陣同雪月（12月）帰陣。
天文20年	1551年	12月、山口佐馬助謀判（叛）は此の時点か？
天文21年	1552年	『定光寺年代記』３月、信秀死去。４月、赤塚合戦。九月、駿州義元八事マデ出陣。

・天文二十年（一五五一年）

『愛知県史』「中世3」に、天文二十年（一五五一年）十二月付けの義元の一通の書状あり、

「今度山口佐馬助（教継）別可馳走之由祝着候、雖然織備（信秀）懇望子細候之間、刈屋令赦免候、此上味方筋之無事、無異儀山左申調候様、両人可令異見候、謹言　十二月五日　義元」

（『愛知県史』「中世3」今川義元書状　妙源寺文書）

と、父信秀が亡くなる前年中に、山口佐馬助は既に今川に寝返っていた事が分かる。

うつけの信長が家督を継いだが故に、山口佐馬助が謀叛、との理解は正しくない。父信秀の小豆坂合戦敗退、安祥城攻防戦時の後詰失敗で城の失陥、それに続く退勢が佐馬助の不安を駆り立て、終に謀叛に至った、が正しい。それでも安祥城失陥時から二年間は様子を見、信秀病没の三ヶ月前以前に、流れは今川と見定め、叛旗を翻す決断をした、と理解できる。謀叛が起きてもおかしくない状況を造ったのは信秀であり、特に彼の守りの姿勢ではなかったか。一方信秀に目をかけて貰った山口佐馬助にとっても苦渋の決断であった事は様子見に二年を費やした事でも推測出来る。

次に山口佐馬助親子の謀叛から合戦に至るまでの両軍の動きについて、まず両軍の陣容がどの様なものであったかを見る。『信長公記』には、

「一、鳴海の城には子息山口九郎二郎を入れ置く。
一、笠寺に取手要害を構へ、かづら山、岡部五郎兵衛、三浦佐馬助、飯尾豊前守、浅井小四郎五人在城なり。
一、中村の在所を拵（す）へ、父山口佐馬助楯籠る」

（『信長公記』「三の山赤塚合戦の事」）

と、山口方の陣容を伝えている。これが天文二十年（一五五一年）十二月五日、義元が書状で山口佐馬助の謀叛を〝祝着候〟と書いてから翌年四月十七日までの四ヶ月半の山口・今川方の動きの結果である。一方、信長方の動きの様子は書かれていない。これをまず補う。（家督相続から赤塚への出陣迄の一ヶ月半の事だが）山口佐馬助が籠った桜中村城が尾張領内に一番食い込んでいる。この後の笠寺地区に駿河衆がおり、さらに天白川を越えて鳴海城に息子、山口九郎二郎が陣取っていた。信長はこれに対し、敵の攻勢を封じ込める策として、

・佐久間信盛に命じ、熱田の南に山崎砦を築かせた。（対桜中村城）
（織田側から見て、南東方面への押さえ）

・三の山にも砦を築き鳴海城への北からの押さえと鳴海・笠寺間の通行を監視、妨害する
　目的を持たせた。

と、二つの砦を築いた。（もう一つ砦がないと包囲が完成しない。信長が三の山砦に向かった際通過した中根村あたりが適地と思うが史料がない。二つの砦を前提で話を進める）。三の山赤塚合戦は信長方の三の山砦構築を山口方が阻止する軍事行動への信長の後詰であった、といえる。（後詰：攻撃を受けている味方の城に対する救援の軍事行動）

この四ヶ月間の動きを見ると、今川勢が山口佐馬助の手引きで笠寺まで兵を進める、と先手を取った。信長は後手を踏んでいる。父親が病に臥せその後亡くなり、葬儀と家督相続で打ち手が遅れ守勢に立たされた。

話が戻るがこの様な緊迫した（今川が笠寺迄侵攻、那古野城迄10㎞）状況下で、父親の葬儀の一環とはいえ銭施行までやる（P23、24）。これは余りにも悠長であり、緊迫感の欠如。しかも喪主である信長が取りやめを命じたにも拘らず、実施された。信長は抹香を投げつけ怒りを爆発させたのが抹香投げつけ事件と解釈するのが理に適っていないか。

これが合戦までの流れである。

②なぜ、山口方が兵数千五百なのか？　また、彼等は何処から来たのか？

山口方の千五百の内訳は尾張衆七百五十、駿河衆七百五十ではなかったか。尾張衆七百五十の内訳（つまり何処から来たのか？）は、大和守家（清洲）から五百、弾正忠家から二百、伊勢守家・領国外から五十、と想定。この千五百の他に笠寺地区に、山口佐馬助の桜中村城に二百五十（尾張衆）（大和守家百五十と弾正忠家百の離反者）とその他諸城（砦）に駿河衆残り三百五十が居り、合計二千百（尾張衆千、駿河衆千百）が全体の数であった。

信長方八百は別途纏めて説明するが、この時点での信長軍の内訳は信長千六百五十（＝信長＋林）、弟、信行千五十、叔父、信光五百、計三千二百であった。ここから謀叛に三百が荷担し離反、二千九百が信長の下知に従っていた。（表2）

信長方は三の山砦、山崎砦にそれぞれ四百と四百五十の守備兵を配置。その他計四百五十の留守部隊を各城に残し、戦闘要員千六百を二手に分け、信長が八百を率い、残り八百を叔父、信光（と柴田権六）に託し、遊軍として山崎砦から笠寺地区の諸城（砦）への押えとして兵を出した。

全体では信長方がやや優勢であった。但し赤塚では信長は主に山口側の兵力(七百五十)のみを念頭に、八百で出陣。三の山砦の四百と合わせ千二百で、山口方に駿河勢の応援が加わっても十分対応できると判断し、出陣した。

それにしても全体で戦闘員は二千九百。なぜ、信長の戦力はこの程度なのか?

父信秀の時代に最大六千近く動員した軍事行動が可能であったのに、である。これは信長の家督相続時までの尾張に於ける兵力の推移を見ていかないと理解が難しい。全体で二千九百の理由を、天文十三年(一五四四年)(ここが弾正忠家退潮の始まり)まで遡って、その推移を見

(表2) 信長軍の三の山赤塚合戦時の兵数

	信長	林	信行	信光	計
家督相続時	900	750	1050	500	3200
謀叛に荷担	▲50	▲100	▲100	▲50	▲300
合戦前	850	650	950	450	2900
合戦に参陣	300	350	150	—	800
三の山砦	300	100	0	—	400
山崎砦	100	100	250	—	450
遊軍	—	—	450	350	800
留守部隊	150	100	150	50	450

たい。ここから家督相続時に信長が置かれていた状況に迫る。

信長の家督相続時、弾正忠家は存亡の危機かその前段階の中にいた。『信長公記』の巻首、四番目の章〝美濃国へ乱入し五千討死の事〟が「危機の原点」であった。それは、

「さて、備後殿（信秀）は国中憑（たの）み勢（ぜい）をなされ、一ヶ月は美濃国へ御働き、又翌月は三川の国へ御出勢。或る時、九月三日、尾張国中の人数を御憑みなされ、美濃国へ御乱入、在々所々放火候て、九月廿二日、斎藤山城道三が居城稲葉山の山下村々押し詰め、焼き払ひ、町口まで取り寄せ、既に晩日申（さる）刻に及び、御人数引き退（の）かれ、諸手半分ばかり引取り候所へ、山城道三噇（どう）と南へむかって切りかゝり、相支へ候と雖も、多人数くづれ立つの間、守備の事叶はず、備後殿御舎弟織田与次郎、織田因幡守、織田主水正（もんどのカミ）、青山与三右衛門、千秋紀伊守、毛利十郎、おとなの寺沢又八舎弟・毛利藤九郎、岩越喜三郎を初めとして、歴々五千ばかり討死なり」

（『信長公記』「美濃国へ乱入し五千討死の事」）

父信秀が美濃攻めで大敗。武家が戦に負ける、特に大敗する事は、則ち、存亡の危機の瀬戸際に陥る事になる。例えば将来の事になるが、信長に桶狭間で大敗した今川家、長篠で大敗した武田家はそれぞれ数年の内に滅亡している。しかもこの両家は由緒ある家柄であった

が、織田弾正忠家は尾張国内の新興勢力、つまり成り上がりで、今風に云えば、新興ヘッジファンドが投資家から金をかき集め、投資に失敗したら、このヘッジファンドは存続が難しくなる、に似たようなものではなかったか。

この敗北に関して、詳細になるが、実際は幾ら動員し、どの程度の損害規模であったのかを見る。なぜなら『信長公記』がいう、〝五千討死の事〟が事実であれば、弾正忠家は確実に滅亡し、信長への家督相続はなかった。では実際の討死はどの程度であったのか？

この合戦後に斎藤道三の重臣、長井秀元が小河（緒川）の水野十郎左衛門へ出した手紙には〝越前、尾張連合軍は上下具足数二万五・六千〟、その内〝数百討ち取り、他に二〜三千溺れる〟と書き送っている。だがこれも敵将がいっている事から大分誇張されていると感じる。

さらに後に尾張徳川家の菩提寺になる定光寺の年代記には〝尾州衆二千人討死、大将衆他〟とある。第三者的な定光寺の記述を基に、合計二千前後が討死と溺死で亡くなった、と見るのが事実に近いのではなかろうか。

次に、では幾ら動員しての二千人前後の損害であったのか。衝撃度が異なるのでこの点も推測する。この合戦は長井秀元の手紙にあるように、越前・尾張 vs 美濃の戦いであった。

動員（可能）数は、

（越前）：十六世紀末（一五九〇年前後）の太閤検地時の石高は五十万石。一五四四年時（太閤検地の五十年前）はこれより一割ほど少ない四十五万石と推定。同じく十六世紀末の動員計算方式の一万石あたり二百五十名を使うと計算上は五十万石×九割×二百五十＝一万一千二百五十。他の資料でも越前朝倉氏の兵力は一万から一万二千と出て来る、よって概ね正しいか。

（尾張）：同じ計算方式を適用すると五十七万石×九割×二百五十＝一万二千八百となる。ここから海西郡（八郡中一郡）は支配に属さず。つまり十二・五％減。一万一千二百名程度と見る、が実相に近いか。

朝倉家は総兵力の約半分六千を（領国の守りもあり、総兵力の半分での遠征は妥当では）、また信秀も同じく六千前後（信秀の影響力からしてこの程度が最大では）を集めて参戦した。越前・尾張連合軍は合計一万二千、倍強の二万五、六千と号して美濃へ侵攻した。

ちなみに美濃は五十四万石。同じ計算方式で、兵力は一万二千前後となる。侵攻軍に拮抗していた。

尾張勢は動員六千に対して二千を失い、中でも弟で犬山城主、与二郎や織田大和守家内で同格の織田因幡守、熱田神宮大宮司・千秋紀守等有力者を失う大敗北であった。結果は（表3）。

（前提）

・この合戦前が弾正忠家の勢力（兵の数）が最大であった。
・この時、知多郡も含め八郡中七郡が濃淡はあるが、信秀の下知を受け入れた（計算上　一万一千を使用）。
・弾正忠家：六千の内訳は美濃への出陣三千五百、知多郡からの千は参陣せず。安祥城に五百、大垣城に五百、尾張内の諸城に合わせて五百、計千五百を守備兵として残す。
・大和守家：尾張の動員可能数から弾正忠家の六千を引いた残り五千を伊勢守家と折半とし各二千五百とした。美濃へ

（表3）美濃での戦い（1544年）前・後の尾張の兵数の推移

	勢力（兵数）	安祥・大垣・城	美濃出陣	討死数	敗戦後の兵数
弾正忠家	6,000	各500	3,500	▲1,200	4,800
大和守家	2,500	1,250	1,250	▲400	2,100
伊勢守家	2,500	1,250	1,250	▲400	2,100
尾張　計	11,000	4,000	6,000	▲2,000	9,000

（弾正之家に知多郡 1000 を含む）

の出兵数はその半分、千二百五十と推定。

・伊勢守家：大和守家と同じとした。（感覚的には大和守家より少なさそうだが）。

・討死・溺死者二千は出陣の兵数の割合で各家に割り振った。（表3）

次に、美濃での大敗から四年後、天文十七年（一五四八年）に〝小豆坂合戦での敗北〟がある。（ここからP50まで数字表記を変更）。

・弾正忠家：四八〇〇（美濃での敗戦後）＋新規召し抱え四八〇＝五二八〇。三河へ出陣二八〇〇、安祥城五〇〇を引くと残りは一九八〇。一五四四年十一月の美濃への出陣の際は留守番を五〇〇しか残さなかったために清州衆に古渡城下に攻めこまれた。今回は大和守家（清洲）の主力＝留守部隊（一七〇〇）に対応できる数を不測の事態に備え意図的に城

（表4）小豆坂合戦（1548年）前・後の尾張の兵数の推移

	召し抱え	合戦前	三河出陣	安城＋諸城	討死	合戦後
弾正忠家	480	5,280	2,800	500+1,980	▲350	4,930
大和守家	200	2,300	600	1,700	▲75	2,225
伊勢守家	200	2,300	600	1,700	▲75	2,225
計	880	9,880	4,000	5,880	▲500	9,380

に残した。この時の守将が信長で、これが信長が小豆坂の合戦に参陣しなかった理由か?

- 大和守家・伊勢守家:それぞれ新規召し抱え五〇×四年間=二〇〇を加えた。

小豆坂の合戦前後の兵数の推移が(表4)となる。

三番目に、小豆坂の合戦の翌年、天文一八年(一五四九年)〝安祥城攻防戦〟が起こる。

今川方が安祥城を奪取。守将の織田信広が本丸で生捕られる。六〇〇中、五〇〇は討死と推定。この損害は弾正忠家のみ。四九三〇−五〇〇(討死)=四四三〇。内訳は城陥落時の弾正忠家は三九三〇−四〇〇(討死)=三五三〇、知多郡(主に水野氏)は一〇〇〇−一〇〇(討死)=九〇〇となった。三度の合戦後の尾張の状況を時系列的に見ると

(表5)三度の合戦後(1549年)の尾張の兵数の推移

	美濃大敗前	美濃大敗後	小豆坂合戦前	小豆坂合戦後	安祥城失陥後
弾正忠家	6,000	4,800	5,280	4,930	4,430
内(知多郡)	(1,000)	(1,000)	(1,125)	(1,000)	(900)
弾正忠家のみ	5,000	3,800	4,155	3,930	3,530
大和守家	2,500	2,100	2,300	2,225	2,275
伊勢守家	2,500	2,100	2,300	2,225	2,275
尾張 計	11,000	8,980	9,880	9,380	8,980

（表5）となる。

弾正忠家は、知多郡を除くと美濃での大敗前に持っていた五〇〇〇（＝六〇〇〇－一〇〇〇）の兵力が安祥城を失った天文十八年（一五四九年）末の時点では三五三〇（内、信清七〇〇）まで減っていた。

信長が家督を継ぐのが天文二十一年（一五五二年）であり、この間（三年間）の新規召し抱えを加えると二八三〇（＝三五三〇－七〇〇）＋三六〇（新規召し抱え）＝三一九〇、これが信長の下知に従う兵の数であり「P43の（表2）右上の三一〇〇に該当」、これから謀叛の者（三〇〇）を引いた二九〇〇がこの時点の全兵力であった。

（大和守家、伊勢守家、犬山の信清（七〇〇）は信長の下知に従わず。知多郡も旗幟が不鮮明の状態）。

信長の家督相続時、父信秀の相次ぐ敗戦で、尾張内の情勢はそれまで核であった弾正忠家の勢力が急速に後退し、核のない状態となっていた。そして外から（今川）の圧力でさらに内部崩壊が加速する状況下にあり、その崩壊阻止の動きの第一弾がこの三の山赤塚の合戦であった。漸く〝信長の置かれた状況と兵の数〟が出た。そして戦況が動く。

「か様に候ところ、四月十七日、

一、織田上総介信長公十九の御年、人数八百計にて御発足、（中略）三の山へ御あがり候のところ、

一、御敵山口九郎二郎、廿の年、三の山の十五町東、なるみより北、赤塚の郷へは、なるみより十五、六町あり。九郎二郎人数千五百計りにて、赤塚へかけ出だし候。先手あし軽、清水又十郎、拓殖宗十郎、中村与八郎、萩原助十郎、成田弥六、成田助四郎、芝山甚太郎、中島又二郎、祖父江久介、横江孫八、あら川又蔵、是れらを先として、赤塚へ移り候。

一、上総介信長、三の山より此のよしを御覧じ、則ち、あか塚へ御人数よせられ候。御さき手あしがる衆、あら川与十郎、あら川喜右術門、蜂谷般若介、長谷川挨介、内藤勝介、青山藤六、戸田宗二郎、加藤助丞。敵あひ五間・六けん隔て候時、究竟の射手共、互いに矢をはなつところ、（略）」

（『信長公記』「三の山赤塚合戦の事」続き）

③なぜ、信長方はたった八百なのか？

この疑問への回答は、前項（P43・表2）の内訳でご理解いただける。ここではその八百の内訳とそれを使った合戦の推移を見ていく。信長は十六歳からの三年で自分の親衛隊約

八百を育て上げた。それらの約半数を三の山砦に籠め、残りの半数とその他計八百を自ら率いて出陣。

『信長公記』に名前が出て来る、御さき手あしがる衆、あら川与十郎、あら川喜右衛門、蜂谷般若介、長谷川挨介、内藤勝介、青山藤六、戸田宗二郎、賀藤助丞の大半が信長親衛隊であろう。ここから検証を試みる。

・あら川与十郎、あら川喜右衛門：あら川氏は足利氏の支流、吉良氏か戸崎氏の流れ。三河国、幡豆《はず》郡の吉良村や戸崎村近郊のあら川村の出。奉公衆五番隊の家柄。吉良氏が東西に分かれ、織田と今川それぞれに付いたように、興亡をかけ、あら川氏も分裂し、この者達は信長に付いた。三河出身。（山口方にも、あら川姓の者が居る）。

・蜂谷般若介《はんにゃのすけ》：美濃衆と思われる。信長の重臣となった蜂谷頼高は道三が息子、義龍に討たれた後の一五五六年以降信長に仕えた。それ以前に仕えた蜂谷般若介とは誰か？　頼高の縁者であったか。

・長谷川挨介：桶狭間の戦いの際、清洲城を飛び出した信長に付き従った五名の小姓の一人、長谷川橋介では、と思う。（この時は弟、信行の家臣であった。信行の家臣も参陣の証）。

・内藤勝介：（信長公記）巻首の最初の記事に吉法師（＝信長）に付けられた重臣、四長《よんのおとな》。あづき坂の合戦の際、有力な敵将を討ち取り、武功を上げた。（四長と呼ばれる程の重臣かは疑問であるが）。
・青山藤六：信長付きの三長《さんのおとな》で、美濃で信秀が大敗した時に討死した、青山与三右衛門の親族か？
・戸田宗二郎：松平竹千代（後の徳川家康）が今川に人質として送られる途中、渥美の田原城主・戸田康光に騙され、織田信秀に売られてしまう。怒った今川義元が兵を向け、戸田康光は天文十六年（一五四七年）に討死。その親族か？　三河出身。
・賀藤助丞：桶狭間の戦の際、清洲から付き従った小姓の一人、加藤弥三郎の事か？　熱田の豪商の息子。

戦場で先頭を切って敵陣に突入した者の大半が信長の鍛えた親衛隊の〝中核〟であった。

あら川氏の二名、蜂谷般若介、戸田宗二郎ら四名は他国から来た者。その他の者は信長に信秀によって付けられた家臣（二名）と信長の小姓達（二名）と分類。内歴戦の兵《つわもの》は内藤勝介のみ。ここから他国からの採用者と生え抜きの小姓の混成の信長親衛隊の原型が既に見て取れる。一方織田弾正忠家の古参の、歴戦の兵の影が薄い感を受ける。

次に敵方、山口側の兵数千五百と名前の出ている参陣者から、何がいえるのか。千五百はかなりの数だが、まずは参陣の面々を『信長公記』から、

「さき手あし軽、清水又十郎、柘植宗十郎、中村与八郎、萩原助十郎、成田与六、成田助四郎、中島又二郎、芝山甚太郎、祖父江久介、横江孫八、あら川又蔵、是れらを先として、赤塚へ移り候」

・清水又十郎：鳴海の南7㎞の清水城の者か。近隣の土豪。

・柘植宗十郎：鳴海の北東7～8㎞に諸輪《もろわ》と云う地区があり。そこが柘植氏の本拠地。近隣の土豪。

・中村与八郎、萩原助十郎：中村は強いて推測すると今川氏豊の十二名の家臣の一人で氏豊追放時、討死した忠臣、中村弥右衛門元親の縁者か？　萩原は後述の中島氏と領地が近い。弾正忠家が中島氏の領地を簒奪する際に、同様に領地を押領された恨みがあったのではないか。

・成田弥六、成田助四郎：山口本家の重臣に成田姓の者がいる。山口佐馬助はこの謀叛

時、本家の当主・寺部城主、山口重俊やその兄、市場城主、山口宗可を攻め、討ち取っている。行き場を失った山口本家の家臣の一部が佐馬助に従ったか？

・中島又二郎：中島氏は別途詳細を説明するが、鎌倉時代から尾張の中島郡に土着した有力御家人の家柄。奉公衆五番方。織田弾正忠家四代に渡り、領地を押領され続け、信長の時代に一族離散となった。この積年の恨みがあった。

・芝山甚太郎：尾張海東郡芝山郷の出か？　尾張・芝山氏は奉公衆二番方に属する家柄である。後年は信長に属する者も現れるが、甚太郎は謀叛に加わった。理由は中島氏と同じか？

・祖父江久介：祖父江氏は尾張海東郡津島の津島社の神職の家で、織田弾正忠家の中島郡西御堂八ヶ所の領地の代官を務める。その様な家からの反乱者。その理由は不明。

・横江孫八：鎌倉幕府の執権北条氏の末裔が愛知郡横江村に逃れてきて、横江氏を名乗った。その後、愛知郡から海東郡に向けて勢力を拡大。海東郡・赤目村に赤目城を建て本拠地とした。この時横江から横井に名前を変えた。織田家と海東郡では勢力圏が被る？争いがあったか。

この面々を見ると、山口九郎二郎のあし軽衆は、織田弾正忠家に積年の恨みのある者達

（五名）、鳴海城近辺の土豪達（四名）、一旗組（二名）の三グループの者でなっていると推定。この様な者達を掻き集めて、千五百もの兵になるのか？　は大きな疑問で千五百の半分は今川方から送り込まれた駿河衆と想定した方が無難と思う。但し、駿河衆はたとえ参陣していたとしても、山口九郎二郎の下知に従うとは思えず。『信長公記』にも戦闘時に〝いづれも、みしりかえしの事なれば、たるみはなかりけり〟とお互いに顔見知りであったため、手を抜く事はなかった、といっている。これは暗に実際に戦をした者の大半は、尾張の離反者七百五十のみであったといっていないか？　つまりこの合戦は弾正忠家の信長と主にこの家に積年の恨みを持った者達の遺恨試合ではなかったか。

次の疑問は今川家から送られてきた五名は、なぜ、この戦いで積極的に信長を討とうとしなかったのか？　である。まずは派遣されてきた面々をみていく。

・かづら山：『信長公記』で最初に名前が挙げられている割には、家名のみ、この時代から、この人物がだれであったのかは分らなかったのか？　一般的には、葛山播磨守長嘉《ながよし》といわれているが。

葛山氏の領国は駿河の東端、河東と呼ばれている地域である。今川家と相模の北条家が争った〝河東一乱〟（天文六年・一五三七年）～（天文十四年・一五四五年）の間は葛山氏は北条側に付いた。理由はこの騒乱が始まった時の当主、葛山氏広は北条早雲の三男で養子。北条家の当主は実兄、氏綱であったため、主君は今川家であるがやむを得ずという所か。河東の乱も天文十四年（一五四五年）に、河東地域が今川家に戻る事で終わるが、その後、天文二十三年（一五五四年）北条氏康の娘が今川家に嫁いで来るまで、両者間は緊張状態が続いた。つまりこの合戦時、葛山氏は今川の傘下にいたが、微妙な関係であったか？「長嘉は桶狭間の戦死者名簿（天沢寺記）に〝後陣旗頭〟として載っている」。

- 岡部五郎兵衛：桶狭間の合戦時、鳴海城を堅守。討たれた今川義元の頸と引き換えに鳴海城を開城し義元の頸を駿河に持ち帰った事で名を上げた闘将。
- 三浦佐馬助：三浦佐馬助義就《よしなり》。今川家では朝比奈氏と共に、両家老と呼ばれた重臣中の重臣。その当主。（桶狭間の合戦では〝駿河旗頭〟。討死）。
- 飯尾備前守：天沢寺記では飯尾豊前守顕茲《あきこれ》と出て来るが、乗連《のりつら》では？　遠江、曳馬城（浜松城）城主。一万石。（桶狭間で討死）。
- 浅井小四郎：浅井小四郎政敏《まさとし》。義元の妹聟。（桶狭間で討死）。

この五名の者達は三浦佐馬助を筆頭に今川家内ではそうそうたる顔ぶれであった。少なくとも各自二百名以上の兵を率いての参陣ではなかったか。よって合計千名以上の駿河衆が笠寺に参陣していた（計算上は千百としている）。三浦佐馬助の指導力に問題があったのか？義元の命であったのか？　戦闘に積極的に関与せず、信長の自壊を待つであったか。何とも中途半端な数の滞陣である。今川家のこの時点の兵の動員力を今までの計算方式で試算すると駿河・遠江の石高は四十万五百石×九割×二百五十＝九千百名。ここから千百前後の兵を出している。全体の十二％である。（三河は〝この時点〟では未だ領地化されていなかったと判断。参陣した部将たちも駿河か遠江の出身）。

しかも結果として、長期滞陣となり、経費的には莫大な出費であったと思われる。経費を具体的に見ると、一人当たり一日六合の米を支給するとして、

- 山口佐馬助の尾張衆千の内五百は領地なし。この五百は今川の支援を必要とした。
- 駿河衆（含む遠江衆）千百。
- 計千六百人分の兵糧を今川は毎日供給の必要あり。

と仮定して試算すると一日の米の必要量は六合×千六百＝九・六石、重さでは１４４０kgとなる。当時、馬一頭は米俵二つを積んで運んだ。米俵一俵は60kg。よって、一頭で１２０kg運ぶ。つまり毎日馬十二頭が米を鳴海・笠寺地区へ運び込まなければならない。

　平均五日置きに運び込むとなると、十二頭×五＝六十頭の馬の小荷駄隊（口取り三名／二頭＝九十名＋護衛の兵百名、計百九十名）を少なくとも二隊必要としたのではなかろうか。他国への遠征部隊を維持するのは生易しいものではなかった。（江戸時代に書かれた『雑兵物語』で語られている数字（兵糧／人）を使用。『雑兵物語』は一六〇〇年代後半に、兵卒の経験・体験を語る形式で書かれた〝戦陣心得〟）。

　しかも天文十九年（一五五〇年）から永禄二年（一五五九年）の十年間は天候が安定せず、旱魃から飢饉が毎年発生で、兵糧の確保は想像以上の難儀であった。（兵は駿河・遠江から兵糧は三河から調達し、しかも大半は年貢としてではなかったか。三河領民の負担は非常に重かったのでは）。『孫子』はこういっている。

「故に兵は拙速を聞くも、未だ巧久を睹（み）ざるなり。夫（そ）れ兵久しくして国の利なる者は、未だ有らざるなり。故に用兵の害を知るを尽くさざる者は、即ち用兵の利を知るを尽くすこと能ざるなり」

（『孫子』「兵は拙速を聞くも、未だ巧久（こうきゅう）を睹（み）ざるなり」）

戦争には、多少まずい点があっても迅速に切り上げるという事例はあっても、完璧を期したので長びいてしまったという事例は存在しない。そもそも戦争が長期化して国家の利益になったなどということは、いまだかつてあったためしがない。したがって、軍の運用に伴う損害を徹底的に知り尽くしていない者には、軍の運用がもたらす利益を完全に知り尽くす事もできない。

今川方は結果として、『孫子』の教えからかけ離れた仕儀となった。早すぎた橋頭保確保であり、財政的には経費垂れ流し状態に陥っていた。現地の成り行きに任せすぎたか。

三の山赤塚合戦に話を戻す。合戦の様子を『信長公記』から、

「一、上総介信長、三の山より此のよしを御覧じ、則ち、あか塚へ御人数よせられ候。(中略)。敵あひ五間・六けん隔て候時、究竟の射手共、互いに矢をはなつところ、(中略)。巳の刻より午の刻までみだれあひて、扣き合つては退く、又、まけじおとらじと、かゝつては扣き合ひ〳〵、鑓下にて敵方討死、荻原助十郎、中島又二郎、祖父江久介、横江孫八、水越助十郎(略)。

一、上総介信長公衆討死三十騎に及ぶなり」

(『信長公記』「三の山赤塚合戦の事」続き2)

この合戦の描写から分かるのは、

・信長は戦術的に優位な高地、三の山から赤塚へ下りた。（野戦を選択＝戦いを急ぐ）
・五〜六間（約10ｍ）の距離で弓を射ち合った。
・巳《み》の刻（午前九時〜十一時）から午《うま》の刻（十一時〜十三時）まで何度も扣きあった。

であり、結果は『信長公記』によると、山口九郎二郎側は五名、信長方は三十騎が討死した。

「入り乱れて、火花をちらし相戦ひ、四間、五間をへだて、折り敷いて数刻の戦に、九郎二郎は、うわやりなり」（『信長公記』）

九郎二郎側が〝うわやり〟つまり優勢であった、と判定している。が損害が五対三十ならば、明らかに信長方の負け、と表現すべき結果ではないか。（桶狭間の合戦までの信長の戦いの中で、明らかに負けと思われるのはこの合戦のみ。しかも初戦）

では、なぜ負けたのか？　を少々詳しく見たい。

『信長公記』で討死三十〝騎〟とあるが、これは戦場に馬に乗って出陣する身分の者の数

（今の言葉でいえば将校）。信長軍の将兵の構成比がどの様な割合であったかの史料はない。が、細川広世編『日本帝国形勢総覧』（一八八三年）記載の徳川昭武所蔵修史館本に寛永元年（一六二四年）（江戸時代初期）の全国の兵数を記した史料がある。（戦国の余韻さめやらぬ時代でかつ全国的平均値を見るのに最適と判断し借用）。日本全国の兵数は五十四万六千五百名、馬上二万五千五百〝騎〟。（単純に割ると）将の割合は、約五％弱である。

これを信長軍に当てはめると千二百（＝八百＋砦の守備兵四百）×五％＝六十騎弱。この内三十騎（全体の将校の半数以上）が討死。これでは軍隊として組織的に機能しなくなる数ではないか。つまり〝負け〟と判定。さらに〝敗戦〟を数字で説明できないか探した所、戦闘の数理モデルがあった。二十世紀に入ってからのもので、信長の時代の戦闘に当てはまるか？　は少々疑問だが当てはめてみたい。一九一四年に発表された「ランチェスターの法則」の第二法則によると戦闘は、

- 基本的に兵員数の多い方が有利。
- 下記の条件を満たせば、この法則は成り立つ。
- 条件
- お互いに相手の部隊の全てを有効な射程に収めている。

・両軍の戦力は兵員と武器の性能によって決まっているが、両軍の戦闘効果は異なっている。
・残存部隊はお互いにあらゆる時点で相手の部隊配置の情報を持っている。
・両軍の射撃は相互に残存する部隊に均等に配分する。

赤塚の合戦は10ｍしか離れていない所で対峙し、戦闘に入っている。故に、この条件は全て当てはまると判断した。

・法則：（軍の戦闘力）＝（武器の性能）×（兵員の数）の二乗。

赤塚の合戦時の武器の性能に関しては大きな差異はないと仮定。兵数だけを考慮すると千二百と千五百の二乗の差で出て来るはず。単純化し、十二の二乗と十五の二乗の差は八十一。これをルートで戻すと九。つまり織田軍千二百を殲滅した後に九郎二郎の軍は九百名残る。損害は千二百対六百。損耗率は二対一の割合でこれが理論値。だが実際の損害比は三十対五＝六対一であり、兵員の数の優位性だけでは説明できない。『信長公記』では〝両軍の戦意〟も差異はなさそう。では、何がこれだけの差を生じさせたのか。残るは武器の性能か？　信長は十六〜十八歳の時に家臣の持つ鑓の長さを長くする改良を実施している。この鑓の長さが有効であったという記事も『信長公記』に出て来る。この赤塚の合戦でも鑓は三間間中柄（６ｍ強）の鑓が使われたと想定すると信長が優位。しかるになぜ信長側の損害が膨らんだのか、この損害の膨らみは別の要因があるのか？　それは飛道具と思われるがこの点はＰ68の天野氏の報告の項で別途説明したい。

④織田と今川にとってこの合戦の意義は何か？

この質問への回答を、朝倉宗滴が抱いたであろう疑問を絡ませながら、追っていく。

まず、朝倉宗滴はこの合戦結果をどう聞いたであろうか？　彼の疑問はこの様なものではなかったたか。

1なぜ、劣勢（千二百）の軍勢で多勢（千五百）に策も無く戦いを挑むのか？

2なぜ、これほど損害が大きくなったのか？　またなぜ、それが許されるのか？

3なぜ、二時間程度で戦闘は終わったのか？

1 なぜ劣勢（千二百）で多勢（千五百）に策も無く戦いを挑むのか？

朝倉家では、家訓『朝倉孝景条々』「第十二条」にこの様にある、

「如何様之（いかよう）吉日なりとも、（中略）、猛勢に無人にて向かうは、其曲（そのきょく）ありまじく候、」

お日柄が良くとも、多勢に無勢で戦に臨むのは如何なものか〟と諫めている。やむを得ず劣勢で戦闘するとしても、何らかの手立て、戦術が必要ではないか。

ナポレオンはこんな風にいっている。

「わずかな例外は別として、数の優勢な方の部隊にこそ勝利は保障されている。それゆえ戦術は、闘おうと思う地点に赴いた時、如何すれば敵軍よりも数においてまさっている事ができるか、ということを考えるに在る」

（『ナポレオン言行録』）

戦は数の多い方が勝つ。故に戦場に着いた時、総数で優る敵軍の一部に総数では劣る自軍を或る場所に一点集中させ、或る限定した時間、数的に優位に立てるように作戦を練る。そ

こに勝機が見出せる。

『信長公記』からは　信長が何らかの手立てや戦術を駆使した後に戦闘を開始した、とは読めない。逆に山口／駿河勢の方にナポレオンがいわんとしている、戦術の妙が見られる。さらに理論値以上の損害の発生の要因は、信長の戦のやり方に問題があったのではないか。

信長の戦のやり方とは

・精鋭部隊への過信からか、速戦即決（決戦で一気に勝敗を決する）指向への偏重あり
・速戦即決を具現化する敵陣中枢への吶喊《とっかん》攻撃（鬨《とき》の声を上げながらの突撃）の反復

ではなかったか。しかし、これはなぜ兵の数で劣勢にも関わらず、何ら戦術的工夫もなく、戦闘に突入してしまったのかの回答ではない。これには対外的必要性と対内的必要性の二つの理由があったと見る。とりも直さず、信長のこの合戦の意義にも直結するが、

対外的必要性：今川方に天文十七年（一五四八年）の小豆坂合戦の敗戦以降、安祥城攻防と失陥、その後三河・矢作川以西の織田方勢力圏の奪還を許し、さらに尾張領内の鳴海、笠

寺迄侵攻される過去四年間の攻勢（流れ）で尾張領内は退っ引きならぬ状況となっていた。これ以上の侵攻を許すことは内部崩壊を誘引するとの認識であり、まずはその〝流れを止める〟、さらに山崎砦及び三の山砦の構築を反転攻勢の楔《くさび》とし〝流れを変える〟の意志を内外に示す事が喫緊の、また必要不可欠な行動であった。

対内的必要性：信長は戦をやってみたかったのでは？　自分が育て上げた親衛隊が世の中でどの程度通用するのか、を知りたかった。自信もあり勝つ事で新当主への権力掌握を図った。ナポレオンの言葉の一部を拝借しながら補足したい。

「どうしてローマ人はあんなにも偉大なことを成し遂げたのか？それは彼らが立派な兵隊をつくるのに六年間もかけて教育を施したからです。三千人のローマ帝国の軍隊は三万の軍隊に匹敵しました。（私の）親衛隊のような一万五千の軍隊でなら、私は四万の軍隊を撃破するでしょう。私は新兵の軍団で戦争するような事は決してしないでしょう」

（『ナポレオン言行録』「参事院において」チボードの回想録）

信長は自分が将として率いて、しかも三年以上の教練を施した精鋭部隊に自信を持っていた。ナポレオンの言葉にも自分が教練を実施した軍に対する自信が迸《ほとばし》る。武人の、特に自負心の強い武人の心理とはこの様なものではなかったか。

外部への意志表示の必要性と内部からの抑え難い実戦への欲求と自信が相俟って、劣勢にも拘らず戦闘に突入したのではなかったか。（今川家に取ってのこの戦の意義は別途）。

2 なぜ、是ほど損害が大きくなったのか？　又それが許されたのか？

損害が大きくなったのは信長の戦のやり方と自軍への過信と述べた。ではより具体的、直接的な原因は何であったか。『愛知県史』「中世3」にある報告書が在る。今川家が天文十六年（一五四七年）に人質・松平竹千代（家康）の横取りに怒り、太原雪斎を総大将に敢行した渥美の田原城主戸田康光攻めの際参陣した家臣の天野氏が負傷者数とその理由を雪斎に報告した文書「天野景泰手負人数注文写」である。合計二十名が負傷した（何名参陣しての二十名かはない）。内十五名（七十五％）が矢傷。四名（二十％）が鑓傷。一名（五％）が刀傷と報告された。（城攻めと野戦では違いはあると思うが、この当時戦での有効な武器が何であるかは大筋同じと判断した）。

信長の赤塚の戦いの具体的な敗因は、〝飛び道具、弓の数と質の差〟ではなかったか？　信長軍の吶喊《とっかん》攻撃の反復に、数で優勢な山口側が飛び道具で応戦し、損害が増えたのではと思えてならない。飛び道具の量（数）と質の差が信長方の損害を大きくした。

次に、では大きな損害が許されたのは？

この背景は信長軍の構成要員にあった。この時点ですでに自分の兵をハイリスク・ハイリターンの〝戦闘の専門家集団〟と見なし、号令一下突撃を敢行させる。兵達も十分それを認識しており、突撃は熾烈であった。一般的に当時の戦いでは、この様な〝無理攻め〟はご法度であった。それは軍の構成要員が百姓からの徴発が多く、戦死戦傷は即自分の領地の農業生産が落ちる事に直結したからである。ところが信長軍は数に勝る山口軍の弓兵の餌食になるにも拘らず〝戦闘の専門家集団〟として、損耗を考えず打って出る非常識な突撃の繰り返しを行わせ損害を拡大させた。これは使う方も使われる方も納得済みであり、これが大きな損害が許された理由でなかったか。

時代は下るが宣教師、ルイス・フロイスが書いた信長の小姓達の立振舞いに関した文章がある。永禄十二年（一五六九年）フロイスが岐阜城で体験し、驚嘆したその光景とは、

「美濃の国、またその政庁で見たすべてのものの中で、もっとも私を驚嘆せしめましたのは、この国主（信長）がいかに異常な仕方、また驚くべき用意をもって家臣に奉仕され畏敬されているかという点でありました。すなわち、彼が手でちょっと合図をするだけでも、彼らはきわめて凶暴な獅子の前から逃れるように、

重なり合うようにしてただちに消え去りました。そして彼が内から一人を呼んだだけでも、外で百名がきわめて抑揚のある声で返事しました。彼の一報告を伝達する者は、それが徒歩によるものであれ、馬であれ、飛ぶか火花が散るように行かねばならぬと言って差支えがありません」

（『日本史』Ⅱ「38章」）

この合戦の十七年後に書かれた文章であるが、信長の小姓達が彼の下知の元、一糸乱れず、しかも全速で行動する。戦場でならばともかく、城内に居ても、である。とても一朝一夕でこの様な家風ができるとは思えない。信長は当初から平時、戦時を問わず、この様に躾、教育を行い、教練にも取り込んでいた。下知に従い、考える間も置かず行動を起こす家風を創り上げていたと思えてならない。

3 なぜ、二時間程度で戦闘は終わったのか？

戦闘時間は『信長公記』に〝巳《み》の刻(九〜十一時)から午《うま》の刻(十一〜十三時)まで、みだれあって、扣きあっては退く〟とあり、二時間前後であった。なぜか？

信長は基本的に山口方の兵の数を見誤った。つまり山口方の七百五十は意識していたが、駿河勢の同数（七百五十）の規模の援軍を想定できなかった。が先に述べた内外二つの理由から、合戦に突入した。一方、山口・駿河勢は信長が三の山砦構築の阻止への後詰に全力を挙げると判断し、鳴海城に兵を集結させた。結果、笠寺の駿河勢本陣は逆に信長と同じ様な見誤りをした。自分達の城砦群が信長の遊軍に包囲され、信長方（十山崎砦）千二百五十vs山口・駿河方六百であり、いつ各個撃破されてもおかしくない状況に陥った。

笠寺地区と鳴海間の道は天白川を渡る。この天白川は潮の干満が激しく、満ちて来ると渡れない。この日は午前十時から潮が引き始める。川が渡れるようになると信長軍は笠寺方面の優勢な遊軍が山口九郎二郎軍の背後を突ける状況になる。山口九郎二郎はこれを嫌い、勝っているにも拘らず、昼までで戦闘を終結した。数字的な損害は信長軍の方が圧倒的に深刻であり、決定的な勝ちが見込めたにも拘らず、であった。もう一つの理由は駿河勢の戦意のなさではなかったか。戦闘は尾張衆にさせ、自分達は高みの見物的姿勢に九郎二郎が憤慨したか、これが二時間で戦いが終わった理由と思う。

名古屋市に潮汐推算というサーヴィスがあり、過去のデータも検索できる。これで調べると、天文二十一年（一五五二年）四月十七日は新暦では五月十日。この日の名古屋沿岸の潮の干満は真夜中から午前十時までは潮は高く、十三時にかけて引き始める、とでてくる。

今川方のこの〝戦の意義〟は一言でいえば〝微妙になかった〟ではなかろうか。山口佐馬助親子や尾張勢は必死であったが、今川勢は本国と出先のベクトルが時間軸的に噛み合っていないため、本格的戦闘に二の足を踏んでいた感を受ける。天文二十年（一五五一年）から翌年にかけて、山口佐馬助の謀叛が進展。今川は五名の有力家臣を派遣し、尾張での橋頭保確保を実施する。がその前年辺りから今川本国の外交の優先順位が変わり始める（P104～108）。三河、尾張への本格的侵攻前の下準備（甲相駿三国同盟）が優先され始め、五名の有力家臣派遣以降さらなる動きはなくなる。

有力家臣五名、兵力千百の派兵（山口佐馬助の謀叛勢千名と合わせて計二千百）は信長の全兵数二千九百に対抗はできる兵力であるが、凌駕できる規模ではなかった。中途半端な数の派兵が滞陣を長期化させる。末端の勢いに任せ過ぎた戦略性の無い橋頭保確保と読める展開ではなかったか。

宗滴の評価はどうであったか？

まず、戦略的に見ると、信長が家督を継いだ弾正忠家は存亡の危機の中にあった。対外的に、父信秀の相次ぐ敗戦、今川の攻勢下での尾張に於けるヘゲモニー（主導権）喪失で、内部崩壊の圧力下にあった。対内的に、三代に渡る弾正忠家の伸し上がりの過程で蒔いた積年の恨みが弾正忠家の相対的弱体化で、表面化した状況下にあった。この様な中、当主信秀が病の床に就きその後亡くなり、うつけと評判の若い信長が家督を継ぐ。今川は尾張を潰す好機と思えたか千百の軍勢（これで十分と判断したか？・）を派遣した。新当主信長に求められたのは、手持ちの弾正忠家の勢力で、外からの圧力を排除する、であった。

信長の〝外からの圧力排除〟への迅速で果敢なる対応、父信秀の死（三月三日）以降、二つの砦を構築し敵勢に楔を打ち込み、反撃の狼煙を上げ、四月十七日に弾正忠家を纏めあげ出陣、合戦を挑む一連の打ち手とスピードに、宗滴は納得の評価ではなかったか。

いつ、どこで、どの様に戦うか、の主導権を握るに関しては信長が戦術的に優っていた。正攻法で山崎砦から敵の桜中村砦を攻めるのも選択肢としてあったであろうが、笠寺地区の城砦群には押さえ（遊軍）を出し、搦め手から、敵を分断する形で、三の山砦から鳴海城方面を攻める。初戦で勝てば、笠寺地区の城砦群は第二段階で全軍で包囲殲滅の作戦に納得ではなかったか？　が赤塚に於ける駿河衆の数の予想外の多さが信長の作戦に齟齬をきたし始め、さらに飛び道具の不足（質と量）により、手痛い損害を被る事になった。この点の宗滴の評価は相半ばする、であったろう。

一方、信長の損害の大きさをものともしない、吶喊突撃の繰り返しは能のない戦い方、全体的に兵力が十分でない中では不安定要因急拡大となり、非常に低い評価であった。

宗滴の総合評価は戦略的に高評価、戦術的に今一つではなかったか。

それにしても信長の命に従い、馬前で奮戦し、死する者が続出してもなぜ戦いを続けられるのか？　宗滴の理解を越える信長軍には理屈抜きに驚嘆した。この戦のやり方が出来る信長に、やり続けられる信長に、人を引き付ける何かがある、と気づかされたのでは。それが何であるかは分からないが、どうも単なる〝うつけ〟ではなさそうだ、の思いが強まる一方、〝滅び〟の予感、ハラハラ感を新たにしたのではなかろうか。〝抹香投げつけから僅か一ヶ月半での戦の敗戦〟で、さらにこの若者への関心は高まった。

天文二十一年（一五五二年）八月
萱津の合戦：尾張統一への第一歩

南の三の山赤塚の合戦から四ヶ月後、今度は西で戦いが勃発。信長は今川の動きを止められたと判断し、次の行動に出た。

「一、八月十五日に清洲より坂井大膳、坂井甚介、河尻与一、織田三位申し談じ、松葉の城へ懸け入り、織田伊賀守人質を取り、同松葉の並びに、一、深田と云う所に織田右衛門尉居城。是れ又、押し並べて両城同前なり。人質を執り堅め、御敵の色を立てられ候。

一、織田上総介信長、御年十九の暮八月、此の由をきかせられ、八月十六日払暁に那古野を

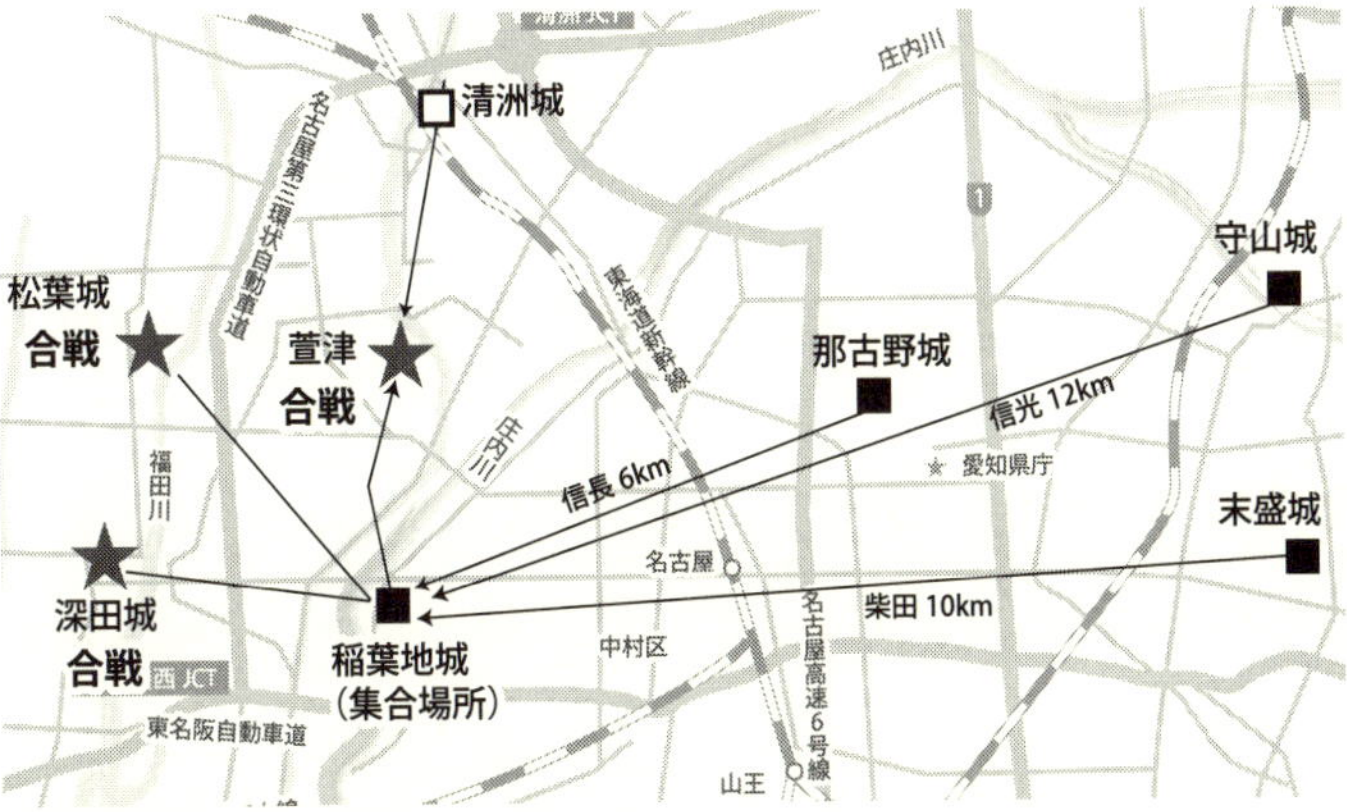

萱津の合戦　天文二十一年（1552 年）8 月

●辰の刻（午前 8 時）頃戦闘が始まる
●守山から来ている信光は戦闘の前に 12km（直線距離）を移動後、集合。
●午前 4 時頃には守山を出てこないと間に合わない。⇒周到な準備が必要。

御立ちなされ、稲葉地の川端まで御出勢。守山より織田孫三郎殿懸け付けさせられ、松葉口、三本木口、清洲口、三方手分けを仰せ付けられ、いなばじの川をこし、上総介、孫三郎殿一手になり、海津口へ御かかり候」

（『信長公記』「深田・松葉両城手かはりの事」）

『信長公記』の文脈からは三の山赤塚の合戦の負け戦の結果、弾正忠家もさらに弱ってきた。今が潰す好機と思っての大和守家の軍事行動と読めそうな流れである。だが、八月十五日に清洲方が動いて、次の日の払暁に信長が出陣、しかも叔父、織田孫三郎や弟信行の手勢も駆けつける、という状況からして、信長の（隠れた）作用に、清洲方が反作用として応じてしまった、と読める成り行きではないか。

清洲は守護、守護代と織田弾正忠家にとり主筋の居城、表立って信長から先に手を出すわけにはいかない。史料はないが、この戦のきっかけは経済戦争、下賎な言葉でいえば、〃縄張り争い〃ではなかったか。

地図上で見ると、西から東に、弾正忠家の〃市〃の開催場所が、津島・勝幡・深田・稲庭地・那古野・守山と一定の間隔を空けて、ほぼ一直線に尾張を貫いている。一方の清洲方は大きく捉えれば、北東は織田伊勢守（岩倉）の勢力圏、北西及び東西は弾正忠家の勢力圏となり、尾張の中央部が彼らの勢力圏であった。その南の端が萱津で、弾正忠家の東西の経済権益線と交差する地点であった。

交通路として三河から、鳴海・熱田・古渡・萱津・下津・黒田・玉井経由美濃へ通ずる鎌倉往環と伊勢から津島を経由する伊勢街道が合流する要衝が萱津であり、庄内川と五条川が交差する地点に位置し、清洲の外港的存在ではなかったか。宗教的にも萱津神社、甚目寺、七つ寺と神社仏閣が立ち並ぶ地区でもあり、また当然定期市が開催される経済的中心地であった。

鎌倉時代、将軍が京と鎌倉を行き来する際、必ず尾張では萱津に泊まった。萱津の近辺に当時の守護所があったという説が有力である。（萱津は鎌倉時代から尾張の中心地であった）。

ここに深田城の城主、織田右衛門尉信次（信長の叔父、信光の弟）が松葉城主、織田伊賀守と共謀して、清洲方の経済権益にチョッカイを出し、怒った清洲方がこの二人の城を乗っ取り城主を人質に取った。これが〝争いの発端〟となる。

表向き主家に先に手を出すのは避けたい。しかし父、信秀が取った旧体制を残しての尾張支配は信長の眼中にはない。〝潰す〟、選択肢しかなかった。また、経済的に萱津は戦をやって奪うだけの価値があり、かつ清洲に経済的打撃を与える事も期待できた。しかも清洲城内には『信長公記』の次の章「梁田次右衛門御忠節の事」に出て来る梁田が居り、内情は全て筒抜けで、信長は思うがままに手が打てたのではなかろうか。清洲方が先に手を出した八月十五日の次の日の払暁に出陣、守山城から駆けつけた叔父信光と共に庄内川を渡り、午前八時前後には合戦を始めていた。（叔父、信光と落ち合った稲庭地はこの信光が守山城に移る前に造った城があった。信光の嫡男がこの時城主として在城）。

「信長、八月十六日辰（たつ）の刻（午前七～九時）、東へ向かってかかり合ひ、数刻、火花をちらし相戦ふ。孫三郎殿手前にて、小姓立の赤瀬清六とて、数度武篇いたすおぼえの仁体、先を争ひ、坂井甚介に渡り合ひ、散〳〵に暫く相戦ひ、討死。終に清洲衆切り負け、片長、坂井甚介討死。頸は中条小一郎、柴田権六相討ちなり。此の外、討死、坂井彦左衛門、黒部源介、野村、海老半兵衛、乾丹波守、山口勘兵衛、堤伊与を初めとして、歴々五十騎計り、枕をならべて討死」（『信長公記』「深田・松葉両城手かはりの事」続き）

南の三の山赤塚合戦以降、今川方のさらなる積極攻勢はないと見切り、押さえが整うと四ヶ月後、尾張統一への第一歩を踏み出した。これがこの萱津の戦いの位置付けである。

手を出された次の日の払暁に出陣。これからして間髪を容れず、しかも準備万端、満を持し、弾正忠家の総力を挙げての出陣であった。清洲方は深田、松葉の城主を人質にとる、という行為からして、戦をするというより、チョッカイを出されたので、懲罰のために深田、松葉両城を占拠し、両城主を人質に取った。詫びを入れれば穏便に済ます程度の小競合いを想定した行動ではなかったか。信長の出方を見誤った、まさかの展開に、準備不足が露呈。双方の具体的兵力は出て来ないが、信長方の意表を突く圧倒的な兵力での速攻と、かつ戦意の差で清洲方の損害、〝歴々〟五十騎討死は手痛い損失となった。（別途数字を纏める）。

宗滴はこの戦いの結果を聞き、合戦に勝利した事もあるが、左記の理由で高評価であった。

・大義名分：親族が人質に取られその救援のための出撃。（主家に先に弓を引かない）
・目標の設定：〝萱津を奪う〟という単純明快で、全員の利益となる目標を設定。
・迅速な行動：弾正忠家の総力を、次の日の朝一で戦場に投入。

その中でも、軍の運用に関しては、渡辺昇一教授著の『ドイツ参謀本部』記述にある、

「ナポレオンの戦術は、主要戦場にできるだけの火器と兵力を集中し、一挙に敵を叩いて追撃戦に移ると

ころに本領があった。そして主要戦場に対するカンの鋭さと、そこに兵力を集中する天才的な速さが彼の勝利の最大理由であった」

このナポレオンの強さを信長は規模は小さいながらその二百五十年前に体現している。

宗滴は赤塚の敗戦から僅か四ヶ月での次の戦いで、〝明確な目標設定〟、〝周到な根回〟、〝事に当たっての敵の意表を突く迅速な行動〟及び〝戦力の集中〟と〝一撃後の追撃戦〟による殲滅戦を高く評価した。中でも表向き、主家に先に手を出さない〝大義名分〟（身内が攻められ反撃）を創作する進め方に大絶賛ではなかったろうか。〝うつけ〟にこれ程の計略ができるのか、と信長の〝うつけ〟の評判と実際の打ち手のギャップに、さらに興味を覚えたのではなかったか。

越前の宗滴には分らなかったであろうが信長の清洲城攻めは梁田弥次右衛門を使って敵の内部情報入手、切り崩しが大きな効果を産み、陰の勝因となった。梁田はこの功績で九之坪城を賜った。信長はこの当時からこの手の策を正当に評価した。

「一、さる程に、武衛様（斯波義統）の臣下に梁田弥次右衛門とて、一僕の人あり。面白き巧みにて知行過分に取り、大名になられ候。子細は、清洲に那古野弥五郎とて、十六、七、若年の、人数三百計り持ちたる人あり。色々歎き候て、若衆かたの知音《ちいん》を仕り、清洲を引きわり、上総介殿の御身方候て、御知行御取り候へと、時々宥《なだ》め申し、家老の者どもにも申し聞かせ、欲に耽り、尤《もっとも》と、各同じ事に候（略）」

（『信長公記』「梁田弥次右衛門御忠節の事」）

従者を一人（一僕）しか持っていない（身分の低い）梁田と云う者が面白い企てを行って大名にまでなった、と出てくる。信長の家臣で、梁田姓で大名と云えば梁田出羽守政綱である。まず、切り崩しの対象となったのが、あづき坂の合戦で討ち取られた那古野弥五郎の嫡男（同じ名前）。この時点でも三百名の家臣を持つ守護・斯波義統の有力家臣、那古野氏の若当主を男色で意のままにし、清洲城内を引き裂く工作の手足とした。那古野氏であれば前述の如く、由緒ある一族で、かつ当主の歳は十六、七と御しやすく、清洲城内での影響は絶大であった。

これが萱津の戦いと中市場の戦いの間に城内で行っていた調略であり、城外では、

「或る時、上総介殿御人数清洲へ引き入れ、町を焼き払ひ、生城《はだかじろ》に仕り候。信長も御馬を寄せられ候へども、城中堅固に候間、御人数打ち納られ、武衛様も城中に御座候間、透を御覧じ、乗っ取られるべき御巧みの由、申すに付いて、清洲の城外輪より城中を大事と用心、迷惑せられ候」

（『信長公記』「梁田弥次右衛門御忠節の事」続き）

信長はあたかも守護、斯波義統《よしむね》と連携が取れているかのごとく、清洲城外までは攻め込むが、守りが堅いと見ると、城攻めは強行せず、〝隙を突き、武衛様が城を乗っ取るだろう〟と捨て台詞を意図的に吐いて引き揚げる。当然それを聞いた清洲衆心中穏やかでは居られず、終に内外からの心理戦に負け、禁じ手に打って出る。

「七月十二日、若武衛様に御伴申し究竟の若侍、悉く川狩に罷り出でられ、内には、老者の仁体纔（わずか）に少〳〵相残る。誰々在之と指折り見申し、坂井大膳、河尻佐馬丞、織田三位談合を究め、今こそ能き折節なりと、噇と四方より押し寄せ、御殿を取り巻く。（中略）御殿に火を懸け、御一門数十人歴々御腹めされ、（中略）。若武衛様は川狩より、直ちにゆかたびらのしたてにて、信長を御憑み候て、那古野へ御出で、すなわち弐百人扶持仰せ付けられ、天王坊に置き申され候。（中略）筋目なき御謀叛おぼしめしたち、仏天の加護なく、か様に浅猿敷、無下〳〵と御果て候」

（『信長公記』「武衛様御生害の事」）

守護代側が清洲城内で主君、守護、斯波義統を弑逆《しぎゃく》。義統の嫡男、義銀《よしかね》は信長の庇護を求めた。信長は義銀の要請で〝主殺しを討って、仇を取る〟弔い合戦の大義名分を得、自らの主君、守護代、織田大和守信友に戦を挑む事になった。（信長は守護代側が主君、義統を弑逆するまで十一ヶ月かけ、裏で工作をし続けていた）。梁田の清洲城内に於ける暗躍は完璧で、九之坪城を賜るのも宜《むべ》なるかな。

天文二十二年（一五五三年）七月　中市場の合戦：なぜ柴田権六？

「七月十八日、柴田権六、清洲へ出勢。あしがる衆、孫子右京亮、藤江九蔵、大田又助（信長公記の著者）、木村源五、柴崎孫三、山田七郎五郎、此れ等として、三王口にて取合ひ、追ひ入られ、乞食村にて相支ふること叶はず、誓願寺前にて答へ候へども、終に町口大堀の内へ追ひ入れらる。（中略）歴々三十騎計討死。（中略）武衛様逆心おぼしめし立つと雖も、譜代相伝の主君を殺し奉る其の因果、忽《たちま》ち歴然にて、七日目と印すに、各討死。天道恐ろしき事どもなり」
（『信長公記』「柴田権六、中市場合戦の事」）

斯波義統が弑逆された六日後『信長公記』には柴田権六が大将となり出陣とある。信長の出陣はなし。すでに勝負ありと判断し、柴田に任せたのか？　地理的に清洲から近い順であれば、那古野の信長、守山の信光、一番遠くにいるのが、柴田であった。

なぜ、清洲方の止めを刺す絶好の機会に信長本人が出陣しないのか？　しかもなぜ地理的に一番遠い柴田が大将であったのか？

考えられる要因は三つ。南部戦線の山口・今川方に新たな動きか？　弾正忠家内の不穏な動きか？　天候不順による飢饉か？　史料からはこの年、弾正忠家内の御家騒動や飢饉の話は無い。残るは山口・今川の新たな動きが影響していそう。これへの回答は、次の斎藤道三の〝村木砦攻め〟（Ｐ１０７～１０８）の章でしたい。

次に合戦の場所は、三王口（清洲の日吉神社か？）から乞食（＝安食？）村、請願寺と柴田が清洲勢を追い詰めていく『信長公記』の描写だが安食村、請願寺は清洲城近くには無い。この合戦清洲城近辺で行なわれていないとおかしいのだが。

合戦の結果は守護代、織田彦五郎（信友）と小守護代、坂井大膳を除く、主だった清洲衆が討たれ、信長方の勝利であった。

この後、宗滴が亡くなるまでに、村木砦の戦いがあるが、この件は斎藤道三の方がより深く関わっている。よってここから信長を尾張の外から高く評価していた、もう一人の男、斎藤山城守道三に代わってもらう。

最後に『朝倉宗滴話記』からもう一言。

「当代日本に国持ちの無器用人使下手の手本（中略）を又日本に国持人使の上手よき手本と可申仁は今川殿　甲斐武田殿　三好修理大夫殿　長尾殿　安芸毛利　織田上総介方　関東正木大膳亮方　此等の事」

（『宗滴話記』）

全国の国持ち大名を批評し、人使いの上手い大名として、今川義元、武田信玄、長尾（上杉謙信）等と共に信長を挙げている。天文二十四年（一五五五年）九月までの三年半の信長の行動で、宗滴は未だ一国の大名でもない信長を〝人使いの上手い大名〟の一人に挙げた。宗滴はその理由を語っていないのが残念。考えられるのは小さいながら〝命を懸けて戦う〟軍団を自ら創り上げ、彼らを駆使し迅速かつ果報な軍事行動を実施し、僅か三年少々で、流れを変え危機を脱出した一連の信長の指導力が高評価に繋がったのではなかろうか。

二、斎藤道三

斎藤道三は通俗的に、面白おかしく一代で僧侶、油売りから武士となり、次々と策謀を巡らし美濃の国を乗っ取り大名になったといわれてきた。が、近江の六角義賢《よしかた》（承禎《しょうてい》）書写が『岐阜県史』編纂の過程で見つかり、この中で道三の父親が京都・妙覚寺の僧侶であった事や西村新左衛門尉と名乗り、長井弥次郎に仕えた事、次第に頭角を現し、長井姓を名乗る様になった事が書かれている。その家督を継いだのが道三で、守護代斎藤利良《としなが》が病死するとその名跡を継いで斎藤新九郎利政と名乗り、終には、守護土岐氏を追放、大名に成り上がる、親子二代での国盗りであった事が判明した。だが、道三が戦国時代の下剋上を体現し〝美濃の蝮〟と恐れられた、梟雄《きょうゆう》であった事には変わりはない。

道三の仕えた美濃の守護は土岐氏。土岐頼武《よりたけ》（守護の在任期間一五一九年〜三五年）と弟、頼芸《よりのり》の間で家督争いが起こる。頼武には守護代、斎藤利良《としなが》が、頼芸には小守護代、長井長弘、

斎藤道三

長井新左衛門尉（道三の父）が支援、たびたび合戦となった。頼武は妻の実家である越前の朝倉氏や南近江の六角氏の支援を得ていた。天文五年（一五三六年）頼芸は国内では長井新九郎（道三）の、また、国外からは六角氏の娘を娶り支援を得、頼武側を圧倒し、守護の座（天文五～十五年＝一五三六～四六年）に就いた。頼武の嫡男が頼純《よりずみ》で天文五年（一五三六年）前後に頼武逝去の後、頼芸と家督争いを続ける。

道三と信長の関係は舅と娘婿である。『信長公記』の中に簡単にこの件は触れられている。

「平手中務才覚にて、織田三郎信長を斎藤山城道三聟に取り結び、道三が息女尾州へ呼び取り侯ひき。然る間、何方も静謐（せいひつ）なり」

（『信長公記』「上総介殿形儀の事」）

この件、ここに書かれている程単純な事ではなさそう。なぜならば、父、信秀が美濃で大敗したのが天文十三年（一五四四年）で、道三の娘を娶ったのは天文十七年（一五四八年）といわれている、なぜ、勝った方が娘を嫁に出したのか？　不思議な話ではないか。この四年間に何があったのか。

この謎を解くカギは天文十五年（一五四六年）にあった。この年、朝倉家十代目当主、孝景と道三の間で和睦が成立。条件は美濃の守護、土岐頼芸の退任、頼純の守護就任、頼純は道三の娘を娶る、であった。朝倉家は孝景の妹の子が守護になるのであれば異存はない。問題は近江の六角定頼、自分の娘婿が守護の座を奪われても、文句をいわない、いえない理由があったのか？

この年将軍は十二代足利義晴であった。大永元年（一五二一年）管領、細川高国と六角定頼が尽力して、義晴を将軍に擁立。その後、義晴は京での政争に負けるたびに近江に逃れていた。天文十五年（一五四六年）義晴は時の管領、細川晴元（高国の仇敵）の排斥を高国の養子、氏綱らと謀ったが失敗、近江の坂本に避難した。この様な状況下、義晴は将軍職を嫡男、義藤（後の義輝）に譲った。当年十一歳。六角定頼は義藤の烏帽子親《えぼしおや》となり、かつ〝管領代〟に任命された。定頼は京で管領代の役割を果たすために、国元の背後の美濃や越前との関係を安定化させる必要に迫られた。その結果が、美濃守護、土岐頼芸の退任受け入れではなかったか。これにより、道三は、表向き土岐頼純を守護として受け入れ、娘を嫁がせて朝倉と和睦。実質的に、美濃を牛耳る体制を確立。残るは尾張の織田信秀、今後美濃の領国経営に一切口出しさせないためにも関係改善の必要があった。一方信秀も天文十三年（一五四四年）以来、弾正忠家立て直し、三河、松平広忠やその背後の今川の動きを前に、美濃の守護職の件が政治的に、将軍家も絡み、近江、越前、美濃間で決着したこの時点で道三と同盟を結ぶのは望むところであった。しかも道三が娘を嫡男、信長に嫁に出すというのであれば、面子も立つ。これが濃姫（帰蝶）の尾張に嫁いできた背景であると考えられる。

道三と信長の関係はこの様な状況下で始まった。この時、信長数え十五歳。道三は娘、濃姫が嫁ぐ際に、一振りの懐刀を与え、〝信長はうつけ者との評判である。真うつけ者であったならばこの刀で刺せ〟といったと伝わっている。道三の別の娘が前述のごとく守護、土岐頼純に天文十五年（一五四六年）に嫁ぎ、翌年天文十六年（一五四七年）に夫頼純は急死。これには道三の関与が疑われている。さもありなん。この事実から濃姫への言葉もあながち嘘とも思えない。また、流石は道三といえるエピソードである。

天文二十二年（一五五三年）四月　ご参会：〝うつけ〟の卒業

道三と信長の対面が実現する。天文二十二年（一五五三年）四月、萱津の合戦と中市場の合戦の間に、対面した。信長、この時二十歳。道三、六十歳。前年に守護、土岐頼芸を最終的に追放していた。（土岐頼純が天文十六年（一五四七年）に急死。その後頼芸が再度守護に返り咲いていた）。天文二十一年（一五五二年）六角定頼（一月）と織田信秀（三月）が亡くなると、誰、憚る事なく頼芸を追放した。信長との参会は美濃を名実ともに手中に収め、余裕ができての戯れではなかったか。一方信長にとりこの対面は清洲、鳴海の山口・今川等の敵対勢力に対抗するにあたり、道三の支持を取り付ける絶妙の機会であり、その威信で背後を万全とする、自分の将来を左右する大事なものであった。また富田の寺内正徳寺までの道は鎌倉街道を行くため、清洲近くを通る。萱津の合戦の大勝後でなければ通過できなかったし、清洲方にその後の自分の威勢（特に大量の鉄砲）を見せつける格好の機会ではなかったか。

「一、四月下旬の事に候。斎藤山城道三、富田の寺内正徳寺まで罷り出づべく候間、織田上総介殿も是まで御出で候はゞ、祝着足るべく候。対面ありたきの趣、申し越し候。此の子細は、此の比（ころ）、上総介を偏執候て、聟殿は大だわけにて候と、道三前にて口々に申し候ひき。左様に人々申し候時は、たわけにてはなく候よと、山城連連申し候ひき」

（『信長公記』「山城道三と信長御参会の事」）

信長の〝たわけ〟の評判は隣国のトップにまで頻繁に報告されるほど悪名高かった。道三は娘、濃姫から内情を知らされており、ある程度の信長像は持っていた。〝たわけ〟というより、ここに書かれている〝偏執候て＝人の話を受けつけない〟常識のない変わり者程度の認識ではなかったか。

ルイス・フロイスの『日本史』に信長についてかかれた文章（信長三十七歳頃）にもこうある。

「彼は中くらいの背丈で、華奢な体軀であり、髭は少なくはなはだ声は快調で、極度に戦を好み、軍事的修錬にいそしみ、名誉心に富み、正義において厳格であった。彼は自らに加えられた侮辱に対しては懲罰せずにはおかなかった。幾つかのことでは人情味と慈愛を示した。彼の睡眠時間は短く早朝に起床した。貪欲でなく、はなはだ決断を秘め、戦術にきわめて老練で、非常に性急であり、激昂はするが、平素はそうでもなかった。彼はわずかしか、またはほとんど全く家臣の忠言に従わず、一同からきわめて畏敬されていた。酒を飲まず、食を節し、人の取り扱いにはきわめて素直で、自らの見解に尊大であった。（中略）。彼は自邸においてきわめて清潔であり、自己のあらゆることをすこぶる丹念に仕上げ、対談の際、遷延することや、だらだらした前置きを嫌い、ごく卑賤の家来とも親しく話をした。（中略）。困難な企てに着手するに当たってははなはだ大胆不敵で、万事において人々は彼の言葉に服従した」

（『日本史』Ⅱ「32章」）

三十七歳の頃の信長に関してうつけに繋がりそうな記述はなく、強いて若い頃のうつけに繋がると思えるのはやはり〝彼はわずかしか、またはほとんど全く家臣の忠言に従わず〟つまり偏執ではなかったか。逆に信長にとれば周りの者達が自分の思い・考えを理解できない〝うつけ〟に思え、取るに足らない彼らの忠言など全く聞く耳持たず、との態度をとっていたのであろうが。

「見参候て、善悪を見候はん為と聞こへ候。上総介公、御用捨なく御請けなされ、木曽川、飛騨川、大河の舟渡し打ち越し、御出で候。富田と申す所は、（中略）美濃・尾張の判形《はんぎょう》を取り候て、免許の地なり」

（『信長公記』「山城道三と信長御参会の事」続き）

〝たわけ〟かどうか見てやろう、と道三がいっていると聞こえて来たので、参会の申し出を躊躇することなく受け、木曽川、飛騨川を船で渡り、富田へ出向いた。（富田という場所が現在のどこに当たるのかは明らかではない。『信長公記』が記すような場所、で話を進める）。

「斎藤山城道三存分には、実目になき人の由、取沙汰候間、仰天させ候て、笑はせ候はんとの巧（たくみ）にて、古老の者、七、八百、折目高なる肩衣、袴、衣装、公道なる仕立にて、正徳寺御堂の縁に並び居させ、其のまへを上総介御通り候様に構へて、（略）」

（『信長公記』「山城道三と信長御参会の事」続き2）

道三は信長が実直でないといわれているので、世の中とはどういうものかを見せて驚かせ、笑いものにしてやろうと企み、七、八百人の古老に正装させ寺の縁に座らせ、その前を信長が通る様に仕組んだ。それにしても人生五十年の時代に早六十、功成り名を遂げた今やる事は子供じみた企み、さぞかし楽しかった事であろう。

「先ず、山城道三は町末の小屋に忍び居りて、信長公の御出の様体を見申し候。其の時、信長の御仕立、髪はちゃせんに遊ばし、もゑぎの平打にて、ちゃせんの髪を巻き立て、ゆかたびらの袖をはづし、のし付きの大刀、わきざし、二つながら、長つかに、みごなわにてまかせ、ふとき芋なわ、うでぬきにさせられ、御腰のまわりには、猿つかひの様に、火うち袋、ひょうたん七ツ、八ツ付けさせられ、虎革、豹革四ッがわりの半袴をめし、御伴衆七、八百、甍を並べ、健者(スコヤカモノ)先に走らかし、三間間中柄の朱やり五百本ばかり、弓、鉄炮五百挺もたせられ、寄宿の寺へ御着きにて、(略)」

(『信長公記』「山城道三と信長御参会の事」続き3)

道三も気が急いたか、信長の様子が見たくて町外れの小屋に忍び入り彼のやって来るところを盗み見る。一国の主としてあるまじき戯れではないか。一方の役者も期待に違わずの格好で現れる。道三も、確かにこれはうつけかもと思った事であろう。だが、度肝を抜かれたのは、信長の引き連れてきた兵とその装備ではなかったか。総数千七~八百。御伴衆七、八百、鑓五百、弓と鉄炮五百である。

これに三の山赤塚合戦の章で引用した、細川広世編『日本帝国形勢総覧』(一八八三年)記載の徳川昭武所蔵修史館本

(表6)江戸時代初期(1624年)の全国の兵数とその内訳

兵の総数	546千人	
馬上	25千人	(約5%)
鑓	91千本	(約17%)
旗	五千本	(約1%)
鉄砲	36千挺	(約7%)
弓	18千張	(約3%)

に寛永元年（一六二四年）江戸時代初期の日本全国の兵数とその内訳を記した史料から数字を借用し、比較すると、鑓は二十八％、弓、鉄砲計で二十八％となり、全国平均値をそれぞれ鑓は十一％、弓と鉄砲は十八％も上回る装備率である。いかに信長が鉄砲の装備に力を入れていたかが窺い知れる（一五四三年の鉄砲伝来から僅か十年前後でこの装備率）。

鉄砲は（表6）の如く弓一に対し、鉄砲二で運用されており、この比率で計算すると信長はこの時点で三百挺以上の鉄砲を装備していたと思われる。道三も鑓と鉄砲の技を磨いて頭角を現したといわれており、その数の威力は十二分に理解したのではなかったか。

信長の学習効果は高い。一年前の三の山赤塚合戦で、飛び道具、弓の数とその質の差で負け戦になった。その結果を踏まえた対応が早くもここに出て来る〝弓、鉄砲五百挺持たせられ〟ではなかったか？　負け戦に対する真摯な反省と対応は裏を返せば、信長が置かれていた危機的状況の切迫さを物語っていた。

さらに〝健者先に走らかし〟から推測するに、本隊の前に、物見（斥候）を放ち、逐次前方の状況を確認しながらの、実戦に近い行軍を実施していたと思われ、ここからも信長の置かれていた厳しい状況が垣間見られる。

〝三間間中柄の朱やり五百本〟からは、この軍団は鑓の柄だけ朱色というのもおかしい事から、全体が〝赤備え〟で、色彩が鮮やかだったのでは？ と思えてならない。これ等全体が醸しだす信長軍団の威容に、道三は圧倒された、のではなかろうか。

主《あるじ》、信長がいわれていた通りの〝うつけの外見〟での登場と彼の軍団の〝装備、色彩と行軍が織りなす威容〟のギャップ、これが信長軍を初めてみる道三に理解を越えた心理的衝撃と動揺を参会前に、与えたのではと推測する。

「夫（そ）れ未だ戦わざるに廟算（びょうさん）して勝つ者は、算を得る事多ければなり。未だ戦わざるに廟算して勝たざる者は、算を得る事すくなければなり。算多きは勝ち、算少なきは敗る。況（いわ）んや算无（な）きにおいてをや。吾（わ）れ此（ここ）を以て之（こ）れを観（み）るに、勝負見（あら）わる」

（『孫子』（算多きは勝ち、算少なきは負る」）

戦う前に机上戦で勝つ者が勝ち、負ける者が負ける。やってみなければ分からないと戦争に突入する者は戦争指導者としては不適格、を意味している。道三は目の前の信長軍と引き連れて来た自軍を比較し、自軍に〝完全な負け〟を見抜いたのではなかろうか。

「屏風引き廻し、
一、御ぐし折り曲に、一世の始めにゆわせられ、
一、何染置かれ候知人なきかちの長袴めし、
一、ちいさ刀、是も人に知らせず拵（こしら）へをかせられ候を、さゝせられ、御出立を、御家中の衆見申し候て、さては、此の比たわけを態と御作り候よと、胆を消し、各次第〳〵に斟酌仕り候なり。御堂へする〳〵と御出でありて、縁を御上り候のところに、春日丹後、堀田道空さし向ひ、はやく御出でなされ候へと、申し候へども、知らぬ顔にて、緒侍居ながれたる前を、する〳〵御通り候て、縁の柱にもたれて御座候。暫く候て、屏風を推しのけて道三出でられ候。又、是も知らぬかほにて御座候を、堀田道空さしより、是ぞ山城殿にて御座候と、申す時、であるかと、仰せられ候て、敷居より内へ御入り候て、道三に御礼ありて、其のまマ御座敷に御直り候ひしなり。さて、道空御湯付けを上げ申し候。互に御盃参り、道三に御対面、残る所なき御仕合なり。附子をかみたる風情にて、又、やがて参会すべしと申し、罷い立ち候なり」
（『信長公記』「山城道三と信長御参会の事」続き4）

信長は弾正忠家中の不協和音、主家、清洲の織田大和守家、尾張内の反乱勢力とその背後の今川勢との戦いのために〝美濃の道三〟の支援が必要と判断していた。自分の意のままになる軍七、八百では如何ともしがたいと認識していた。それにしても、うつけと誹られようと頑として変えなかった出立ちを道三の前で変えてしまう。茶筅頭から髷を結う、半袴から長袴、肩衣の着衣位は許容範囲であったか。

信長はその時々の優先順位を違《たが》えない男であった。道三も何度となく聞かされ、つい先程自分の目で見たうわさ通りの出立ちの信長が自分の前に変身して現われば、驚き以上のものがあったのでは。人間関係の機微を踏まえた、爺殺しの最高の技巧に魅了されてしまった。

心理的駆け引きも信長の方が一枚も二枚も上であった。まず信長の支度は時間がかかった、いや態《わざ》とかけたが、正しいか。茶筅頭から髷を結う、全て衣装を変える、道三は随分と待たされた。最後は娘婿である信長が参会場に先に入り、舅である道三を待つのが礼儀であろうが、参会場に入らず、道三が変身した信長見たさに〝屏風を押しのけて〟入らざるを得ない状況を造り出す。入ってしまってから道三はこの若者に心理戦での負けを悟ったのでは。

この二人、何を、どの様な言葉を使って、話をしたかは伝わっていない。が『信長公記』に〝附子をかみたる風情にて〟〝又やがて参会すべしと申し、罷り立ち候なり。〟と出て来る。（附子とはトリカブト、毒草の事）毒を噛むとは凄まじい表現であるが、今ならば苦虫をかみつぶすか。つまり、道三が完敗を認めた風情ではなかったか。それ故か、道三は信長に興味を持った。それが〝又、やがて参会すべし〟の言葉に繋がったのでは。

「廿町許り御見送り候。其の時、美濃衆の鎗はみじかく、こなたの鎗は長く、扣き立ち候て参らるゝを、道三見申し候て、興をさましたる有様にて、有無を申さず罷り帰り候（略）」

（『信長公記』「山城道三と信長御参会の事」続き5）

信長が道三に付いて約2km見送った。その間、三間間中柄（約6.4m）の鑓を激しく叩きながら付き添って来るのを見て道三は興ざめし、無言で帰った。信長の軍は常在戦場を実行、戦意を高揚させる、武器を打ち鳴らす行為を道三とその一行に対して行う。最後の最後まで、道三は信長に翻弄され、圧倒され、二の句が継げない状態にあった。

「猪子兵介（ひょうすけ）、山城道三に申す様は、何と見申し候ても、上総介はたわけにて候。と申し候時、道三申す様に、されば無念なる事に候。山城が子供、たわけが門外に馬を繋ぐべき事、案の内にて候と計り申し候（略）」

（『信長公記』「山城道三と信長御参会の事」（続き6）

道三は信長を間近に見、話をし、この若者は只者でない、と見抜いた、が一方彼の重臣で、しかも道三の近くにいた者でさえも、信長はどう見ても〝たわけ〟ですな、となる。道三と信長の言葉だけでも残っていれば、何とか理解への糸口が出て来るのだが。推論するとこの参会で信長は例えば自分の夢を、つまり自分の将来を語ったのでは。〝自分は天下を泰平にし仁を持って治める〟とか。ついで、自分の置かれた状況、夢実現の具体策、現実と夢の差を語り、最後に道三との同盟、すなわち支援要請を簡潔に語ったのでは。今風にいえば、若い起業家が投資家に自分の新規事業の将来性を語り、現状は何もないが目標は世界市場を席巻する。具体策はこれです。そしてこの夢の実現のために投資を仰ぐ、と同じではなかったか。

道三を除き、他の重臣達は信長の語っている言葉を理解できなかった。道三ですら、信長の語る事を最初は理解できなかったか、理解したくなかったのでは。まず、〝仁を持って天下を治める〟なぞ、自分の人生六十年で一度も考えた事がなく、奇想天外の世界ではなかったか。話を聞くにつれ、次第に自分の人生六十年は何だったのか？　の反省に陥り、参会の中で次第に信長の話に引き込まれ、終には、同盟に同意を与えるような状況になっていった。

だがよくよく考えると、信長の語りに同意する事は、自分の美濃も彼の軍門に下る事になる、と気づき〝附子をかみたる風情にて〟となった。同じ話を聞いて、道三の重臣は、信長はやはりたわけですな、となる。若い信長が、しかもかつて我が美濃に大敗し、存続が危ぶまれる尾張の弾正忠家の若当主が〝天下泰平〟を語る、これは身の程知らずの〝たわけ〟以外のなにものでもない、の結論に達するのも無理はない。が自分の人生の大半を使い、美濃を盗った道三には、信長の語っている内容、語り口、態度、彼の引き連れてきた軍団を見るにつけ、語っている事に、ある種の信憑性を感じ取ったのではと思う。その結果が、〝山城が子供、たわけが門外に馬を繋ぐべき事、案の内にて候〟に繋がったのでは。『ナポレオン言行録』にこんな言葉がある。

「愚人は過去を、賢人は現在を、狂人は未来を語る」

重臣達に取り、信長は最後の部類、未来を語る〝狂人〟だと思われたのであろう。しかし道三は信長の言葉、そして信長軍から、彼の能力と将来性を見抜いたのではなかったか？道三との同盟は成った。

天文二十三年（一五五四年）一月　村木砦攻め：鉄砲使用の初見

この砦攻めはどの様な合戦であったのか？　今川は戦略的に何がしたかったのか。信長はそれに対して、どうしてここまでやる必要があったのか、双方ともに、理解し難い戦であった。が信長に対する道三の言葉が聞かれる点で興味深い。

信長の家督相続から丸二年、尾張と美濃の間は信長と道三の参会があり、関係は盤石となっていた。信長は尾張国内統一と対今川の二方面にのみ勢力を振り向ければ良い状況下にあった（筈）。しかも尾張統一戦で、清洲の主君、守護代、織田信友を一昨年の八月に萱津にて大敗させ、昨年七月には中市場の合戦で有力者の大半を討ち、後は時間をかけて潰すだけ、という状況に追い込んでいた。三の山赤塚の合戦から二年弱、今川に新たな動きあり、

「さる程に、駿河衆岡崎に在陣候て、鴫原の山岡構へ攻め干し、乗取り、岡崎より持ちつゞけ、是れを根城にして、小河の水野金吾構へ差し向かひ、村木と云う所、駿河より丈夫に取手を相構へ、駿河衆楯籠り候。並びに、寺本の城も人質出だし、駿河へ荷担仕り、御敵に罷りなり、小河への通路を切取り候（略）」

（『信長公記』「村木の取手攻めらるゝの事」）

まず、状況把握のため尾張の織田、駿河と遠江の今川、三河の松平の三家のここに至るまでの十年間の動きを見、関連の出来事を簡単に纏めてみた。

・天文十四年（一五四五年）

〔今川〕第二次河東の乱。北条家に奪われていた駿河の富士川以東（駿東郡）を奪い返す。

〔松平〕広忠（家康の父）、前年の織田信秀の美濃での大敗を受け、安祥城奪還のため出兵。だが逆に、信秀に大敗。松平宗家の力が大幅に低下。

・天文十五年（一五四六年）
〔今川〕広忠の敗戦で松平宗家の力の低下を踏まえ、戸田宣成《のぶなり》の吉田城（今橋城）を攻略（東三河に戦略拠点を確保）。
・天文十六年（一五四七年）
〔松平〕広忠、織田方の松平忠倫を謀殺。怒った織田信秀が三河に侵攻。自力での侵攻阻止が難しかった広忠、今川に援軍を要請。人質として嫡男、竹千代（後の家康）を今川に送る条件を飲む。だが駿府への途中、前年の吉田城攻略を恨んでいた戸田宗家（渥美郡・田原城）の康光が竹千代一行を騙し、竹千代を奪い、織田に売る。
〔今川〕これに怒り、田原城を制圧。（三河南部を勢力下に）
（話が飛ぶが、信長の初陣、三河、吉良大浜攻撃はこの年の信秀の三河侵攻の一環であったか）。
・天文十七年（一五四八年）
〔織田〕手に入れた竹千代を形に（松平）に（今川）からの離反を促したが、拒否され（織田）再度三河侵攻を開始。（今川）が（松平）救援の為、出兵。前述の如く小豆坂で激突。（織田）激戦の末、敗北。

・天文十八年（一五四九年）

〔松平〕三月、広忠、家臣に討たれる。（今川）間髪を入れず、岡崎城を接収（西三河の拠点確保）。続いて安祥城奪還を図るも失敗。

〔今川〕十一月、（織田）の拠点、信長の庶兄、信広が守る、安祥城を攻略。信広を生け捕り、織田家に囚われていた竹千代と交換。竹千代は駿府へ。

〔今川〕三河全域をほぼ勢力下に。

（この人質交換の場所が今川からの提案であったと思うが、前述の様に山口佐馬助の居城、笠寺城であった。今川はこの時、人質交換に託《かこつ》け、山口佐馬助に寝返りを謀ったと思う）。

今川は天文十四年（一五四五年）から活発な軍事行動を行ってきたが、天文十八年（一五四九年）に三河奪取の道筋が見えて来ると軍事的な動きが鈍くなる。この主な要因は雪斎にある。この後は今川家の頭脳、当主・義元の師僧であり、軍師である太原雪斎の動きも入れて、見ていきたい。

・天文十九年（一五五〇年）
〔雪斎〕奉勅入寺で京、妙心寺に住山三日、住持となる。妙心寺に山門造営の費用として五千貫を寄進。大徳寺に牧渓《もっけい》の画（現在国宝）を寄進。
※（奉勅入寺：五山、大徳寺、妙心寺の住持になるためには、天皇の勅許が必要）
※（往山三日：三日間のみの住持）
三河をほぼ手中に収め、当面やるべき事を終えたと判断したか、雪斎は自己の顕彰に力を注ぎ始める。効成り名を遂げた証が欲しくなった、と思える。

〔今川〕義元室（武田信玄の姉）歿。

〔織田〕尾州錯乱。
・天文二十一年（一五五二年）
〔今川〕駿河・駿東郡で〝広域検地〟を実施。（〜五三年）（北条との争いが終焉）。

〔織田〕三月、信秀歿す。

〔織田〕〔今川〕〔松平〕四月、三の山赤塚合戦。

〔織田〕八月、萱津の合戦。
〔今川〕十一月、義元の女、武田信玄の嫡男、義信に嫁ぐ。
・天文二十二年（一五五三年）
〔織田〕一月、二長、平手政秀切腹。
〔武田〕一月、信玄の女、北条氏康の嫡男、氏政と婚約。
〔今川〕二月、〝仮名目録追加廿一カ条〟及び〝訴訟条目十三カ条〟を制定。
〔織田〕四月、信長、斎藤道三と参会。
〔織田〕七月、中市場の合戦。
・天文二十三年（一五五四年）
〔織田〕〔今川〕〔松平〕一月、村木砦の攻防。
〔今川〕七月、北条氏康の女、義元嫡男、氏真に嫁ぎ〝甲相駿三国同盟〟成立。
〔武田〕十二月、信玄の女、北条氏康の嫡男、氏政に嫁ぐ。（婚約は前年一月）
〔雪斎〕中国略史（歴代序略）を臨済寺雪斎書院から出版。
・天文二十四年（一五五五年）
〔松平〕三月、竹千代、駿府の今川館で元服。松平次郎三郎元信と名乗る。
（今川は三河を形式的に松平宗家を使っての間接統治の方針のため、元信の元服は重要であった）。
〔今川〕七月、第二次川中島の合戦時、武田方に援軍を送る。
〔松平〕八月、蟹江城を攻撃・失敗（？）。
〔雪斎〕十月、歿す。（享年六十歳）

天文十八年（一五四九年）に織田から安祥城を奪還し、竹千代も取り戻してからの今川は雪斎の方針と思うが、三河から尾張へと勢力を伸ばす前提として、仮名目録追加廿一箇条の制定「天文二十二年（一五五三年）」等、領国経営の基盤整備と背後となる武田、北条両家との同盟締結「天文二十三年（一五五四年）七月に完成」に全力を尽くした期間であった。これ等は雪斎が体力の衰えを自覚し、生きている内に義元に全知全能を傾けて残したかった遺産ではなかったか。

この様に見て来ると天文二十一年（一五五二年）の三の山赤塚の合戦や天文二十三年（一五五四年）の村木砦の攻防は三河や尾張の親今川勢力に尾張侵攻の先駆け、橋頭保造りをやらせたが、今川が本腰を入れて侵攻をするには時間軸的に早すぎた。つまりこの時点の優先順位が中央（駿府）と末端（尾張）で違っており、中央（駿府）が末端の動きに腰の入った対応をとり切れていない感を受ける。今川の後顧の憂なく動けるのは天文二十三年

（一五五四年）七月の甲相駿三国同盟成立以降であった。三の山赤塚の合戦の項（P72）で今川の〝戦の意義〟を〝微妙になかった〟と表現した背景がこの点である。

この様な状況下で村木砦攻防戦が始まる。

『信長公記』では突然村木砦が出現したかのような印象だが、良く読むと、〝鴫原の山岡構へ攻め干し、乗っとり、岡崎より持ちつづけ、〟と村木砦が造られる前に、前哨戦があった。しかも鴫原の山岡構は安祥城を奪われてからは織田方最後の三河内の拠点であった。小河の水野氏が持つ刈谷城から東に一里弱にあり。ここが落とされたのは、村木砦の攻防戦より半年前頃の事ではなかったか。この時、信長は何をしていたのか？　半年前といえば天文二十二年（一五五三年）の夏頃である。この時尾張では七月、柴田権六が清洲勢と中市場で合戦を行っている。不思議であったのは対清洲の重要な合戦であるにも拘らず、信長が陣頭指揮をとっていない事であった（P83・84）。信長は対今川戦への備えをし、水野側の支援要請が来るのを待っていたのでは。叔父信光も同じではなかったか？　だが小河（小川、緒川）の水野信元は信秀の美濃での大敗以降、旗幟を曖昧にしだしており、この程度で騒ぎ立てるな、と思っていたのか援助要請をして来ない。信長も水野氏は織田方ではあるが、家臣ではなく、半ば独立独歩の勢力と見ており、支援要請がないため鳴原に出陣できず、また中市場の合戦にも参陣できなかった。

一方、今川方は山岡構を攻め落としたが後詰もない。では更にと、ここを足場に水野金吾構と相対する村木に砦を築き始めた。（水野金吾とは水野信元の弟、忠分《ただわけ》と思う）。

『信長公記』で〝駿河より丈夫に取手を相構へ、駿河衆楯籠り候〟とあるのは、どこでかは分からないが、別の場所で部材を造り、船で村木へ運び、今でいうプレハブ建築の様に短期間で組み上げたと読める。それにしても重機もない時代、壕を掘り下げたり、土塁を積んだりするには数日とは行かない、なぜ、砦が出来上がる前に攻めなかったのか？　非常に不思議な話である。『孫子』ではこういっている。

「故に上兵は謀を伐（う）つ。その次は交を伐つ。その次は兵を伐つ。其の下は城を攻む」。

（『孫子』「謀攻編」（上兵は謀を伐（う）つ））

「軍事力の最善の使い方は、敵の策謀を未然に打ち破ることであり、その次は敵国と友好国との同盟関係を断ち切ることである。その次は敵の軍を撃破する事であり、最も拙劣なのは敵の城を攻撃することである」

今川にとり、これは織田とその同盟関係にある尾張・知多郡小河の水野氏を分断する策であり、実際に『信長公記』に、〝小河への通路を切り取り候〟とある。しかも『信長公記』では駿河衆とあるが、実行部隊は三河の松平衆であり、〝交を伐《う》つ〟を、自分の手を汚さないで実行している事になる。

水野信元は織田信秀の能力を高く評価したが故に松平から織田に乗り換えた。が信秀が亡くなり、うつけの信長が家督を継ぐと鳴海の山口佐馬助は織田に反旗を翻し、水野と織田との間に遮蔽物が出現、常に織田の顔色を窺う必然性が低下した。一方、松平は当主、広忠が家臣に討たれ、嫡男竹千代（信元の妹、於大の子、つまり甥）は今川の人質となっている。鳴原城（山岡構え）攻め、村木の砦構築も全て今川の下知の元、松平衆がやっている。

今川の命に従い難儀している松平衆の状況を見聞きしている水野信元は今川に進んで付く気にもなれない。織田に付くか、今川に付くか、一族の命運を懸ける決断はなかなかつかなかった。その間、鳴原城（山岡構え）は落ち、その後村木砦が着工され、どんどん出来て来る。弟の金吾からは織田への支援要請をするよう矢の催促。しぶしぶ織田に支援を求めたが、表向きは金吾を出し、自分は一歩引いた態度を取って、織田からの支援が失敗した時、信元は金吾を切り捨てて、今川に申し開きができる様水野家を割る、二分策を取った。信長はこの水野信元の日和見の結果、砦攻めという最悪の選択肢を取らざるを得なくなった。そして、状況は進展する。

「御後巻として、織田上総介信長御発足足るべきの旨候。併（しか）しながら、御敵、清洲より定めて御留守に那古野へ取懸け、町を放火させ候ては如何とおぼしめし、信長の御舅にて候斎藤山城道三かたへ、番手の人数を一勢乞ひに遣はされ候。道三方より、正月十八日、那古野留守居として、安東伊賀守大将にて、人数千計り、田宮、甲山、安斎、熊沢、物取新吾此等を相加へ、見及ぶ様体日々注進候へと申し付け、同じ事に、正月廿日、尾州へ着き越し候ひき。居城那古野近所、志賀、田端両郷に陣取りをかせられ、廿日に、陣取り御見舞として、信長御出で、安東伊賀に一礼仰せられ、翌日御出陣候はんのところ、一長の林新五郎、その弟・美作守兄弟、不足を申し立て、林与力、あらこの前田与十郎城へ罷り退き候。御家老の衆、いかが御座候はんと申し候へども、左候へども、苦しからざるの由、上総介仰せられ候て、御働き（略）」

（『信長公記』「村木の取手攻めらるゝの事」続き）

ようやく水野方から支援要請が来たのであろう、信長出陣となる、がすんなりとは出陣できない。重臣達の不服従である。一長、林新五郎とその弟林美作守であり、ここには具体的に出て来ないが二長《にのおとな》であった平手家の者達である。
『信長公記』には、村木砦に出陣中に清洲勢に攻め込まれ、町に放火をされては問題と舅の道三に守備兵を借りた、と出て来る。が、この〝理由〟は表向きの取繕いである事が安東伊賀守が引き連れて来た千名の兵と共に陣取る場所からそれが分かる。

「居城那古野近所、志賀、田端両郷に陣取りをかせられ」
（『信長公記』「村木の取手攻めらるゝの事」続き2）

志賀郷は平手家の領地であり、田端郷は林家の領地で、両郷とも位置的には那古野の北東。清洲勢の侵攻に備えるのであれば、北西に陣取る必要がある事からであり、かつ、清洲方は二度の敗戦で、たとえ信長が留守でも攻め込む力は無かったのでは。

「翌日御出陣侯はんのところ、一長林新五郎、その弟・美作守兄弟、不足を申し立て、林与力、あらごの前田与十郎城へ罷り退き侯（中略）」
（『信長公記』「村木の取手攻めらるゝの事」続き3）

ここから分かるのは、家中で一長、林家と二長、平手家に不穏な動きが在り、出陣に際し、舅道三から援兵を送ってもらい両家への押さえの対応をした。林は出陣拒否をしたが行く所がなくなり、与力のあらごの前田与十郎城へ行かざるをを得なくなった事からも分かる。この項の冒頭、信長が勢力を向けるのは〝尾張統一と外の今川の二方面だけの(筈)〞と書いたが実情は家中にも敵対勢力がいる事が出来。信長の置かれた状況がより厳しい事が分かる。では出陣拒否の理由は何であったのか、『信長公記』には〝不足〞(=不平)としか出て来ない。推測するに不足の理由は三つか。

・一長、二長の地位の形骸化
・恩賞
・既得権益の剥奪
・一長、二長の地位の形骸化

前述したフロイスの『日本史』の一節から〝彼はわずかしかし、または、ほとんど全く家臣の忠言に従わず〞とあり、〝一長〞=筆頭家老等と呼ばれても忠言も聞いてもらえずその地位は有名無実の状態ではなかったか?

これが時間と共に欲求不満の原因となったか。

・恩賞

信長の家督相続以来の合戦で、信長の戦のやり方から損害がこれまでと比較し格段に増えたが恩賞が最前線で頻繁に使われる信長子飼の面々に厚く（当然だが）、譜代の家臣は干されている感があり、不満が残るものではなかったか。

・既得権益の剥奪

そして、これが一番大きくしかも深刻な要因では、と推測する。それは林新五郎に関しては『信長公記』に出て来ないが、二長平手中務丞政秀に関して「備後守病死の事」の後半部にこの様な話がある。

「一、平手中務丞が子息、一男五郎右衛門、二男監物、三男甚左衛門とて、兄弟三人これあり。総領の平手五郎右衛門、能き駿馬を所持候。三郎信長公御所望候ところ、にくぶりを申し、某（それがし）は武者を仕り候間、御免候へと申し候て、進上申さず候。信長公御遺恨浅からず、度々おぼしめしあたらせられ、主従不和となるなり」

（『信長公記』「備後守病死の事」）

まず最初の疑問は、信長はこの話がいっている家臣が駿馬を持っているのを見て俺によこせ、という性格の男であろうか？　である。信長は馬と同じく鷹も好きであった。『信長公記』首巻本の一番最後の章にこの様な話が載っている。

「さる程に、丹波国桑田郡穴太村のうち長谷の城と云うを相抱へ候赤沢加賀守、内藤備前守与力なり。一段の鷹好きなり。或る時、自身関東へ罷り下り、然るべき角鷹（くまだか）二連を求め、罷り上り候刻、尾州にて、織田上総介信長へ、二連の内、何れにても、一もと進上と申し候ば、志の程感悦至極に候。併しながら、天下御存知の砌（みぎり）、申し請けられ候間、預け置くの由候て、返し下され候」

（『信長公記』「公方様御憑み百ヶ日の内に天下仰せ付けられ候事」）

丹波の鷹好きが関東で調達した鷹を進上する、といってくれているにも拘らず、理由を付けてむやみに貰おうとしていない。また前述の如くフロイスの『日本史』（P91）にも〝貪欲でなく、はなはだ決断を秘め〟と描写されている。性格は中々変わらないもの。信長は若い頃から物に対し貪欲ではなかった、と思う。

次の疑問は単に馬一頭の事で主従不和の原因になるであろうか？　である。答えは否。主従不和となるほどのもの（史料には無いが）はもっと大きな、例えば〝馬市の権利〟とかではなかったか？　これを信長が取り上げようとして、不和になったのでは。

『愛知県史』「中世3」に山科言継が天文二年（一五三三年）に信秀の招聘で尾張に来た際、平手中務丞邸に朝飯に招かれ、その時書き残したものがある。

「今朝朝飯平手中務丞所有之、各罷向候了。三人ナカラ太刀遣候了、種々造作驚目候了、数寄之座敷一段也」
（『言継卿記』）

都から来た公家（当時、中納言か）ですら平手家の屋敷の金をかけた造作（家の造り）、風流な座敷に驚いている。二長の平手家にはそれだけの財力があった。これは領地からの年貢だけで賄える資金力であろうか。やはり経済的既得権益を持っていたと解釈した方が自然では。『信長公記』「備後守病死の事」の最後の話は、

「一、さる程に、平手中務丞、上総介信長公実目に御座なき様体をくやみ、守り立て験なく候へば、存命候ても詮なき事と申し候て、腹を切り、相果て候」

平手中務丞の切腹の理由として、信長が誠実でなく今後も仕える意義がない、をあげる。これは切腹の理由として弱すぎる。理由は別にある、と思う。やはり信長の方針、家臣の持つ〝既得権益の剥奪〟で信長と平手家の関係が悪化、これを憂え、抗議の意思を切腹で

表した、と見る。信長の最初の鉄炮大量購入は三の山赤塚合戦（一五五二年　四月）の敗戦以降、道三との参会（一五五三年　四月）以前であり、平手中務が腹を切ったのが一五五三年一月とちょうど信長が多額の資金を必要としだした時期と重なる。

父の代までに与えた〝家禄や既得権益〟に関し、余分に与えていると思われる者から剥奪する。資金をどの様に使うかで、生き残れるか、勝ち残れるか、が決まる。誰に対しても容赦はしない、ではなかったか。

林新五郎に話を戻すと、抗議の意思を参陣拒否で表した。数年後の信長ならば絶対に許さなかったと思われる意思表示の形である。これは当時、不忠の極みといわれていた。信長には軍令、またはそれに準ずる文章が残されていないが、同世代の安芸国の毛利元就・隆元親子が天文二十二年（一五五三年）に出した五カ条の軍令には、

第一条：動かけ引きの儀、其日其日の大将の下知に背き候者は、不忠たるべき候。たとい何たる高名、又討死を遂げ候共、忠節に立つべからざる事。

第二条：小敵、又は一向敵も見えざる時、ふかく行き候て、敵少もみえ候へば、其時引き候。

似ての外曲事に候。以後において、左様仕り候する者、被官を放つべき事。

とあり、大将の下知に従わない者や許可なく引く者は不忠の極みである、と規定している。林新五郎の参陣拒否は、その場で切り捨て、切腹もあり、ではなかったか？　最低でも追放ではと考える。しかし信長は、内心腸が煮えくりかえっていたが、御咎めなし、とした。

なぜなのか？

第一の理由は、林一族は尾張、美濃に跨る有力氏族。西美濃三人衆の一人稲葉氏は林一族。道三の愛妾、深芳野《みよしの》は稲葉一鉄の姉といわれており、道三に遠慮したか。

第二の理由は、林新五郎、自身が信秀により信長に筆頭家老として付けられただけに個人的能力があった。父、信秀は良く自分の子供達を見ており、信長に足りない能力を補完する、内務官僚（林新五郎）や外交官（平手政秀）を付け、信長の大人しい弟、信行には武断派の柴田権六や佐久間大学盛重など武篇者を付けている。この時点で、信長は林の力をいまだ必要としていたか。

もう一つ考えられる理由があるが、信秀の項（Ｐ２０４・２０５）で述べる。この二つ（い

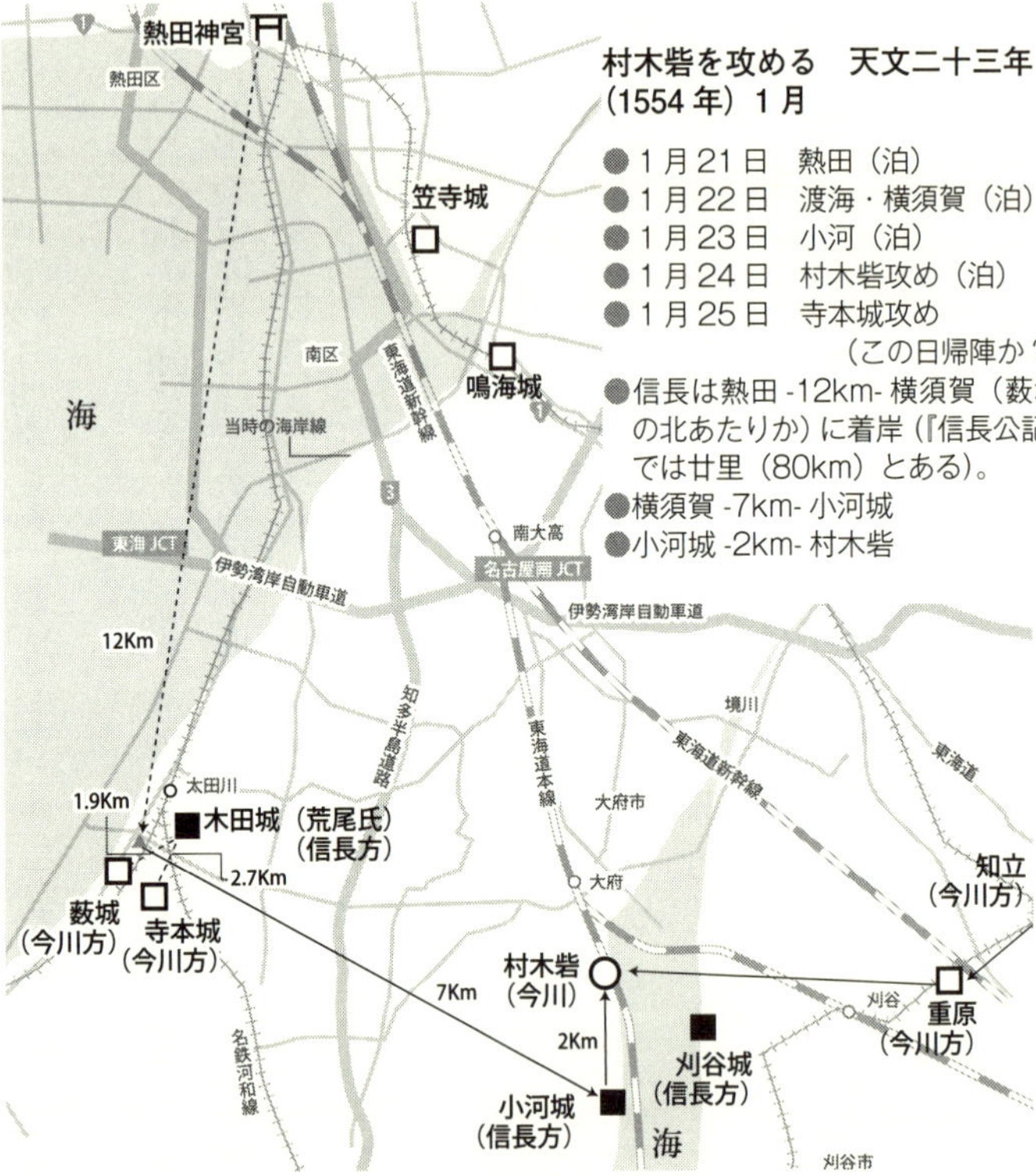

や三つ）の理由からと内憂外患への対処の優先順位が〝外患〟であり、かつ急を要し許さざるを得なかったのではないか。

信長を取り巻くこのひどく不安定な状況下では、〝戦に勝つ〟は信長にとり、家の主《あるじ》として家中を纏める上での必要最低条件となった。〝結果を出す〟が必須の戦闘へと突入していく。

コルシカの田舎貴族出身でフランス皇帝まで上

り詰めたナポレオンも同様な立場からこんな言葉を残している。

「私の権力は私の栄光にかかっている。そして私の栄光は私が博した数々の戦勝にかかっている。（中略）新しい戦勝を加えなかったら、私の権力は失墜するだろう」

（『ナポレオン言行録』一八〇二年）

〝信長御発足〟となる。

「其の日は、ものかはと云う御馬にめし、正月廿一日あつたに御泊り、廿二日以（もって）の外（ほか）の大風に候。御渡海なるまじきと、主水、楫取りの者申し上げ候。昔の渡辺、福島にて逆櫓を争う時の風も、是れ程こそ候はめ。是非においいて御渡海あるべきの間、舟を出し候へと、無理に廿里計りの所、只半時計りに御着岸。其の日は野陣を懸けさせられ、直ちに小川へ御出で、水野下野守に御参会候て、爰許（ここもと）の様子、能能きかせられ、小川に御泊り」

（『信長公記』「村木の取手攻めらるゝの事」続き2）

前述の『朝倉孝景条々』の中の〝たとえ吉日でも風の強い日に船を出したり、多勢に無勢で戦に臨むはいかがなものか〟とある様に、大風の日に舟を出す事を諌めている。しかるに信長は平家物語に出て来る、源義経の屋島攻めの際の逆櫓論争を引き合いに出し、舟を出させる。物語的には颯爽とし、絵になる話だが、将としては運を天に任せる勝負師的で、感心しない。それ程この時切羽詰まっていたか。義経の渡辺、福島の渡海の際は船頭を弓で脅しての強行であった、と伝わっている。多分信長も同様な事をやったのではなかろうか。

鳴海、または鳴海経由で岡崎に知らせが届き、村木砦に増援の兵を送り込まれないように配慮したのではなかったか、荒天は行き先を分からなくする隠れ蓑にもなった。

正月二十一日、熱田に泊まり、叔父信光と落合ったか？　二十二日渡海。知多半島の西岸、横須賀辺りに着岸した。ここは『信長公記』に〝並びに、寺本の城も人質出だし、駿河へ荷担仕り、御敵に罷りなり、小河への通路を切取り候。〟と出て来る寺本城の北側に当たり、織田側の荒尾氏の居城、木田城に近い所であった。

信長にとり、水野氏も然ることながら、知多半島で勢力を二分している大野の佐治氏や織田を支持する荒尾氏の繋ぎとめは知多郡の維持に欠かせなかった。

何があっても村木砦を攻め落とす、は知多半島死守を明確にする示威行動であり、織田に懐疑的な知多郡の有力国人・土豪層を引き留める効果を狙った軍事行動で、半島中の諸勢力が固唾を呑んで見守る中での、負けが許されない合戦であった。

一方、今川から見ると岡崎、安祥、知立、鳴海の〝線〟と鳴原、村木、寺本の〝線〟を手中に収められれば、二本の線の内側を勢力圏として〝面〟で確保できる。これで信長と知多半島内の主勢力、水野氏や佐治氏を完全に遮断でき、次の段階で知多半島全域を自陣に取り込める、戦略であった。この様な中、信長の村木砦攻撃が始まる。信長にとって、家督相続以来初めての対外戦であり、美濃の舅道三も見守る、知多半島（知多郡）を懸けた戦となった。

「一、正月廿四日払暁に出でさせられ、駿河衆楯籠り候村木の城へ取り懸け、攻めさせられ、北は節所手あきなり。東は大手、西は搦手なり。南は大堀霞むばかり、かめ腹にほり上げ、丈夫に構へ候、上総介信長、南のかた、攻めにくき所を御請取り候て、御人数付けられ、若武者ども、我劣らじと、のぼり、撞（つ）き落とされては、又あがり、手負死人其の数を知らず。信長堀端に御座候て、鉄炮にて、狭間三ツ御請取りの由仰せられ、鉄炮取りかへ〳〵放させられ、上総介殿御下知なさるゝ、我も〳〵と攻め上り、塀へ取り付き、つき崩しつき崩し〳〵、（中略）」。
（『信長公記』「村木の取手攻められしの事」続き3）

まず、この戦、規模が分からない。この点から推理したい。村木砦は〝砦〟という名称からして、多くて四〜五百名位か。織田方は信長が五百、信行三百、叔父の信光が四百、水野金吾が三百程で、計千五百名での攻撃ではなかったか。また上陸地点に近い国人層の参戦はどの程度あったであろうか、荒尾氏などは明らかに織田方、彼らは寺本城、藪城の押さえに廻ったのであろうか。

この戦での信長の戦い方は非常に特徴的である。一番攻め難い所を総大将の信長が引き受け陣頭指揮を執り、自らも新兵器、鉄砲を使って参戦。戦闘の専門家集団を使い、短兵急に攻めたてる。総大将がその身を戦場に晒し、兵の士気はいやが上にも盛り上がったであろう。

『信長公記』に鉄砲の記述が出て来るのは十六歳時の鉄砲御稽古時と前年の道三との参会の際に、弓・鉄砲合わせて五百挺と出て来る時のみ。鉄砲伝来が天文十二年（一五四三年）八月、種子島に、であり、それから僅か六年で鉄砲稽古、十年で三百挺以上の鉄砲を所有していた。そして十一年目にここ村木砦の攻防戦で、初めて実戦の中で鉄砲が使われた様子が描写される。『信長公記』の著者大田牛一は弓で出世した人であるためか、鉄砲が使われる描写が少なく感じる。信長はもっと合戦で鉄砲を多用していたと思うし、高価な武器を、しかも大量に持っていて使わない事はあり得ない。兵器は使用しなければ、練度も上がらないし、運用法も改善しない。

砦側からすると兵の配備は西の搦出、次が東の大手であり（海に面していた）、一番少なくても問題ないと思われたのが深い壕を掘った南ではなかったか。要するに信長の攻め方は、全くの逆。良くいえば意表を突く、悪くいえば無謀な攻め方であった。信長の戦い方を見ると、この様な事が当てはまるか？　パーサ・ボース著の『アレキサンドロス大王』にこんな話がある。

「アレキサンドロスはかねがね防衛するより攻撃する側になろうと心掛けており、また　そう教わってきもした。それは彼自身の攻撃的なリーダーシップのスタイルにも合致していた。アレキサンドロスは何時も真っ先に戦に加わり、常に戦闘の真只中で戦ってきた。敵の戦列の奥深くに切り込んでいくのもつねにアレキサンドロスだった」

（『アレキサンドロス大王』「七つの異なったリーダーシップのスタイル」攻撃的なスタイル）

「戦い其のものに自ら「手を汚す」かたちで加わり、ヘタイロイ（騎兵）の先頭に立って味方を奮い立たせ、さらに盾持ちと密集歩兵部隊の動きからも目を離さず、必要ならば彼らを助けに駆けつけるだけの余力を残していたのである」

（『アレキサンドロス大王』「七つの異なったリーダーシップのスタイル」（攻撃的なスタイル）手を汚して関与する）

アレキサンダー大王は自分が先頭を切って戦闘に参加するが、戦全体にも気を配る余裕を残していた。『信長公記』には出て来ないが、信長もこの様な戦闘への参加の仕方をしていたであろう。『ナポレオン言行録』にも将が戦場に臨む、重要性を述べた言葉がある。

「将軍がその場に居る事は欠くべからざることである。将軍は軍隊の頭であり、一切である。ガリアを征服したのはローマの軍隊では無く、カエサルである。ローマの入り口で共和国をふるえ上がらせたていたのはカルタゴの軍隊では無く、ハンニバルである。インダス河のほとりへ赴いたのはマケドニアの軍隊では無く、アレキサンドロスである」

（『ナポレオン言行録』）

信長も天性なのか、陣頭指揮を執った。総大将の信長が鉄砲を射ち、かつ監戦する中、一番攻めづらい南からの攻撃を主導。砦側から見ると、予期せぬ南が主戦場となり、兵を廻す事で大手と搦手の備えが薄くなり、ここから攻め込まれる。

「西搦手の口は織田孫三郎殿攻め口、是れ又攻めよるなり。外丸一番に六鹿と云う者乗り入るなり」

（『信長公記』「村木の取手攻められしの事」続き4）

手薄となった搦手から戦上手な叔父、孫三郎（＝信光）の家臣が外丸を一番に突破する。一方、攻め辛い南が主戦場となり、その付けは信長の手勢に降りかかった。

「信長御小姓衆歴貼、其の員を知らざる手負死人、目も当てられぬ有様なり。辰の刻（午前七〜九時）に取り寄せ、申の下刻（午後四時台）まで攻めさせられ、御存分に落去候ひ訖んぬ。御本陣へ御座候て、それも〳〵と御諚なされ、感涙を流させられ候なり」

(『信長公記』「村木の取手攻められしの事」続き5)

時間をかけて育てた小姓衆にその数も分からないほどの手負い死人の損害を出す。彼らの名前を知らされ感涙を流した、となっているが、感涙だけの涙であったろうか、この砦の攻防戦は攻め辛い南を主戦場とした事により、攻撃側に多大な損害が出る事は戦う前から分かっていたと思う。しかも攻略までに八時間を要す。それだけ砦の造りが堅固であった、という事の証。信長はどんな犠牲を払おうと一日で落す必要があった。信長の涙は主には自分の不甲斐無さへの涙ではなかったか。半年も今川の一連の動きを放置し、この砦攻の状況を造り出した水野信元に対し、何ら影響力を発揮できず、防備を固め終えた砦を強攻せざるをえなくなり、多数の損害を出した自分自身に対する悔し涙であった。

「翌日は、寺本の城へ御手遣ひ、麓を放火し、是れより那古野に至って御帰陣」

(『信長公記』「村木の取手攻めらるゝの事」続き6)

翌日、寺本城の城下を焼き、圧力を加えてから帰陣したとあるがこの程度の中途半端なものではなかった。寺本城の近くに藪城と云う城があり、ここは寺本城の城主、花井氏と同族の者が守っていた。寺本城は25ｍ程の平山城であり、一方、藪城は平城で落しやすかったか、血祭りにあげられ、落城。謀叛を起こせばどうなるかを知らしめしてからの帰陣であった。

この村木砦攻めに対する斎藤道三の言葉が『信長公記』に出て来る。

「安藤伊賀守、今度の御礼の趣、難風渡海の様体、村木攻められたる仕合、懇（ねんごろ）に道三に一々物語申し候ところに、山城が申す様に、すさまじき男、隣には、はや成人にて候よと、申したる由なり」
（『信長公記』「村木の取手攻めらるつの事」続き7）

安藤伊賀守が帰国し、道三に事細かに報告した内容は三項目。〝今度の御礼の趣《おもむき》、難風渡海の様体、村木攻められたる仕合〟である。この三項目中、『信長公記』の中で具体的内容が述べられていないのが、〝今度の御礼の趣〟である。道三の言葉〝はや成人にて候よ〟はこの〝今度の御礼の趣〟に対する評言ではなかったか？　信長の具体的な言葉が残っていないのが残念。

信長がよほど印象に残る言葉を発したのか、態度を示したのか。つまり信長が安藤伊賀守経由道三に伝えた言葉か、その時の態度が相手の心に響くようなものではなかったか。信長の印象は〝受けた恥辱は絶対許さない〟的情け容赦ない攻撃的な人間、という様なものが多い。

が意外とこの男の感謝の表現は誠心誠意、心の籠った言葉や態度であったのではなかろうか？　人生を通して〝容赦ない攻撃的な人間であった〟道三も、同類と思っていた若者から真逆な事をやられると物凄く感激してしまう。そんな事がここで起こったのでは。

道三の言葉〝すさまじき男〟は〝難風渡海の様体〟や〝村木攻められたる仕合〟が符合するが、ここからは、蝮と恐れられた男からこの様な言葉が聞かれるという事自体信長のやった事が道三の常識の枠を突き抜ける程のものであった、と理解できないか。道三ですらやらない様な事を平然と行う〝すさまじき男〟の行動と心の籠った〝今度の御礼の趣〟の間のギャップ、これが道三を籠絡《ろうらく》する要因ではなかったか。

〝筆頭家老の林新五郎の参陣拒否〟も重要な報告項目と思うし、これに関する道三の言葉が聞きたかったが、安藤伊賀守は報告しなかったのか？　残されていないのが残念。

この章の最初に、この様な疑問を投げかけた、

- 今川は戦略的に何がしたかったのか？

天文十九年（一五五〇年）以降の三河を統括したのは朝比奈泰能《やすよし》、（松平広忠が家臣に討たれた際の岡崎城接収の責任者で、安祥城攻略時の副将）ではなかったか。彼が現地勢力、

松平衆を使って、三河及び尾張で今川の勢力拡大を画策していた。村木砦は鳴海・笠寺地区簒奪以降、駿河本国が動けない、動かない状況下での、次の打ち手ではなかったか？　これが成功すれば、知多半島は今川の物となっていく。つまり自分の手を汚さず、三河の人と金で、今川の勢力拡大を図る、濡れ手に粟の様な戦略であった。

- 信長はそれに対して、どうしてここまでやる必要があったのか？

基本は〝知多半島は渡さない、の意志表示を内外に示す〟ものであり、例えその代償が幾ら大きくとも、であったのではと思う。この砦の存在を許せば地理的に見て知多半島が今川の太い帯で遮断される状況であった。これに小河の水野氏の如く織田弾正忠家の退勢から旗幟が不鮮明となりだした国人、土豪衆に断固たる意思表示と行動を示す必要があった。また、前述したが信長は家内を纏め上げるためにも勝利が欲しかった。一方、その代償は『信長公記』に〝信長御小姓衆歴〻、その員を知らざる手負死人、目も当てられぬ有様なり。〟と具体的数は出て来ないが、かなりの損害に上った。（別途数字は纏めて考察する）。

道三は〝すさまじき男〟で全滅も有り得る〝難風渡海〟と兵の損耗を全く考慮に入れない攻撃のやり方に、滅びの予感と隣り合わせの生き様に、またそれを平然と実行する信長をこの言葉で表現した。兵を消耗品として扱う、扱える信長は、道三が率いている様な中世然とした農民主体の軍から大きくかけ離れており、今回の合戦の顛末は、参会時に信長が話した事は真であり、いった事を、いった事以上にやる男と見たのではなかろうか。道三は自分の経験知を越える信長の実行力を見、畏怖の念さえ覚えた。

朝倉宗滴といい斎藤道三といい、時代を代表する実力者に興味を持たれた若者が信長であった。その興味の持たれ方は彼の行動と言葉から来ていた。

信長の外見通りの常識外的発想・行動と外見からは想像できない相手に配慮した言葉がそこかしこに含まれ、この合わせ技で魅了したのではなかったか。異次元的発想・行動と誠心誠意な言葉が絡み合い、一種〝独特な存在感〟とその中に〝存在の危うさ〟を包含する、得体の知れない世界が二人の実力者を彼の虜にしたと思えてならない。

斎藤道三は息子・義龍に討たれる直前、参会から三年後に、〝美濃国譲り〟の書を信長に送った。自分がその人生を懸けて奪い取った美濃を譲る書状である。どれ程道三は娘婿、信長を高く評価し、自分の人生の総決算、美濃国を天下への跳躍台として彼に譲りたかった事か。

この後、道三が嫡男・義龍に討たれるまで大きな戦はない。

第二章　弾正忠家の当主達

織田家

天文二十一年（一五五二年）三月の信長の家督相続以来、天文二十三年（一五五四年）一月の村木砦攻防戦までの約二年間、信長を尾張の外の者を通して見てきた。ここからさらに時間を遡り、彼の生まれた家、織田弾正忠家の歴代の当主達が〝いつ〟〝何を〟〝どの様に〟やり、信長登場の舞台を造りあげたか、を見ていく。

「さる程に、尾張国は八郡なり。上の郡四郡、織田伊勢守諸侍手に付け、進退して、岩倉と云ふ処に居城なり。半国下の郡四郡、織田大和守が下知に随へ、上下、川を隔て、清洲の城に武衛様を置き申し、大和守も城中に候て、守り立て申すなり。大和守内に三奉行これあり。織田因幡守、織田藤左衛門、織田弾正忠、此の三人、奉行人なり。弾正忠と申すは、尾張国端勝幡と云う所に居城なり。西巌、月巌、今の備後守舎弟与二郎殿、孫三郎殿、四郎次郎殿、右衛門尉とてこれあり。代々、武篇の家なり」

（『信長公記』巻首「尾張国かみ下わかちの事」）

『信長公記』の巻首の冒頭は弾正忠家の紹介・説明から始まる。尾張の守護が斯波氏（武衛様）、守護代が織田氏で上半分が織田伊勢守家、下半分を織田大和家がそれぞれ治めていた。（信長の）弾正忠家は織田大和守家の三奉行家の一に過ぎなかった。居城は国の端に在る勝幡城で、ここから西巌、月巌、備後守（信長の父、信秀）、そして信長と四代かけて、伸し上がったのが弾正忠家である。専門家でも信長の家系はこの西巌までしか遡れないといわれている。

織田家家系図

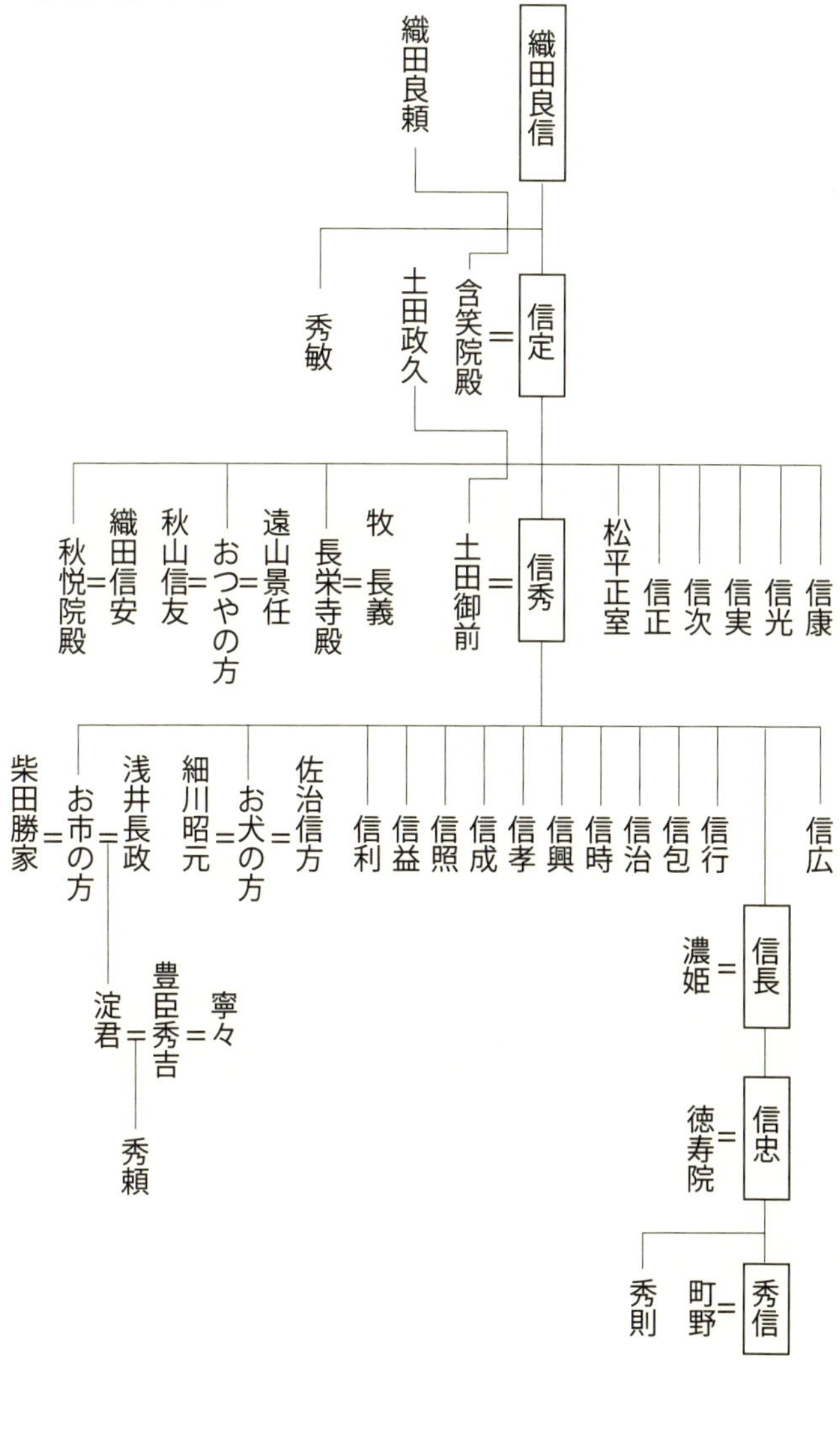
織田良信
織田良頼
信定
含笑院殿
土田政久
秀敏
信秀
土田御前
長義
牧
長栄寺殿
遠山景任
おつやの方
秋山信友
織田信安
秋悦院殿
松平正室
信正
信次
信実
信光
信康
信長
濃姫
信忠
徳寿院
秀信
町野
秀則
信広
信行
信包
信治
信時
信興
信孝
信成
信照
信益
信利
佐治信方
お犬の方
細川昭元
浅井長政
お市の方
柴田勝家
寧々
豊臣秀吉
淀君
秀頼

織田氏の中でも庶流であった家系図を信長がいじったか？　分かる範囲の曽祖父、祖父、父を追っていきたい。

一、曽祖父　織田良信（すけのぶ／ながのぶ）戒名：西巌

生没年不詳である。信長が父、信秀二十三歳の時の子、信長の嫡男、信忠が産まれたのも信長が二十三歳の時。弾正忠家、嫡男が生れるのが父親が二十三歳の時と仮定して遡ると祖父、信定は長享二年（一四八八年）生まれ、そして曽祖父、良信は寛正六年（一四六五年）の生まれとなる。違和感のない仮定ではないか、と思う。良信は応仁の乱直前に生まれ、応仁の乱後、十四歳前後の、文明十一年（一四七九年）に元服した、と推定した。

まず、名前の良信（すけのぶ／ながのぶ）は守護、斯波家（武衛家）十二代当主、義寛《よしひろ》の初名、義良（よしすけ／よしなが）から偏諱《へんき》を与えられており、この義良の名前が使われていたのが文明四年（一四七二年）から文明十七年（一四八五年）の間で、上述の良信の元服の推定年、文明十一年（一四七九年）は丁度ど真ん中。守護、斯波家当主から偏諱を貰っている、という

事は彼の父親はその時の守護代、織田敏定《としさだ》か、それに近い者であろう。この敏定が文明十年（一四七八年）に清洲に守護所を置き、この時から『信長公記』にある尾張上下四郡分割統治の原型ができる。新しい守護所（清洲城）内に守護、斯波義良を迎え入れ、次の年に良信に〝良〟の字が偏諱として与えられた、という所か。

『愛知県史』「中世3」に、『本国寺志』の文章が収録されており、その中で、文明十四年（一四八二年）、尾張の清洲に於いて、日蓮宗の見延門徒と六条門徒が宗論《しゅうろん》、の話が出て来る。この宗論の顛末は長いので省略するが、この中に奉行として織田弾正忠良信の名前が出て来る（宗論＝宗派間の教義上の優劣について行う議論）。これが信長の家系（弾正忠家）の者の名が史料に出てくる初見である。（良信、十七歳前後と推定）。この宗論の中の多くの奉行衆の一人であり、その後、彼の名前は全く出て来ない。次に良信の名前が史料に出て来るのは、時代が下って信長の父、信秀の時代にである。尾張の妙興寺が信秀に宛てた書状の草案の中に、良信の名でなく戒名・材巖（＝西巌）として出てくる。『愛知県史』「中世3」より、

「妙興寺領　花井・朝倉・矢合・鈴置・吉松　此の五ケ所、材巖之時、召置侯、一木村は月巖之時被召置侯、今之御代に二段、三段之処を拾集、被召置侯ハん由侯。代々如此侯て、妙興寺即時に破滅侯ハんとて、一衆之歎不可過之侯、一寺御建立と召思常英御判形之二任て、小処共を御指置侯ハ（略）」

（『妙興寺書状草案』）

この寺の所領を信長の曾祖父・材巌、祖父・月巌、そして父・信秀の三代に渡り、押領していた事が出て来る。特に材巌は活発であり、信秀は二～三段の地まで隈なく召し上げ、寺は廃寺への最終段階にあった。では妙興寺とはどの様な寺であったのか。

・妙興寺：貞和四年（一三四八年）に中島郡、中島城の中島蔵人の次男、滅宗宗興によって創建された臨済宗・妙心寺派の寺院。文和二年（一三五三年）第二代将軍、足利義詮《よしあきら》の祈願所になり、延文元年（一三五六年）後光厳天皇の祈願寺となる、由緒ある寺であった。
（信長の時代までに全ての寺領を奪われ廃寺となった）。
（その後、豊臣秀次により寺領を与えられ再建される）。

・中島氏：三の山赤塚合戦の項でも少々述べたが、中島氏は嵯峨源氏の流れをくみ、承久三年（一二二一年）に、承久の乱の結果、新補地頭として尾張国、中島郡に来たと思われる。室町時代に入ってからは幕府の奉公衆（将軍の親衛隊）五番隊に属する有力国人であった。しかし、信長の時代までに弾正忠家により、全ての領地が奪われ一族離散となる。中島氏は妙興寺の創建時に田畑百町歩を寄進している。話がとぶが鎌倉時代からの豪族である荒尾氏も中島郡に持っていた所領の大半を寄進している。

ここまで見て来て、非常に不思議なのは、守護、守護代がおり、守護代家の三奉行の一つに過ぎない弾正忠家の良信（すけのぶ／ながのぶ）がなぜ、誰からも咎められずに、この様な好き勝手と思われる行動が取れたのか？　また、その訳は？
まず応仁の乱前の時代背景（政治状況）から見てみたい。

・将軍家：応永三十二年（一四二五年）五代将軍、義量《よしかず》が十八歳で急逝。父の四代将軍義持が応永三十五年（一四二八年）に亡くなるまで、将軍職を代行した。が次の将軍継承者を決めずに亡くなり、籤《くじ》で決める事になった。籤で将軍に選ばれたのが三代将軍、義満の三男、四代将軍、義持の弟である、義教《よしのり》であった。彼は、父、義満に倣い、将軍親政による強い幕府の復活を目指した。だが嘉吉《かきつ》元年（一四四一年）に赤松満祐《みつやす》により、謀殺された（嘉吉の乱）。急遽翌年、嘉吉二年（一四四二年）に嫡男、千也茶丸《せんやちゃまる》（後　義勝《よしかつ》）が九歳で将軍職を継いだ。が翌年嘉吉三年（一四四三年）に亨年十歳で病死。次に三男、三春（後　義政）が八歳で将軍職に選出され、宝徳元年（一四四九年）に元服と共に八代将軍となる。

六代将軍義教の将軍親政は幕府権威の回復、勘合貿易の再開等財政問題への対応、将軍親衛隊である奉公衆の強化、延暦寺の力に依る取り込み、関東（鎌倉）平定と一連の打ち手が効き幕府の権力再生がある程度実現した。が義教の性格とやり方が災いし、嘉吉元年（一四四一年）前述の如く謀殺される。将軍が家臣に謀殺される前代未聞の不祥事、さらにこれ以降は幼少の将軍が続き、権威が揺らぐ中、将軍職に就いた八代将軍義政は有力守護大名の政治介入が重なり幕政に嫌気がさし、早期隠居の実現を目的としたご都合主義的将軍継嗣を画策し、それが主因で応仁の乱が始まる。将軍家に何代にもわたり、有能な者が連綿と表れる訳もなく、またその弱点を補完する体制・制度もない室町幕府は応仁の乱の二十五年以上前からその権威が揺らぎ始めていた。

• 守護・斯波氏：室町幕府内で三管領家筆頭であった。越前、尾張、遠江守護、八代当主斯波義郷《よしさと》が永享八年（一四三六年）橋の上から馬もろとも転落する事故で逝去。享年二十七歳。家督を継いだのが嫡男・千代徳丸（元服後、義健《よしたけ》）二歳であった。その九代当主、義健は嗣子がないまま、享徳元年（一四五二年）十八歳で逝去、斯波氏、嫡流家はここに断絶。家督を継いだのは分家の斯波大野家の義敏であった。だが義敏は実父、持種の代から斯波家内の主導権争いを演じていた越前、遠江守護代・甲斐常治との争い（長禄合戦）を続け、将軍・義政の怒りを買い、長禄三年（一四五九年）家督を嫡男・松王丸（後、義寛）に譲らされ周防へ追放となる。寛政二年（一四六一年）関東出兵で兵が必要となった将軍・義政は松王丸を廃し、足利一門の渋川家の義廉《よしかど》に斯波氏の家督を継がせる。その後、恩赦で義敏が復帰。政治情勢の変化で義廉の利用価値がなくなり、文正元年（一四六六年）義敏が斯波家当主、越前、尾張、遠江守護へ復権。応仁二年（一四六八年）嫡男・義寛が家督を継ぐ。だが応仁元年（一四六七年）に始まった乱では前守護・義廉は妻が西軍の総帥山名宗全の娘で、西軍内で越前、遠江、尾張守護と遇され、斯波義敏・義寛親子と守護の座を争う。

守護の座は義郷から（一四三六年）義健へ、（一四五二年）義敏へ、（一四五九年）松王丸（義寛）へ、（一四六一年）義廉へ、（一四六六年）再度義敏へ、（一四六八年）義寛へと変遷する中、応仁の乱の中での義廉（西軍）と義敏・義寛（東軍）の守護の座を巡る争いへと突き進んでいった。この激しい守護の座争奪の争いで、管領筆頭家といえどもその権威は揺らぎ衰退への道をたどる事になった。

・守護代・織田氏：守護代、織田郷広《さとひろ》「?―宝徳三年（一四五一年）」〝郷〟は守護・斯波義郷からの偏諱である。『建内記』に出て来る、郷広の家臣、坂井七郎右衛門広道が寺社領、本所領を押領、荘園主達から非難され、郷広も嘉吉元年（一四四一年）逐電せざるを得なくなった。家督は嫡男、敏広が継いだ。郷広は宝徳三年（一四五一年）に、将軍義政に取り入り、返り咲きを図ったため、斯波義健の命で、越前で自害に追い込まれた。応仁元年（一四六七年）に応仁の乱が勃発すると、敏広は前守護・斯波義廉と共に西軍に属した。守護、斯波義敏は又守護代の織田敏定と共に東軍に属し、両者間で抗争が始まった。

嘉吉元年（一四四一年）以前は六代将軍義教の親政下であり、主家・斯波氏も、若年とはいえ嫡流の義健が健在であった状況下で、守護代、織田郷広が家臣を使って公家、寺社領の押領は時期尚早であった。周囲からの非難を浴び、逐電、終には自害に追い込まれるという結果に終わった。将軍家、守護・斯波氏、守護代・織田氏と上述の如く各層に揺らぎはあったものの、室町幕府の統治システムは未だ機能しており、尾張の一守護代が己の為にそのルールを破る事は自己の破滅を意味していた。郷広は時代を読み違え、その代償を自分の命で贖ったといえる。守護代ですらこの顛末、ましてや守護代家の奉行人如きではとても好き勝手な行動など取れなかった。足利幕府の統治システムが根底から崩れるのは、応仁の乱を待たなければならなかった。

では、その応仁の乱後、全国の政治状況はどの程度変わったか？　その様子が今谷明、帝京大学教授の著書『戦国期の室町幕府』の中にある。文明九年（一四七七年）十一月に大和国守護、興福寺門跡、大乗院尋尊《じんそん》が書き残した文章から、

「就中（なかんずく）、天下の事は更に以て目出度き子細是無し。近国に於いては、近江・美濃・尾張・遠江・三河・飛騨・能登・加賀・越前・大和・河内、此等は悉皆（しっかい）御下知に応ぜず、年貢等一向進上せざる国共なり。其外は紀州・摂州・越中・和泉、此等は国中乱るるの間、年貢等の事是非に及ばざる者なり。さて公方御下知の国々は、播磨・備前・美作・備中・備後・伊勢・伊賀・淡路・四国等なり。一切御下知に応ぜず。守護の躰（てい）たらく、則躰（そくてい）に於いては御下知畏み入るの由申し入れ、遵行（じゅんぎょう）等（など）これを成すと雖も、守護代以下在国の者、中々承引（しょういん）能（あた）わざる事共なり。仍（よっ）て日本国は悉く以て御下知に応ぜずなり」。

（『戦国期の室町幕府』「大乗院寺社雑事記」文明九年十一月十日条）

とある。岩谷教授はこの文章に対し、大げさすぎて当時の日本の政治状況を正確にいい表

していない、と批評されておられる。だが当時の知識人であり、守護の立場にあった興福寺門跡の文章は全国を大局的に俯瞰し大筋、的を射ていないか。例えば、尾張は将軍の下知に従わない分類の国となった。表向き守護は〝下知に応じた〟が、守護代以下〝その下の者が応じなかった〟。実質は下知に従う方が得策と思えば従い、そうでなければ従わず、がより適切な表現であろう。つまり是々非々の対応で、根底では従っていないではなかったか。

応仁の乱の影響は大きかった。幕府の威令は蔑《ないがしろ》にされ、守護代家の一奉行人、良信の押領も見咎められなくなった。これは長享元年（一四八七年）十二月に、第九代将軍、足利義尚《よしひさ》が妙興寺に寺領安堵の御教書を出している事から窺い知れる。つまりこの年以前に妙興寺の寺領が侵され始めた。尾張にはこれ等押領の全体像を知る史料に乏しい。では尾張の近隣諸国内の押領の状況は如何であったたか、尾張の状況を推し測るためにこれを見る。

・美濃：美濃の守護代、斎藤利永が長禄四年（一四六〇年）に亡くなり、嫡男、利藤が若年で家督を継いだ。このため仏門に居た利永の弟、妙椿《みょうちん》が後見する事になった。応仁の乱では西軍として戦い、国内の東軍勢力やそれを支援するため援軍として近江から来た京極勢を撃破。返す刀で近江の西軍方、六角高頼を支援、二度に渡り京極勢に勝利した。

その後も西軍として伊勢、越前、尾張、三河と転戦。文明六年（一四七四年）、前年応仁の乱の東西の総帥、西軍の山名宗全と東軍の管領、細川勝元が相次いで死去すると厭戦気分が高まったが、戦を止める事に妙椿が反対。応仁の乱は文明九年（一四七七年）まで続く事となった。この妙椿、文明十二年（一四八〇年）に亡くなるが、この間公家、寺社から押領した領地は八万石に及んだといわれる。

・越前：朝倉宗滴の所で少々述べたが、彼の父親である朝倉孝景（七代目）は応仁の乱時、西軍から東軍に鞍替えし越前の守護の座を得た。この過程で公家、寺社領を全て押領した。孝景が死去した際、前中納言甘露寺親長は〝朝倉孝景は天下一の極悪人である。死んだ事は近年まれに見る慶事である〟と書き残している。

つまり美濃、越前の二ヶ国では、公家、寺社、奉公衆の領地は西軍、東軍に関係なく応仁の乱の十年間でほぼ押領され尽くされた、と読む事ができる。興福寺門跡、大乗院尋尊のいう〝御下知に応ぜず〟状態であった。活発な軍事行動を継続するためには経済的裏付けが必要という事ではなかったか。次に近江を見ると、

・近江：応仁の乱後、守護、六角高頼は戦国大名として、権力の集中とその強化策を推し

進め、公家、寺社、奉公衆の領地を押領し、配下の国人衆に配分した。これに九代将軍足利義尚《よしひさ》が怒り、長享元年（一四八七年）九月、将軍親征を開始。だが六角高頼は甲賀に逃れ、ゲリラ戦を展開し抗戦。この長期戦化した戦に嫌気がさした義尚は次第に退廃的になり、終には長享三年（一四八九年）陣没。

十代将軍足利義材《よしき》によって、高頼は放免、近江の守護の座に復帰するも、押領した所領を返還しなかったため、延徳三年（一四九一年）に再度、将軍親征を受ける。再度甲賀に逃げている内に、明応二年（一四九三年）に政変が起き、義材が将軍職を追われてしまう。高頼は十一代将軍足利義澄《よしずみ》により再度近江守護に復帰、となる。

と、近江は乱後守護が自分の勢力拡大の為公家、寺社、奉公衆領を大規模かつ徹底して押領し、将軍の怒りを買い親征を招いた、と読める。さてこの様な隣国の状況を見て尾張に戻ると、

- 尾張：応仁の乱時、前守護、斯波義廉《よしかど》を守護代、織田伊勢守敏広《としひろ》（岩倉織田氏）が支え、西軍に属した。一方、守護、斯波義敏《よしとし》を又守護代、織田大和守敏定《としさだ》（清洲織田氏）が支えて、東軍に属し、斯波義廉、織田敏広と対峙。元々織田伊勢守家と大和守家の関係は伊勢守家が本家で守護代、大和守家は分家で又守護代であった。では乱勃発時のそれ

ぞれの力関係、特に兵員の動員力はいか程であったのか。（応仁記をベース）。

東軍、総数十六万一千五百、内、斯波義敏五百、西軍、総数十一万六千、内、斯波義廉一万。

両斯波氏の兵は越前、尾張、遠江の三ヶ国から京に上った兵の総数と解釈。東軍の義敏の動員力は非常に少なかった事が見てとれる。（乱勃発の前年に守護に返り咲いた義敏であったが、時既に遅く、兵は皆、前守護義廉に付いてしまっていた）。乱の期間中、東軍有利で味方は増えたであろうが、戦力の増強は喫緊の課題であり、最優先の懸案事項であった。

応仁の乱後、文明十年（一四七八年）織田大和守敏定は幕府から守護代に任命され、凶徒退治を命じられる。凶徒とは西軍であった斯波義廉と織田敏広である。当初敏定勢が優勢であったが、敏広の舅、美濃の斎藤妙椿の介入があり、劣勢となり大和守家が守護代の権限の三分の一のみを得る事で和議となった。その後、妙椿が文明十二年（一四八〇年）に亡くなると次の年戦闘が再開、結果、斯波義廉を越前に追放、敏広は戦死。その後守護、斯波義寛（義敏の嫡男）を清洲城に迎え、敏定が守護代として主導権を握った。

尾張は、

①応仁の乱時、序盤著しく劣勢であった守護、斯波義敏と又守護代、織田敏定は東軍に属し、徐々に勢力を拡大し、優勢な状況下で乱を終えた。

②乱後、幕府より織田敏定が守護代に任命され、凶徒退治を命ぜられる。西軍であった凶徒斯波義廉、織田伊勢守敏広と文明十三年（一四八一年）まで戦闘が続いた。その後も両守護代家の対立は続き、兵力の増強は常に最重要課題であった。

③長享元年（一四八七年）将軍・義尚の近江親征時、斯波氏が乱中に失った越前の守護の座奪還の働き懸け（斯波家最優先事項）を幕府に行っており、将軍の歓心を買うため、最大の兵と共に近江に参陣。

と、応仁の乱勃発以来戦力増強への渇望があり、乱後も凶徒退治、次に越前守護の座奪還の実現の為のさらなる戦力増強とその経済的裏付け確保が急がれた。その具体的な動きが公家、寺社、奉公衆領の本格的押領であり、文明十七年（一四八五年）頃から活発化し、その実行者は③の理由で幕府への遠慮もあり、守護や守護代ではなく、その下の奉行人であった。つまり良信の押領は上司の黙認のもと始まった。またその直接的な契機は天候不順ではなかったか。この点に関し、史料に出て来る出来事を時系列に纏めると、

- 文明十四年（一四八二年）：『定光寺年代記』六月一日、大洪水。
- 文明十七年（一四八五年）：『愛知県史』「中世3」七月、日蓮宗内宗論（@清洲）『愛知県史』「中世3」（東寺光明講過去帳）尾張、美濃で大勢の者が餓死する。
- 長享元年（一四八七年）：『愛知県史』「中世3」九月、尾張勢五千、将軍義尚の命により近江へ出陣。将軍義尚、妙興寺及び延暦寺護正院千住丸に寺領を安堵。
- 長享二年（一四八八年）：『愛知県史』「中世3」一月、等持寺より（……尾州中荘之事、一乱以来守護被官某押領之、旧冬雖有厳重御成敗……）

等持寺は足利幕府、初代将軍尊氏が建立した寺。この寺の尾張の所領が守護被官某により応仁の乱以来押領され、昨年の冬に厳重御成敗があったにも拘らず、とある。将軍家ゆ

かりの寺ですら、また現将軍の厳重な御成敗があったにも拘らず、守護被官〝某〟（名前は分かっていても力関係で、名前を出す事を憚っている）が押領し続けている、と読める。

『愛知県史』「中世３」（定光寺年代記）六月十七日夜、大洪水、定光寺方丈崩裂、尾濃両国人馬溺死多。

『愛知県史』「中世３」　七月、山城国林光寺所領目録が作成され、尾張国犬山郷が記される。……尾張国犬山郷年貢銭伍百四拾貫文……。（目録作成＝押領の危機が迫った事の裏返しか？）

・延徳三年（一四九一年）：『愛知県史』「中世３」　八月、斯波義寛、織田敏定、尾張勢　三千を率い、近江親征中の将軍義材の元へ参陣。

『愛知県史』「中世３」（東寺光明講過去帳）尾張、美濃両国で大勢の者が餓死す。

一四八二年から一四九一年の十年間を見ても、二、三年おきに天候不順による大規模な、飢饉が起こっていた。これ等は史料に残る程の大きな出来事であり、規模の小さいものはもっと頻発していたのではなかろうか。この様な状況下、良信の本格的な押領が大規模飢饉で多数の餓死者が出た文明十七年（一四八五年）を契機に始った、と思えてならない。

なぜか？

この時代、年貢の取り立て、戦があれば兵士の徴発等の実行責任者は守護でも、守護代でもなく、その下の〝奉行衆〟であった。彼らは飢饉で苦しむ領民を目のあたりにしながら、これらの実務を遂行していた。僅かな食物しかできない時、それを自分達に縁もゆかりもない公家や寺社に供出し、作っている自分達が飢える事に納得できなかった。領民が飢えて餓死すれば自分の力が削がれる事に繋がり、必然的に自己の力の喪失防止の観点から押領を活発化させ食糧の領国外への搬出を止めた（直接的な契機）。軍事行動を可能にする経済基盤の維持という至上命題下、大規模飢饉で肝心のパイが縮小する、相反する事象の狭間で、必然的に起こったのが荘園領地の押領ではなかったか。しかも大規模に、組織的に、やらざるを得なかった。（これが荘園制破壊の出発点となる）。

押領開始の時代背景、時期、理由を見てきた。纏めると、

- 応仁の乱勃発以来の戦力増強への絶え間ない渇望
- 乱後の更なる内戦（凶徒退治）対応での兵力増強
- 守護家の越前守護職奪還への強い願望とその実現へ向けた兵力の準備
- 天候不順による飢饉でパイの縮小（直接の契機）

となる。この様な状況下で、成人したのが良信であり、彼は、

- 守護代、織田敏定（この当時の尾張に於ける最高実力者）にきわめて近い
- 奉行という実務の最高責任者の一人
- 一四八五年に二十歳と最も活躍が期待できる年齢に達する

と、上からの暗黙の了解があり、かつ領民に近く、両睨みの出来る絶妙な地位で二十となった。

次が横領される側、有力国人とは具体的にどの様な者達であったのか？

前述の良信の史料への初見、文明十四年（一四八二年）の『本国寺志』の宗論時奉行人が十六名出て来る。内、人数の多い順に織田姓が五名、蜂須賀姓が四名、奥田姓が二名、斎藤姓が二名である。ここから或ることが見えて来る。それは織田姓以外では、

- 蜂須賀氏：蜂須賀姓の奉行人は四名。この当時は織田氏に比肩できる勢力であった。だが宗論後、次に歴史に名前が出て来るのは秀吉の下で頭角を現した蜂須賀小六正勝で、木曽川沿いの川並衆と呼ばれる野武士として、であり、三世代後、正勝が秀吉に出会わなければ歴史の闇に消えていった一族であった。
- 奥田氏：奥田姓の奉行人は二名。奥田氏は守護・斯波氏の流れで、清洲からそれ程遠くない奥田城を居城としていた。だが我々の知る奥田城は信長の大叔父（良信の子）か父、信秀の従兄弟、桶狭間の戦いの際、鷲津の砦で討死する飯野定宗（織田弾正忠家から土豪、飯野家へ養子に出た）の城である。何時かは分からないが、どこかの時点で奥田城は奥田氏から飯尾氏へ城主が変わっている。

その後歴史に奥田姓の者が再び現れるのは奥田三河守忠孝で、しかも大和国の松永弾

正久秀の傘下で、である。信長に松永久秀が討たれた後、信長に仕えた。つまり奥田氏は尾張を追われ、その一部が大和国に逃れ、三世代後、再度歴史上に登場した。

・斎藤氏：美濃の守護代斎藤氏の流れと思う。奉公衆五番方に属し、中島郡に領地を持っていた。がその後尾張では斎藤氏の名は出て来ない。美濃へ追われたか。

と、この宗論の場で名前が出てきた奉行人は、この当時の尾張ではそれなりの地位の者達であったろうし、同姓で複数の名前が出て来るのはそれなりの力があった証左、だがその後彼らはその地位を追われている。またその他の有力国人達でも、

・中島氏：領地を弾正忠家四代に渡り押領され、信長の時代に一族離散。

・荒尾氏：信長が村木砦を攻めた際に、熱田湊から嵐の中渡海し、着岸した辺り（知多郡）の領主が荒尾氏。中島郡で妙興寺に多くの田畑を寄進した荒尾氏との関係は（史料では）不明だが、中島郡から知多郡へ追われ漸く存続できたと推察する。

つまり良信と共に、またはその時代、名前が出てきた国人衆は良信とその子等（弾正忠家）によって、所領を次々に侵食され、その地を追われたと思われる。

だが良信は単なる大和守家の三奉行の一つであり、しかも一番の新参の家である。その程度の家の当主が、いかにしてこれら有力国人衆を圧倒し、駆逐して行けたのか不思議である。政治的状況は良信が活躍できる環境になったとはいえ、実力的に、錚々たる国人層を圧倒できる実力をどこから、どう得たのであろうか？

これへの回答はこの時点で力を付けて来た土豪達を直接家臣化する、ではなかったか。土豪とは荘園の荘官達であり、国人の家臣達であり、富裕農民から武士化した面々である。

ではなぜ彼らであったのか？

土豪層の台頭

木村茂光教授の『日本農業史』の中にこの様な話がある、

「鎌倉時代後期から顕著になる溜池の築造、更に南北朝・室町期で確認できる土豪層を中心とした用水の修復と再開発、さらに土豪・郷の連合による用水管理などを通じて、耕地利用率の増加が実現されていく。荘園内の荒地や不作田の克服である」

（『日本農業史』）

これは明らかに、鎌倉時代後期から始まった気候変動（旱魃）に対し、土豪層が中心となり溜池の築造、用水の修復・再開発で乗り切る対策を実施し、耕地の利用率の改善をも図っている事が述べられている。結果農業の担い手が土豪層に移行したであろうことが分かる。

「鎌倉初期の作田は粗放な状態であり、」（『日本農業史』）

「中世の課題であった不安定耕地の安定化は、粗放な耕地を適合した地種に選別することによって、また当時の農民の経営に適したかたちで零細化しながら安定化されていった」（『日本農業史』）

さらに、粗放農業から、地種を選び、細分化し、集約農業に移行していった様子が窺える記述が出て来る。さらにこの集約農業の最終形が　一四二〇年（応永二十七年）に回礼使として朝鮮から将軍足利義持を訪れた宋希璟《ソンヒギョン》が紀行文に兵庫県尼崎辺りの様子として残している、

「日本の農家は、秋に畓を耕して大小麦を種き、明年初夏に大小麦を刈り苗種を種き、初秋に稲を刈りて木麦（蕎麦）を種き、初冬に木麦を刈りて大小麦を種く。一水田に一年三たび種く。乃ち川塞がれば則ち畓と為し、川決すれば則ち田と為す」（『日本農業史』）

とあり、集約農業の究極の形である万策化が押し進められていた事が分かる。米が駄目でも麦を、麦が駄目でも蕎麦をと気候変動の激化に対応した、生き残りへの対応を映し出している。さらに米も早稲《わせ》、中稲《なかて》、晩稲《おくて》、粳《うるち》、糯《もち》と品種を変え、リスク分散を図っていた。

「生産の集約化、多毛作化は当然地力を消耗する。したがって、これらの経営を維持するためには肥料の補給が不可欠となる」（『日本農業史』）

気候変動は農業生産の分野に大きな変化を齎し、結果より狭い地域で、木目細かな労働集約的な農業を担った土豪層が台頭し、国人層から土豪層への力の移転が生じ始めていた。社会構造を一変したと云われている応仁の乱後、此の変化はより明確に顕在化した。

良信は時代を読み、実力を伸ばしつつあった土豪層を味方に付け、勢力拡大に繋げた。

貫高制に関して

この良信の対応を制度的に支えたのが貫高制ではなかったか？

規模の小さい勢力（土豪層）を糾合し、大きな勢力（国人層）に対抗するには、より多くの者を集め、集めた者の持てる力を全て出し切らせる。また経験が無いため、より分かりやすく、透明性のある制度の導入が必要であった。これに該当したのが貫高制である。

永原慶二教授の『戦国時代』にこうある、

「貫高とは、戦国大名が、年貢、諸役量と軍役量を算定するための基準値である。これにもとづいて農民支配と軍事力編成を同時的に実現する仕組みが貫高制である」（『戦国時代』）

貫高制を見ていくに当たり、この時代（荘園制解体期）の土地領有関係を見ると『戦国時代』にこの様な記述がある。

「まず初めに、戦国大名が貫高制を推進する前提である、荘園制解体期の土地所有関係を見ておこう。」十四～十五世紀の荘園制解体期においては、農民の生み出す生産物は、（a）荘園領主、（b）荘官。地頭（国人領主）、（c）加地子名主、（d）守護、（e）農民、という五つの社会層の間で分配された」（『戦国時代』）

つまり良信は（a）荘園領主（＝公家、寺社）、（b）地頭（＝国人領主、奉公衆）の領地を押領した。その際味方としたのが荘官、地頭の家臣と加地子名主であった。加地子名主は農民であったが、加地子を増やす事で力を付け武士化し、より多くの兵を集める方針に貢献した。

貫高制の導入のもう一つの側面は、前述の農業生産の変化の項でみた〝荘園内の荒地や不作田の克服〟による土豪層の農地拡大を掌握する、があった。

「荘園制下では荘園領主が把握していない耕地をあらたに把握し、貫高制年貢を付加することも必要であった。荘園領主が基本的な台帳に登録している「公田」は、実際に存在した総耕地の一部に過ぎなかった。その様な荘園制下の「公田」以外の「非公田」は（中略）こうした「非公田」の広い存在が荘園支配を不徹底にする一つの要因でもあったから、戦国大名は、上記のような租税・地代の配分関係の再編統合とともに、「非公田」の把握にも力を注がねばならなかった。この二つの課題を同時に遂行する手段は検地であった」

（『戦国時代』）

良信は荒地や不作田の克服の結果である「非公田」まで把握することで、〝集めた者の持てる力を出し切らせる〟を可能にし、その力で国人層を、圧倒していった。

次に年貢高：貫高が決まるとそこから経費を控除し、年貢高を決め、その一定割合を〝銭〟で支払わせた。土豪達は農産物やその加工品を売って〝銭〟を調達し納めるのが貫高制下の年貢であった。『戦国時代』には、

「大幅な貨幣年貢・段銭等のとりたてをともなう貫高制をおしすすめるには、領外との取引を通じて「精銭」の流入をはかるとともに、大名は領内各地に市場を設立して、貨幣流通の円滑化をはからねばならなかった」（『戦国時代』）

とある。このためにまず良信が目を付けたのが、中島郡の妙興寺近くにあった尾張一宮、真清田《ますみだ》神社ではなかったか。真清田神社を傘下に取り込み、神社の庇護の元で行われていた〝市〟を支配し、農産（加工）物の売買の場の確保と銭取得の機会を担保する第一歩をここから始めた。このシステム構築は良信に、システム運営者として、思わぬ利得をもたらした。

織田弾正忠家は津島湊を傘下に収め、その資金力で勢力を伸ばした、と一般的にいわれているが、津島獲得以前に、既に有力神社の門前町を取りこみ、〝市〟を庇護、管理運用益を還元させる仕組みを組み込んでいた、と思えてならない。その始まりが（史料はないが）良信の

尾張一の宮、真清田神社の支配からではなかったか。新支配体制の制度設計、それを運用する知識、そこから上がる運用益確保と良信の打ち手が弾正忠家の興隆の基盤構築に果した役割は多大なものがあった。

〝七十一番職人歌合〟、または〝七十一番職人歌合絵巻〟と呼ばれる職人を題材にした〝姿絵〟と〝画中詞〟（職人同士の会話や口上）が描かれた絵巻がある。七十一番、百四十二職種が記されている。成立は明応九年（一五〇〇年）末。それ以前の歌合と比較し、急速に職種が増えており、農民が〝銭〟を求めて、仕事を細分化し、専門化していった結果がここに反映されている。〝市〟も市場に出て来る商品の種類が増え、職人が専業化して質が向上し、市の立つ日も増え、と好循環が続き活気づいていった。〝七十一番職人歌合絵巻〟は結果であり、これが成立した明応九年（一五〇〇年）以前、応仁の乱終結（一四七七年）以降の

七十一番職人歌合絵巻　（煎じ物売）　（一服一銭）

二十三年間に多種多様な商人・職人が活躍できる環境が急速に整った事を表している。

尾張では少々遅れて文明十三年（一四八一年）に両守護代家間の戦闘が終わって上下四郡ずつの分割統治体制が固まって以降、〝市〟が質、量ともに拡大し始め、良信が押領を活発化させ始めた文明十七年（一四八五年）から明応九年（一五〇〇年）迄の十五年間はそれが爆発的に拡充した、ではなかったか。つまり貫高制実施の外部環境が整った時期であり、良信は年齢的に二十～三十五歳と、最も活躍が期待できる時期とも重なる。

次は〝銭〟に関して、川戸貴史準教授の著書『戦国期の貨幣と経済』に〝悪銭〟、〝撰銭《えりぜに》〟の文言が史料に出て来るのが〝応仁の乱を経て千四百八十年代以降〟とある。


「中世日本の銭貨流通は、渡来銭が中国から安定的に供給されたことによって成り立つものであった（中略）。そもそも貨幣は、貨幣として勘渡されるモノの質的差異ではなく、相手が交換手段として認知し、受領するかどうかが決定的な成立ともされる。（中略）、どんな銭貨であっても一枚＝一文とする基準が社会全体に安定的に共有され続けた事によって、秩序が維持されていたのである。ところが十五世紀後半になると、銭貨流通史において画期的な現象が発生した。（中略）撰銭の社会問題化である」

（『戦国期の貨幣と経済』）

と、十五世紀後半に、銭貨を撰銭する行為が発生するようになった。

「経年劣化（欠けたり、擦り減ったり）等によって、使用に耐えないと判段された銭貨（悪銭）を排除するという意味での撰銭慣行そのものは、中世を通じて存在するものである。しかし、史料上に［撰銭］や［悪銭］の文言が頻出し、その対応を巡って様々なトラブルが看取されるのは当該期以降であり、その背景を時代状況に即して考える必要がある」
（『戦国期の貨幣と経済』）

ある種の銭が、或る基準で、悪銭として受取拒否をされる様になった。その理由が経年劣化以外とある。川戸氏の撰銭と悪銭の発生の理由は、

「十五世紀後半に大規模な戦乱を契機として［首都］京都を中心とする一極的な求心的流通構造が動揺し、各地において独自の地域市場が形成され、そのもとで銭貨流通秩序に二重構造が生じ、その軋轢の結果、悪銭が登場する事を指摘した」
（『戦国期の貨幣と経済』）

と各地の〝地域市場〟形成と〝京を中心とした市場〟の二重構造の軋轢が悪銭の発生と撰銭に繋がった、という考えである。だが、大きく捉えると〝東国は永楽通宝が通用し、西国は宋銭が好まれた〟事実があり、この考えでは説明がつかなくなるのでは。

この説で受容できる点は、十五世紀後半、つまり応仁の乱以降、具体的にいえば一四八〇

年以降撰銭や悪銭が発生と京の一極的市場としての地位が動揺する中各地に地域市場が形成された、という事実のみであろう。つまり撰銭、悪銭の発生は別に理由があるのでは。

撰銭、悪銭の発生の原因はもっと複雑な要素が絡まっていると推測する。まず輸入先の明が銅銭の通貨としての流通を止めた（一四六〇年頃か）のが契機ではなかったか？　この決定で使用されなくなった大量の明銭が日本に持ち込まれた。

具体的には、遣明船が応仁二年（一四六八年）と文明九年（一四七七年）に派遣されており、（史料はないが）これらの船が十万貫（億枚）単位で明銭を日本へ持ち込んだのでは。（私貿易を通しても持ちこまれたであろうが）。当然使われなくなった明銭は、中国では貨幣としての価値がなくなり、価格的に大暴落した、と思われる。これらの情報が地理的に近いため伝わりやすく、かつ貨幣経済がより浸透していて昔からの宋銭の貯えが多かった西国では、永楽通宝等の明銭の大量輸入が、銭の価値の暴落を引き起こし、ひいては自分達のストック価値暴落を誘発する事を恐れ、受取を忌避した。

一方、尾張を含めた東国は相対的に貨幣流通が遅れ、貯えも少なく、採用するなら新しくて見栄えが良く、かつ大量に出回った新しい明銭が（貫高制下の）貨幣需要急増と相まって、選択されたのではなかろうか。これが、東西に嗜好が分かれ、かつ経年劣化等も絡み、複雑化しながら〝撰銭〟、〝悪銭〟が発生した理由と見る。この方が実情に近いのでは？（伊勢の大湊が東西の分岐点であった、つまり尾張は永楽銭側である）。

では尾張に於いて貫高制を実施するに足る十分な量の銭がこの当時市場に出回ったか？回答は前述の如く、先進地域西国で忌避された永楽銭ならば十分な量があり、出回った。これで一四八〇年代に、尾張での〝貫高制実施の必要最低条件〟は揃った、と考えられる。

貫高、年貢高、そして最後が〝軍役の負担高〟である。史料として信長の時代に至っても、尾張では詳細が見当たらないが、貫高制の最後は貫高を基準とした軍役負担である。一律同じ基準で、兵の数、装備の数が決められ傘下の土豪達に対応が求められた。永原慶二教授の著書『戦国時代』に（時代は少々下るが）相模国の後北条氏の例が出て来る。

「一五八一（天文九）年、北条が相模国の給人池田総左衛門の軍役高一九一貫六〇〇文にかけた例では、歩兵二〇（鉄砲持一、鑓持一二、弓持一、其の他六）、騎兵六を本人が率いるというもので合計二七人の兵力であった事がわかる」

（『戦国時代』）

と、この様に貫高の高に応じ領内同じ基準を使い、動員兵力数を計算把握できる体制構築となった。（この北条氏の貫高と動員数の割合は、今まで使ってきた太閤検地後の一万石あたり二百五十名の基準よりかなり多い動員数ではあるが）。

この様に見て来ると良信は絶妙なタイミングで世に出た感がある。応仁の乱後の新しい世の潮流に乗り、特に一四八五年～一五〇〇年の期間に弾正忠家の急速な勢力拡大を実現した。内部的には絶妙なバランス感覚で、主君の守護代、織田大和守敏定が表で活躍し、良信は裏で、敏定の活躍を押領と貫高制導入で支え、内実は良信自身が実力者に登り詰めていった。


明応四年（一四九五年）六月、敏定はお隣・美濃での船田合戦に参陣中、病死。家督を継いだ嫡男、寛定が同じく船田合戦で九月に討死。次にその弟・寛村が家督を継いだ。この船田合戦は美濃の守護土岐氏の家督相続絡みの争いに、尾張の両守護代家もそれぞれ別陣営で参戦し、両守護代家間でも合戦、両者共に損害が甚大で、和睦。実は大和守家の負け、であった様だ。だが勝った伊勢守家も後ろ盾の美濃・斎藤妙純（妙椿の嫡男）が翌年亡くなると、衰退が始まる。両守護代家の力が相剋で衰える中、弾正忠家は相対的に勢力伸長となった。明応九年（一五〇〇年）を余り過ぎない内に、大和守家の家督は寛定の嫡男、寛村の甥、達定（たつさだ・みちさだ）に引き継がれた。

このたび重なる守護代家の家督相続が良信を独立独歩へと駆り立てた。敏定とは良好な関係であったが、次の家督相続者達は異母兄弟か従兄弟？（と勝手に考えている）とその息子達。その心理的距離感は達定が家督を継ぐ辺りで、急速に広がり始めた、のではなかろうか。

時が前後するが、京で明応二年（一四九三年）十代将軍、義材《よしき》が管領、細川政元のクーデターにより廃嫡され、義澄《よしずみ》を十一代将軍に擁立する〝明応の政変〟が起こる。

・家臣が自分の利害で上をすげ替える下剋上がこの政変を契機に全国に蔓延。
・将軍家の軍事基盤であった奉公衆制度が崩壊し、将軍家は無力化される。
・義材派と義澄派との抗争が継続し、幕府自体のさらなる弱体化に拍車をかける。

と、これ以降、世の中が、実力のある者が実質的に上の者に取って代わる、代われる風潮となった（戦国時代の始まり）。この風潮の蔓延が大和守家と良信の心理的距離を広げる遠因、となったのは確かであろう。

良信の死亡推定年は永正十二年（一五一五年）、その二年前永正十年（一五一三年）守護、斯波義達が遠江遠征を巡って、守護代、達定を成敗する。良信はどの様な選択を取るか迷ったのでは？　史料がなく、推測するしかないが、実質どちらにも付かず離れずではなかったか。今でいう武装中立。主君である達定を支持し、掩護するのが家臣良信の本来の姿であろうが、それだけの親密な関係は既になく、守護斯波義達を支持する程愚かでもなかった。良信が中立を決め込んだため、達定は成敗されてしまう。(この危機に際し、家督は嫡男、信定・二十六歳が継いでいたと思われるが、老練な良信の意向が強く反映され弾正忠家の権益保全を優先した決断になったであろう、と推測する)。

歴史的に見れば、良信の一連の押領は、中世社会システムの根幹、荘園制を破壊する行為であった。荘園制下では農民が作り出す農産物は、荘園領主、守護、地頭、名主、農民の五者で分け合う複雑なシステムであったが、良信が荘園領主、守護家の一族や地頭を排除し、荘官、地頭の家臣、有力農民を直に貫高制という仕組みを使って支配下に納め、統一基準で軍役の負担を求める、透明性のある、簡素化した制度に変えた。当初主君大和守家の兵力増強の為のこの制度が運用者である良信に力を与える。

彼が亡くなる直前には中島郡の大半を押さえ、兵力で守護代、大和守家内最大勢力の家臣となっていた、と思われる。また〝市〟を掌握し、時と共に急拡大する商品取り扱いの運上金を手中に収める仕組みを作り上げ、資金も潤沢となった。最後に嫡男、信定に家督を適時、適切に引き継ぐ事で、弾正忠家興隆の基盤を盤石にする功績を残した。

二、祖父　織田信定《のぶさだ》　戒名：月巌

信定が生まれた年は、前述の如く（推定）長享二年（一四八八年）で、亡くなったのは天文七年（一五三八年）と伝わっている。享年五十一歳。信定の信は父親から一字、定は主君、守護代織田達定からの偏諱であった。守護代家の家臣と見做され、守護家から偏諱は貰えなくなっていた。信定が元服するのが十四歳前後として、文亀元年（一五〇一年）頃。彼の元服前後が小氷河期の最悪期のピークに当たる。社会全体が打ち続く飢饉で政情不安となり混沌としていたであろう。

史料もなく分からないが若い頃は父親が造りあげたやり方を踏襲し、公家、寺社、奉公衆の領地押領に傾注し勢力伸長をはかっていたであろう。それが〝津島の領有化〟、それを実現化するための橋頭保〝勝幡城の築城〟、そして隠居に際して〝木ノ下城（犬山）入り〟、の三つに繋がった。

地理的に俯瞰すれば、父、良信が中島郡を中心とした勢力拡大であったのに対し、信定は木曽川沿いに勢力を伸ばしていった。つまり海東郡であり、丹羽郡であった。守護、守護代が居る中央部から見れば、尾張国の端ではあったが、木曽川は物流の大動脈であり、津島は尾張最大の湊（ハブ）で物流・商業の要であった。ここにまず目を付けたのは父、良信であったかも知れないが、自家の勢力圏への取り込みは信定の時代に入ってからである。その津島から見ていく。

津島

猿投《さなげ》神社（三河の三ノ宮）に伝わる養老元年（七一七年）の尾張古図では津島は海にうかぶ島であった。この津島の重要性は二つ。

一つはその名前の〝津〟（舟の停泊地）からも分かる〝湊〟であり、しかも尾張最大で、物流（水運、陸運）という時代と共に拡大する商業を支える拠点であった。

もう一つは牛頭天王を祀る、末社を数多く持つ津島神社の本社があり、参詣人も多く門前町を形成していた。

つまり物も、人も集まり交差する場所であり、当然市も開かれる、物心両面の中心地であった。

津島は信定の時代、五ヶ村で構成されていた。堤下《とうげ》（＝燈下、苧之座《おのざ》）、米之座、下構《しもがまえ》、筏場《いかだば》、今市場である。堤下と米之座が名前の付け方からして古い、といわれている。構成する村の名前からも、古い時代からの商業、物流、物資集積場の中心地であった事が窺える。（衣食住全ての商品を扱う均衡のとれたハブであった。衣＝苧《からむし》＝苧之座、食＝米＝米之座、住＝木材＝筏場）であり、中でも古くから存在する堤下（＝苧之座）が扱う商品、苧麻《ちょま》（＝苧）に関し、『日本農業史』にこんな文章がある。

「中世に於いては、庶民ばかりでなく支配階級の間でも麻織物が日常の衣服として広く使用された為その原料である苧麻は全国的に生産され貢納されていたが、なかでも栽培に適した北陸・東山道産のものが品質的に優れていた。十五世紀になると畿内諸都市における麻布の需要の増大と商品生産化の拡大に伴い、京都や奈良（中略）北陸・東山道産の原料苧麻が急速に商品化され流通するようになった。これ等の地域からの流路は二つに分かれていた。一つは越後青苧（あおそ）の直江津・柏崎—若狭湾—琵琶湖・坂本—京都・天王寺のルートで、もう一つは信濃産苧麻・青苧の東海道—桑名—八風、千草—近江—畿内のルートである」

（『日本農業史』「室町期の農業生産」［苧麻］）

津島は東海道ルートで東と桑名を結ぶ結節点であり、ブランド品化した信濃産の苧痲・青苧を扱う座と市があった。それが堤下（苧之座）である。つまり尾張内の生産品だけでなく、他国からの商品も扱う場所として栄えていた。

信定が津島を領有化したのは大永四年（一五二四年）である。が、なぜこの時領有化なのか？　それへの回答は津島が十五世紀の後半からその重要性（魅力）を増していたと、と種々の史料から窺えるためで、具体的には三つであった。気候変動の結果、自然災害の結果、そして時代の潮流に乗る、である。

気候変動の結果

〝序〟の中でこの様に書いた。まず避けて通れない

（表 7）『戦国期の災害年表』（1499 ～ 1510 年）

明応8年	1499年	諸国大飢饉、疫病流行、人多死（京、能登、甲斐、会津）
明応9年	1500年	長雨、天下疫病、人多死（京）昨年より九州飢餓餓死（肥前）
文亀元年	1501年	天下大旱魃、飢餓、人多死（京、讃岐）大旱魃、地震（会津）
文亀2年	1502年	天下大洪水（京）世中凶作（甲斐）
文亀3年	1503年	天下大旱魃、諸国大飢饉、餓死（京、紀伊、加賀、上野、日向）
永正元年	1504年	炎旱連続（京）天下大飢饉、餓死（京、紀伊、能登、甲斐）
永正2年	1505年	天下疫病、多死（京、能登、甲斐）日本国大飢饉（会津）
永正3年	1506年	諸国餓死（京）諸国麻疹流行（上野）
永正5年	1508年	長雨凶作（甲斐、会津）
永正7年	1510年	長雨洪水（京）大地震、遠江津波（紀伊、能登、京）

（情報源）

時代背景は「小氷河期」と呼ばれる気候の寒冷化であろう。十四世紀初頭から約五百五十年間続き、その中でも最悪期が一五〇〇年を境に前後五十年（計百年）といわれている。先にも紹介した藤木久志、立教大学名誉教授の『戦国期の災害年表』（一四九九～一五一〇年）（表7）を見る。信定が元服した推定年は文亀元年（一五〇一年）、数え十四歳。この年の前後はこの表の如く、ほぼ毎年天候不順による災害、旱魃と洪水が起き全国的な大飢餓に至る、状況が続いていた。

米国コロンビア大学のフェアブリジ教授の研究結果に、気候の寒冷化によって十二世紀から十六世紀前半まで海水面が下がり続けたと云うものがあり、これを〝パリア海退〟と呼ぶ。海退のピーク（寒冷化のピーク）は一四〇〇年代の後半であった。日本では〝序〟の中で述べた、長禄、寛政の大飢饉（一四五九～一四六一年）、応仁の乱（一四六七～一四七七年）と大混乱が続いた時期と一致する。

その後海退は十六世紀に入ると徐々に終わり、次の百年を掛けて気温が上昇、海進が始まった。気候変動の変わり目で（表7）の如く旱魃と洪水が交互に起こる最悪期となった。

因果関係は証明されていないようだが、気温が上がり始め、極地の氷が融け、海進が進むと大気中の水蒸気が増し、雨が降りやすくなり、洪水も起こりやすくなる。結果、木曾・長良・揖斐川等が狭い地域内を走る濃尾平野では洪水で大量の土砂が運ばれ、河口近くにあった湊は川底が上がり使用できなくなった。津島は河口から距離があった事で、この時代、この問題を免れた、と思われる。つまり〝湊間競争の勝ち組〟であった。

自然災害の結果

明応七年（一四九八年）八月二十五日、東海、東南海連動のM8.3〜8.6（推定）の明応の大地震が起きた。（南海地震も発生日は違った様だが連動したか？・残念ながら尾張に於ける地震の史料は少ない）伊勢湾では三津七湊《さんしんしちそう》の一つ安濃津（三重県津市）が津波で四、五千軒の家屋が流され、街が壊滅。同じく大湊（伊勢市）は千軒の家屋が流され、五千人の死者が出た。

伊勢湾岸ではないが、淡水湖であった浜名湖（遠江）の近辺では土地が沈下して、現在の如く湖と海が繋がった。この湖近辺だけで、数千軒の家が流され、一万人以上の死者が出た。

この地震でも伊勢湾から距離のあった津島は被害があったにしろ伊勢湾岸の湊程ではな

かったと推測できる。周りが大きく凹んだ事で、これを機に津島の湊、市、倉庫機能は重要性を増したと考えられる。

時代の潮流に乗る

これには二つの事が挙げられる。一つは戦時景気であり、もう一つは木綿の普及である。

十五世紀前半、社会の混乱のため、最大の消費地であった京への物資供給が大幅に減ったが、十五世紀の後半から物資の動きが活発化した、という研究結果がある。十五世紀前半の物流の大幅減は南北朝の争いの結果、朝廷・公家が権力を失い、経済的にも行き詰り、朝廷の財政を支えるために取った策が、地方から京へ入る七つの街道の全てに関所（七口の関）をもうけ通行税を徴収した事に端を発し、公家達もこれに習い自らの領地を通る街道に関所を乱立させ、関銭を徴収した。

これに対し支払う側の民衆が撤廃を求めて一揆を頻発させた。これに将軍の代替わりの徳政を求めての大規模な一揆、正長の一揆（一四二八年）や嘉吉の一揆（一四四一年）等が加わり、度重なる騒乱となった。一揆の中心勢力は特に関所の乱立で苦しむ馬借(馬を使った物流業者)

であった。物資の供給が大幅に減ったであろう事は容易に推測できる。

次に十五世紀後半の物流増加は、応仁の乱関連の〝戦時景気〟で活発化したためであった。『応仁記』に東軍十六万、西軍十一万の軍勢の大半が京に集結とある、集結地の京を中心に〝戦時景気〟が起こらない訳がない。

一六〇〇年の日本の総人口が千二百万人と推計されている。その約百三十年前の一四六七年の応仁の乱勃発時の日本の総人口は約十五%少ない一千万人程か？　一四五〇年時の京の人口は十五万人との推定値がある。その後長禄・寛政（一四五九～一四六一年）の大飢饉が発生、餓死者八万二千の死体で加茂川の流れをせき止める様な事もあり、京の人口そのものは激減したであろうが。

京に集結した両軍合わせて二十七万の将兵は、純消費者。需要は生活物資だけでなく、戦闘に必要なあらゆる物資、刀、鑓、弓矢、鎧、兜、陣幕、旗、馬、などが全国各地から京に向う、通常の消費以上の戦時需要があった。京の人口そのものは減ったが、それを補って余りある兵の集結で戦時景気をもたらした。

応仁の乱直後の京の人口そのものは四万といわれているがこれが底、その後元の住民等が戻り、戦乱の中で焼失した建物群の膨大な再建及び復興需要が物資の動きを加速させたのではなかろうか。一方戦は地方へも拡散し、戦国の世が到来。軍需物資が全国規模で動いた、と想定するに違和感はない。太平洋側の東西間の輸送の要、津島はこの戦時景気で活況を呈したであろう。

もう一つが木綿の普及である。基本的にこの当時布といえば絹か麻、(日本では麻の一種の苧麻《ちょま》であり、津島の説明の中で述べた、苧之座《おのざ》で扱っていた苧《からむし》から織る布)であった。応仁の乱後、国内で木綿が作られるようになり、衣料に革命が起こる。

一橋大学の永原慶二教授の『苧麻・絹・木綿の社会史』にはその生産工程として、

苧麻布の糸を紡ぐ作業、

「苧績（おう）みは、青苧（あおそ）の繊維を糸に績むことである」
「苧績みは、一日で七グラム（二匁たらず）程度の糸しか作れない」
「苧績みの一日の量は二～五匁（一匁＝三・七五グラム）で上布一反に二〇〇匁近くの糸が必要」
（『苧麻・絹・木綿の社会史』）

と出てくる。一反（大人の着物一着分）の苧績みだけでも四十から百日の日数を要し、此れを布にするには、

「苧痲布の生産が、白布の場合でも、きわめて能率の悪い、女性たちにとって過酷な労働と長時間の忍耐を要求される作業であって、秋から冬を過し春になるまで織りつづけても、やはりせいぜい三〜四反程度でそれをこえることが容易でなかったことはまずまちがいないであろう」（『苧痲・絹・木綿の社会史』）

とある。一方の木綿に関しては、木綿糸を紡ぐ具体的な数字がこの本では出てこない。だが、布を織る時間は出てくる、

「白木綿では一日およそ半反が織れ、二日あれば一反が織り上げられる」（『苧痲・絹・木綿の社会史』）

とあり、苧痲布との比較で織る工程で少なくとも二十倍の生産性がある。

木綿は布としてまた生産時の優位性と共に、苧痲と違い、肥料を与えると収穫量が増加するため、肥料（干鰯等）の販売が活発化し、加工しやすく、染めやすいために染物屋が増え、

デザイン性の高い布が出現し、風を通さないため、兵衣、陣幕、旗指物（軍用）、帆布（物流）と用途が広がり、布そのものの商量が増えると共に、他の商品、製品への波及効果で社会を変えるインパクトを持っていた。例えば購入した肥料を使う農業は、収穫量次第では損をする事もあり、農民の勤勉性、経営意識を産むという今までにない精神面での影響もあった、といわれている。

木綿の大量使用は冬用の兵衣からといわれており、冬でも合戦が可能となった。帆布として使用されると、より大きな船を動かせ、船の大型化が進み、大量の物資の輸送が可能となり、運賃も下がる等々、社会に与えた影響は種々の分野に及び、かつ計り知れなかった。

木綿は三河が産地として有名で、東海道を経て京への輸送は苧痲と同じく津島経由でなかったか。津島は応仁の乱を契機に湊として活況を呈し殷賑を極めたと考えられる。

ここまで見て来ただけでも、津島の魅力は十六世紀初頭には輝かしいものがあり、父良信も次の目標と狙ったであろうが、未だ外部環境と弾正忠家の実力が伴っていなかった。

牛頭天王を祀る津島神社の門前町

「津島牛頭天王社：五四〇年、欽明（きんめい）天皇元年の鎮座と伝えられ、一四五〇年余の歴史を誇る津島神社。御祭神は建速須佐之男命（たけはやすさのおのみこと）、御相殿には須佐之男命の御子・大穴牟遅命（おおなむちのみこと）がお祀されています。古くは、除疫、授福の神である「牛頭天王社」と呼ばれ、京都の八坂神社と並ぶ天王社として崇められています。又全国に三千以上も点在する津島神社の総本社です」

（『津島神社ＨＰ』）

牛頭天王：日本の神仏習合における神。祇園精舎の守護神。薬師如来の垂迹（すいじゃく）であると共に須佐之男命の本地（ほんじ）とされ、中世には悪疫退散、水難鎮護の神であった。

垂迹：仏・菩薩が衆生（しゅじょう）済度の為に仮の姿をとって現れる事。日本の神は仏・菩薩の垂迹であるとする。

悪疫退散、水難鎮護と気候変動下の天候不順が原因の民衆の諸苦難除けで尊崇を集め、参詣、参拝の人々が押しよせた。宗教的中心地と経済的中心地が重なり人が集まり、市が立ち、益々経済が活性化するという好循環が始まる地点がここ津島ではなかったか。

信定の領有化前の津島は大橋家を筆頭とする、四家、七名字、四姓の計十五党によって支配された一大勢力であった。しかも、大橋家は建武の新政後、南朝を建てた後醍醐天皇の曾孫、良王親王の嫡男（信重）が養子に入った南朝方の由緒ある家であった。

信定はそれをどの様に勢力下に取り込んだのか？

信定は津島攻略前の永正年間（一五〇四年～一五二〇年）に勝幡城（津島まで直線で３㎞）を築城し、橋頭保とした。そして時が来るのを待った。

大永三年（一五二三年）に大洪水が起こり、津島は大被害を受ける。翌大永四年（一五二四年）にも四、五月と大洪水が起こり、大被害を受けた。『大橋家家譜』によると、この年の夏、信定が津島を攻め、町を焼き払い、その後娘を大橋家嫡男（重信、信重の曾孫）に嫁がせ和睦、傘下に収めた。戦略的に津島をえらび、橋頭保を構築し、戦術的に二年連続の大洪水後の弱っている時に、攻撃し、最後は婚姻で傘下に取り込んだ。

纏めると　良信・信定親子は目標を定め、勝幡城築城に始まる周到な準備をし、弾正忠家の実力が拮抗するまで準備期間を置き、しかも二年越しの大洪水で対外的抵抗力が著しく低下するまで待ち、攻め込む。良信・信定親子二代をかけ実行に至る忍耐強さと巧みさに感服する。この結果、津島は弾正忠家にさらなる経済力を、また存在感を増す効果を与えた。

話を戻し、信定が成長した時代の特徴を見ていきたい。

まず何といっても彼の育った時代の特徴は、前述の『戦国期の災害年表』（一四九九〜一五一〇年）（表7）の如く寒冷化のピークであり、明応の大地震（明応八年、一四九八年）以降、殆ど毎年日本各地で天候不順による凶作、大飢饉で多くの人々が餓死する状況が続いていた。特に永正二年（一五〇五年）が最悪であった。次の年、永正三年（一五〇六年）日本中が飢えにより大争乱となる。

「当年永正三丙寅中、於諸国、大和・河内・丹後・能登・美濃・越前・加賀・越中・越後　在在所所、或従京都発向、或就土民等一向衆蜂起、令合戦之間、夭亡之輩不知云幾千万数、依之諸国之死人為廻向入之」

（『愛知県史』［中世3］東寺光明講過去帳）

「加賀・能登・越後・美濃・尾張等諸国、一向衆蜂起、戦死数数千人（裏書）「永正三」」

（『愛知県史』［中世3］東寺過去帳）

と、日本各地の混乱の記録が残された。

朝倉宗滴の項で、宗滴が三十万の一向一揆衆に対し、一万の越前軍で撃破した九頭竜川の合戦を挙げたが、これも永正三年（一五〇六年）の事である。この時尾張でも一向一揆が起きていた。これに良信、信定親子がどう対応したか？は史料がなく分からないが、押領を精力的に押し進め、荘園領主、地頭（国人層）等を尾張から追い出し、領民の負担を軽くする一方、一向一揆に荷担した者を徹底的に弾圧する、減り張りの利いた統治をしていたのではなかろうか。

『戦国期の災害年表』を永正十七年

（表8）『戦国期の災害年表』（1511～1520年）

永正8年	1511年	口痺流行、人多死（甲斐）諸国洪水、 不作（甲斐）、飢餓（豊後）
永正9年	1512年	大飢饉、餓死（京）疱瘡流行、小児多死（上野）
永正10年	1513年	諸国餓死（京）
永正11年	1514年	春飢饉（京）天下大旱魃、大地震（京） 夏大旱魃（会津、出羽）
永正12年	1515年	天下痘瘡（能登）大風（紀伊）
永正13年	1516年	甲斐大地震（甲斐、京）東海道四月大氷雨（上野）
永正14年	1517年	天下大飢饉（京）大雪、大洪水、五穀不孰（甲斐、 上野）夏旱魃（常陸）
永正15年	1518年	大旱魃（紀伊）天下大飢饉、餓死（京、紀伊、 甲斐、上野、常陸）
永正16年	1519年	日本国飢饉、餓死（京、越後、甲斐、） 大地震（京）
永正17年	1520年	大雨水損（甲斐）大地震（紀伊）

（一五二〇年）（表8）まで続けると、日本全国が気候変動の引き起こす様々な災害に翻弄されていた時代であったことが分かる。この様な中、尾張に於ける政治情勢はどの様なものであったか。

守護、斯波氏は越前、尾張、遠江の三国の守護大名であったが、前述の如く、応仁の乱中、越前の守護職を朝倉氏に奪われ、この当時は尾張に本拠を移し、尾張、遠江、二ヶ国の守護であった。が遠江も東隣、駿河の今川氏が応仁の乱を契機に浸食を開始、争いが起こっていた。

永正八年（一五一一年）に守護の座に付いた斯波義達《よしたつ》は遠江防衛に並々ならぬ意欲を示し、今川氏親《うじちか》と戦った。一方筆頭家臣の守護代、織田大和守達定（たつさだ／みちさだ）は遠江遠征に反対であった。（天候不順下の全国的な飢饉と疫病の発生で、遠征軍を催す戦などやっている状況ではなかった）。この年、義達は自ら遠江へ出陣。遠江の井伊氏や大河内氏と連携し、攻勢に出たが、永正十年（一五一三年）三月までに、敗退、尾張に退却。帰国後この遠江遠征に強硬に反対した守護代、織田大和守達定と合戦、成敗した。次に永正十二年（一五一五年）十月、今川氏親が甲斐に侵攻した隙に、大河内氏が挙兵し、連携して義達は再度遠江へ出陣。しかし、永正十四年（一五一七年）六月、今川氏親が甲斐の武田と和睦し、斯波氏、大河内氏が籠る引馬（浜松）城を攻撃、八月に陥落させる。斯波義達は助命され、出家後尾張に送還される惨敗。帰国後、守護職を永正十年（一五一三年）生まれの嫡男・義統《よしむね》に譲り、隠居した。連歌師、宗祇の高弟、宗長（駿河出身で、今川氏親の外交を担った人物）が残した『宗長手記』に、義達の事がこう記されている。

「武衛又子細ありて出城。ちかき普斎寺と云会下（えげ）寺にして御出家。供の人数をのをの出家。尾張へ送り申されき」
（『宗長手記』「大永二年」（一五二二年）朝比奈邸：昔話（永正十三年（一五一六年）の話）

とあり、供の者を含めて、会下寺（会下僧（＝修行僧）が集まって修業をしている寺）で、出家させられ尾張に送り返された。

遠江遠征の二度に渡る敗戦、そして幼い義統の守護職就任で、斯波氏は全く力を失い、また二度目の遠征前、織田大和守家の当主と一戦、成敗してからの出征で、守護代、織田大和守家も大きく力を削がれる結果となった。相対的に弾正忠家の存在感が増したのではなかろうか。永正十四年（一五一七年）以降、事実上尾張には織田弾正忠家の独自の動きに文句を付けられる勢力がいなくなった。信定の勝幡城築城、津島領有化に際し、なぜ、主家の守護家、守護代家から何ら反対もなく、進められたのか疑問であったが、彼らの力が相対的に、さらに失墜した時期以降であり納得。

この義達の敗戦は、その八年後にも、尾張に於ける今川家一門でもあった那古野氏を今川の占領軍的存在に変える出来事をもたらした。それは今川氏親が亡くなる前年、末っ子、氏豊（大永二年・一五二二年生まれ）を那古野氏に養子として出し、尾張のほぼ中央部で清洲城を監視できる高台に、那古野城を築城した。しかも前述した十二名の有力家臣の領地がこの城を取り巻く。強力な今川の占領軍が出現した感があったのではなかろうか？　大永五年（一五二五年）氏豊、数え四歳頃の事であった。義達敗戦から八年も経って、今川が尾張に那古野城を築城できるという事はこの当時、尾張は小さな勢力が群雄割拠する状況下にあり、指導的勢力が存在しなかった事を意味していないか。であるならば弾正忠家が津島を傘下に収めようが、文句をいう勢力は存在しない、という事ではなかったか。

信定の家督相続（十八歳、一五〇六年頃か）以降、津島攻略（一五二四年）までの十八年間の動向を伝える史料はない。が『愛知県史』［中世3］に永正八年（一五一一年）の十代将軍足利義材改め義伊《よしただ》が、尾張国妙興寺に寺領ならびに末寺領を安猪し、諸課税を免除する旨、の御教書を出している。

「尾張国妙興寺　付末寺領　同国散在田畠事、早任当知行之旨、寺家可全領知、次臨時課役・段銭以下、所免除之状如件、

永正八年十二月廿九日

大納言源臣朝」

ということの文章から、信定（二十三歳）が、父、良信（すけのぶ／ながのぶ）の路線を継承して公家、寺社、国人層の所領の押領に精力的に力を傾注し、次の展開に向け自家の勢力拡張を地道に図っていた事を窺わせる開接的証左ではないだろうか。

信定は享禄二年（一五二九年）までに家督を嫡男・信秀に譲り、木ノ下城（犬山城の前身の城）へ移った（実際の家督相続の年は分かっていない）。信秀が享禄三年（一五三〇年）に主家の守護代、織田達勝《みちかつ》が守護、斯波義統の命を受け上洛した際、これに反対をしている事が伝わっている事からこれ以前であるのは確か。家督を信秀に譲って、木ノ下城へ移るというのも、尾張が上下に二分されていた事と表向き矛盾し良く理解できない。しかし、結果として弾正忠家は中島郡から海東郡（津島）へ勢力を伸ばし、さらに丹羽郡（犬山）へと、尾張国内の木曽川流域を全て手中に収める事となった。

・木ノ下城：文明元年（一四六九年）丹羽郡、犬山に守護代、織田伊勢守敏広の弟、広近が築城。規模は東西200m、南北350m、四方を濠で囲う、大きな城であった。築城目的は美濃の斎藤氏に備えて、といわれている。(応仁の乱時、織田伊勢守家と美濃の斎藤妙椿は同じ西軍、不可解だ)。広近から三代、七十年後、織田大和守家の奉行、弾正忠家の信定が入城した。

・なぜ信定が？：守護代、伊勢守敏広の次の当主は弟、広近の嫡男、寛広《とおひろ》で文明十三年（一四八一年）伊勢守家に養子に入り家督を継ぐ。敏広が幕府に睨まれ、敏定に討たれたため、已む無しの策か？　寛広の後を敏広の嫡男、広高が継いだ。この広高の次に、織田大和守家出身の信安が継ぐ。伊勢守家に家督を継げる者が居なかったのか？　信安は信定の娘を娶り、信定は信安の後見人的存在で犬山に行った。亨禄三年（一五三七年）頃から次男、信康がこの任に当たった。信定にとり、伊勢守家の当主が娘婿であるならば、後見をするのはありうる話。

・犬山城：次男、信康が信安の後見の役を引き継ぐに合わせ、木ノ下城から、防護力を高めるため、近くの三光寺山上に城を移し、犬山城と称した。

信定の功績の一つが木ノ下城（犬山）に入った事と書いたが、その理由は犬山という場所にあり。織田伊勢守信安の後見の話があった際、信定の条件は木ノ下城に入る、ではなかったか？　犬山は木曽川が木曾の山岳地帯から濃尾平野に出て来る地点で、信濃方面との水運、街道の起点であった。

特に、木曾方面から入って来る木材の搬入量を把握でき、課税もできた。かつ尾張二の宮、大縣《おおあがた》神社が鎮座する場所であり、当然人も集まり、市が立つ尾張北部の戦略的重要拠点であった。〝大縣神社は尾張国開拓の祖神である〟とされており、尾張の民の精神的拠り所ではなかったか。かつ末社五十二社を持つ大きな神社である。

信定の父、良信（すけのぶ／ながのぶ）が中島郡の尾張一の宮、真清田神社を傘下に収め、信定は津島神社と二の宮、大縣神社を傘下に入れた事になる。此処までで父、良信の後継者として十二分に役割を果たした、といえると思うが、信定は期待以上の事をやった。それは彼の亡くなるまでの

（表９）尾張全土支配のグランドデザイン

永正年間（1504-1520年）	勝幡城築城	西
大永４年（1524年）	津島を支配下に	西
享禄２年（1529年頃）	木ノ下城へ（犬山）	北
天文３年（1534年）	嫡男・信秀　古渡城築城	南
天文４年（1535年以前）	三男・信光　守山城へ	東
天文６年（1537年）	次男・信康　犬山城築城	北
天文７年（1538年）	信秀・那古野城を簒奪。信定・歿	中央
天文８年（1539年）	信秀・熱田神宮支配下に	南

動きを時系列で見ると尾張全土を掌握する骨格を描いていた事が手に取る様に分かる。表に纏めると、如何も織田弾正忠家の尾張全土支配のグランド・デザイン（表9）は良信、信定親子が基盤構築と共に作り上げていた、と思える。このグランド・デザインに沿って、信秀を中心とした信定の息子達が実行に移していった。

信定が歿する天文七年（一五三八年）に、嫡男、信秀が那古野城を簒奪し、次の年に熱田神宮を傘下に収め、辺境から中央部に向けて勢力を伸長させる、及び全ての有力神社を押さえる、二大目標を達成した。次世代の信秀や信長の活躍の基盤は良信、信定が時代の潮目を読んで打った打ち手により、着実に一歩一歩整備されたものであった事が見てとれる。

信定はこれ以外にも節目節目に政略結婚を実施（津島の大橋家、上四郡の守護代・伊勢守家当主となる信安、三河のパートナー・松平信定）し、戦略的に重要な津島、犬山を得、御隣三河の織田家シンパと友好関係を築き、と自家の勢力伸長に大きく貢献した。良信が尾張の地方ブランドを立ち上げ、信定は弾正忠家を尾張の全国ブランドへと育て上げた。

次に父、信秀を見ていく。

三、父　織田信秀（のぶひで）戒名：桃厳

「備後殿（信秀）は、取り分け器用の仁にて、諸家中の能き者と御知音なされ、御手に付けられ、」（『信長公記』）

信秀は取り分け有能であり、かつ他家の有能な者達と誼を通じ、寄騎を頼み威勢をふるった。信秀が生れたのは永正八年（一五一一年）頃と伝わっている。信秀が家督を継ぐ享禄二年（一五二九年）前後の尾張を取り巻く状況から見る。

まず東、今川氏。遠江を征し、三河・尾張にも手を伸ばし始めた今川氏親が大永六年（一五二六年）に亡くなる。家督を継いだのは嫡男・氏輝《うじてる》、永正十年（一五一三年）生まれ、数え十四歳であった。氏親は亡くなる前年頃に尾張の那古野氏に末っ子氏豊（一五二二年生まれ）を養子として出し、那古野城を築城し、斯波氏の押さえとした。領国内（駿河・遠江）では家法三十三

箇条の「仮名目録」を亡くなる二ヶ月前に制定、幼い氏輝に政権運営の指針を示し、安定化を図った。氏輝は当初母である寿桂尼の後見を受けた。このためか今川の対外的な軍事行動が減る。

同じく東、松平宗家。信忠の嫡男・清康（徳川家康の祖父）が永正八年（一五一一年）に生まれる。大永三年（一五二三年）祖父・長親や一門衆の総意で、信忠を隠居させ、清康が数え十三歳で家督を継ぐ。大永六年（一五二六年）今川氏親が亡くなり、三河への影響力が低下すると、清康の動きが活発化する。分裂状態の三河の統一を目指し、軍事行動を開始。亨禄二年（一五二九年）には三河東端の宇利城・熊谷氏を攻め落とし、僅か三年で三河を統一する。翌亨禄三年（一五三〇年）には尾張の東端・岩崎郷、品野郷に進出、両郷を簒奪するまでになった。

北の美濃は守護、土岐政房《まさふさ》が次男・頼芸《よりのり》を溺愛、嫡男・頼武《よりたけ》の廃嫡を進めた事から、頼武、頼芸の間で永正一四年（一五一七年）家督争いの合戦が勃発。この時は頼武派が勝利したが、翌永正十五年（一五一八年）に、今度は頼芸派が合戦に勝利し、頼武は越前へ追放された。翌永正十六年（一五一九年）には朝倉家の支援を受けた頼武が美濃へ侵攻、勝利し、政房の死去に伴い、同年守護職を継承した。この後、大永五年（一五二五年）頼芸派の長井長弘が再度挙兵、近江の浅井氏の支援も受け、守護所を占拠。頼武派は再度越前の朝倉家に支援を要請。近江の六角氏も頼武を支援し、内乱が大永七年（一五二七年）まで続いた。その後も家督相続の争いは止まず、亨禄三年（一五三〇年）に頼武を再度越前に追放した。

信秀が家督を継承した時点で、外からの脅威は三河の松平清康のみであった。家督相続後の信秀の動きは清康を念頭に入れた動きとなる。

信秀の動きをさらに見ていく。

・亨禄三年（一五三〇年）

「同月（五月）自（より）尾州職（織）田大和守上洛、人衆三千計、美麗也云々」

（『愛知県史』「中世3」厳助往年記）

戦のための上洛ではなかった。が主君大和守が上洛、信秀は、これに強く反対した、と伝わる。何のために美麗な三千もの兵を引き連れて上洛したのか？　また、信秀はなぜ反対したのか？　状況証拠を元に答を推理する。

（表10）信秀の生い立ち

永正8年	1511年	誕生？
大永4年	1524年	数え14歳、初陣？　信定の津島攻めでか。
亨禄2年	1529年	数え19歳、家督相続？

（史料が無く、これ等の年代はあくまでも推測）

・上洛理由

亨禄三年（一五三〇年）当時、京は永正の錯乱、永正四年（一五〇七年）～亨禄五年（一五三二年）の中にあった。簡単にいえば、幕府を掌握していた管領・細川家の内訌である。十代将軍・足利義材《よしき》を廃し、十一代将軍・義澄《よしずみ》を即位させた実力者、細川政元が永正四年（一五〇七年）に暗殺された。これが事の発端。

政元には子がなく、三人の養子がいた。澄之《すみゆき》（関白、九条政基の末子。将軍、義澄は母方の従兄）、澄元《すみもと》（阿波細川家、足利幕府の相伴衆の出）、高国（野洲家、細川嫡流・京兆家の分家の出）である。嫡子を廃嫡された澄之が政元を暗殺、澄元と高国が連携して、澄之を討つ。この混乱を知った前将軍義材（名を改め義尹《よしただ》後、義稙《よしたね》）が周防《すおう》の大内義興に推され上洛を開始、高国及び畿内の国人衆も味方に付け、将軍義澄と管領澄元を近江に追い、将軍職に復帰した。この後も、高国と澄元間で争いが続く。

永正十八年（一五二一年）高国が対立した将軍義稙を追放し、十二代将軍義晴を擁立。大永七年（一五二七年）前将軍、義稙の養子・義維《よしつな》（義晴の異母弟）を擁した細川晴元（澄元の嫡男）が阿波から侵攻し、将軍・義晴と高国を近江に追い、堺に堺公方府を設立、京を支配下に置いた。この後五年間、正式の将軍ではなかったが、義維が堺公方として、君臨する。

義維は十二代将軍・義晴の異母弟で、年上であったともいわれている、が将軍に推されなかった。その理由は義晴の母は日野家の出、一方の義維の母は斯波氏の出であったためとされている。斯波氏の娘とは、斯波義達の妹、つまりこの時の尾張守護・斯波義統《よしむね》の叔母に当たり、義維と義統は従兄弟同士であった。

義統は名門、斯波氏の嫡男として産まれ、幼くして家督を継いだが成人してみると全く力のない守護家で、政治的に傀儡でしかない自分の居場所が分かってくる。名門であればある程、現実とのギャップに苦しんだと思う。そこに降って湧いたのが、従兄弟、義維が次期将軍、堺公方になる、であった。将軍になった暁には彼の権威を借り自分の地位を高めるための支援を得られる事を期待し、〝従兄弟である、次期将軍に、挨拶〟がしたかった。これが上洛の理由ではなかったか、と思う。また実行した守護代、織田達勝にしても、弾正忠家の力が増す中、尾張中に、守護代、大和守家の存在感を示したかった。この二人の思惑が一致し、斯波義統《よしむね》の命により、織田達勝《みちかつ》が美麗な三千の兵を率いて足利義維《よしつな》への挨拶のため、上洛が決行された。

これに強く反対したのが信秀であった。その理由は、

- 義維が次期将軍と目されていたが、未だ将軍ではなく、将軍は近江にいる。
- 三河の松平清康が三河統一を急速に実現させ、尾張にまで触手を伸ばしてきている。
- 三千の兵が着飾って上洛。手ぶらでは行けない、それなりの手土産を持って行ったであろう。では誰が経費を負担するのか? 尾張一裕福な弾正忠家が一番負担を強いられたのでは。

つまり、大義がない、優先順位が違う、費用対効果の効果が期待できない、ではなかったか。信秀が強く反対したにも関わらず、上洛は決行された。だがその二年後、享禄五年(一五三二年)、堺公方府は内紛で崩壊、堺公方足利義維は阿波に逼塞した。つまり結果として意味のない上洛であった、といえる。この上洛時のいさかいが伏線となり、堺公方府崩壊後、この年、守護代、織田達勝との戦端が切られる事となった。

表向きの理由はともあれ、享禄三年(一五三〇年)の時点で、守護代家の奉行に過ぎない信秀が、主筋の守護、守護代の行動に異議を唱え、終には守護代と合戦に及ぶという事態に

弾正忠家の実力の伸長と時代の変化を強く感じる。一七年前、永正十年（一五一三年）守護、斯波義達が遠江遠征を巡って、守護代、達定を成敗する事件が起こっており、信秀は生まれたばかりであったとしても、父、信定は当時二十六歳、事の顛末は十二分に承知していた。それが今四十三歳、家督を息子に譲ったとはいえ、木ノ下城におり、上四郡守護代、伊勢守信安の後見をしている。その信定も承諾した弾正忠家総意の戦であったか。時代は変わった、と〝弾正忠家の時代の到来〟を実感したであろう。この戦の結果（勝敗は伝わっていないが、弾正忠家優勢で終わったか？）は、その勝敗ではなく、この後の信秀の二つの動きから、信秀に思わぬ心理的影響を与えていた、と思えてならない。それは、

・目に見えない壁

主家、守護代（守護もか？）を敵とすると正論があるとはいえ、賛同者が少なかった。理由は経済力を背景にした近年の伸し上がりぶりに〝妬み〟があり、ここぞとばかりに批判、非難を受けた、ではなかったか。守護代、達勝《みちかつ》側には同僚の三奉行の一つ藤左衛門家も付いた。（信秀の最初の妻は達勝の娘。主家であり、舅との戦は筋が通らなかったか？私的には、この合戦が影響してか、妻と離縁している。藤左衛門家は信秀の母の実家。彼

らも敵となった。妬みの強さを感じる敵対ではないか)。

主家との争いは周囲から強い反発を招き、その後の信秀の行動に大きな心理的影響を与えた。しかもこれが信秀の将来に限界を示す事になった。

・目に見える壁

三河の松平清康の三河統一の速さ、力強さは目をみはるものがあり、同い年の信秀にとり、焦りと対抗心で、時勢を読めない主君と一戦を交える結果を引き起こした。

合戦後、それぞれの壁に信秀が打った対策はこの様なものであった。

目に見えない壁対策:国内融和

翌、天文二年(一五三三年)、京より飛鳥井雅綱《まさつな》(従一位、権大納言、蹴鞠の大家であり歌人)、山科言継《ときつぐ》(従一位、権大納言、和歌、蹴鞠、漢方医学等多彩な才能を持ち、朝廷の財政責任者としても活躍）と当代一流の公家を招聘し、蹴鞠等の伝授の機会を尾張中の有力者に提供し、融和を図った。多くの者が弟子入りをした事からも、これは有効な打ち手であり、融和に繋がったのでは。

（この打ち手で那古野城主、今川氏豊とも懇意になる。次の行動への布石となる余禄もあった）。

尾張全土を挙げて兵を催さねば、到底清康には勝てない、との認識が信秀にはあり、〝目に見えない壁〟（妬み）に封印をすべく、融和策を実施し、松平清康対応を急そいだ。

目に見える壁対策：古渡城築城

自ら率先して尾張を守る打ち手として、次の年、天文三年（一五三四年）古渡城（規模は東西１４０ｍ、南北１００ｍ、四方を濠、平城）を築城。那古野の南一里、熱田の北一里、三河から来る東海道沿いにあり。築城目的は三河勢（清康）の侵攻を防ぐ、であった。隠れた目的もあり、それは那古野城簒奪、及び熱田神宮と湊を押さえるための橋頭保構築でもあった。（非常に賢い。一つの城で三つの目的に対応。弾正忠家の橋頭保（城）を造って次の行動に繋げる戦術の継承であった。）

目に見える壁対策：守山城獲得

天文四年（一五三五年）迄には、守山城（規模は東西58ｍ、南北51ｍ、四方を壕、平山城、東の押さえ）は弟、信光が城主となった。この城は今川氏豊が那古野城を築城してもらい、入城した際、出城として造られた、と伝わっている。その後、先にも登場した連歌師の宗長の（『宗長手記』、下巻）大永六年（一五二六年）の項にこの様な話がある。

「廿七日、尾張国守山松平与一館、千句。清洲より、織田の筑前守、伊賀守、同名衆、小守護代・坂井摂津守、皆はじめて人衆、興ありしなり。

あづさ弓花にとりそへ春のかな

新地の知行、彼是祝言にや。

（『宗長手記』下巻）

大永六年（一五二六年）駿河の連歌師、宗長が守山の松平与一（＝松平信定）館で連歌の会を催した。新地知行を祝うためとの事。

この時点で、なぜ、松平信定が尾張の守山に館（＝城？）をもらったのかは史料もなく分からないが、信定が所有していた。

前述（Ｐ１８９）した如く、今川氏親が亡くなる前年大永五年（一五二五年）頃に、末っ子、氏豊（四歳）を那古野氏に養子に出し、その際、尾張守護の居城、清洲城を見下ろす高台に那古野城を築城した。この時三河の松平信定に那古野城の出城として守山城を造らせた、といった所であろうか？　なぜ、松平信定が、なのか？　は分からない。（松平宗家の当主、清康が三河に於ける今川の影響力排除を開始する前年の事であり、今川のために那古野城の出城を築城する叔父の信定。その理由は全く分からない）。

この城を三男織田信光が松平信定からもらい受ける。松平清康の東からの攻勢を食い止める防衛拠点の獲得というハード面と、松平宗家に反抗的な松平信定と誼を通じ、松平家内を分断するというソフト面の対策であった。

清洲からこの連歌の会に来ている織田筑前守とは織田良頼《すけより》のことで、彼の娘が織田信定に嫁ぎ信秀や信光を産んでいる。織田大和守家の三奉行の一つ、藤左衛門家の当主。織田伊賀守が誰かはハッキリしないが、先に述べた萱津の戦いの際、人質になる松葉城主が織田伊賀守、その本人か、またはその父親か？　一方、この時清洲方で彼を人質にしたのが小守護代・坂井大膳。坂井摂津守と大膳は同一人物か？　または親子か親族か。これら尾張の重臣達に守山まで来てもらい連歌の会をやる三河の松平信定、彼は織田信定や信秀だけでなく、可也幅広く尾張の有力者と交友関係があった。この時点で自分の本拠地、三河の桜井から離れた守山に居り、尾張の主だった者達と交友する、全く不可思議な人物である。

松平信定に関してさらに少々。彼は三河国、松平宗家、松平長親の三男として産まれた。長兄、信忠に器量がなく、信定に家督継承を望む声もあったが、叔父の所に養子に出され、宗家継承はなくなった。が、宗家簒奪の意志を持ち続け、宗家とは不仲であった。信忠から清康に家督が継がれ、この若い清康に対しては特に反抗的であった。妻は織田信定の娘（養女か）。また、彼の娘は織田信光（＝織田信定の三男）に嫁いだ（同盟関係）。

そして、享禄三年（一五三〇年）から天文四年（一五三五年）のどこかの時点で、信光に娘が嫁ぐ際、守山城は信光に譲られたのでは、と想定される。父・信定の尾張支配のグランド・

デザインと信秀の対清康対抗策が相まって東の守りの要として守山城取得が実現した。これで松平清康への対抗策がなった。そして事件がこの地で起きた。

天文四年（一五三五年）守山崩れ

織田信光が内応するとの事で松平清康が守山に一万（？）の軍勢を率いて出陣。松平信定は病と申し立て、この出陣に不参加。清康が守山に着陣した次の日に、家臣に切られ落命した。各自の動きから、織田信秀、松平信定、織田信光等が絡んだ謀殺ではなかったか？

「天文四年十二月五日、尾州於森山（山田郡守山）清康の御最後ハ、森山の城主御味方仕、美濃の侍衆多内通の事有、（略）」
（『愛知県史』「中世3」「松平記」巻二）

守山城主、織田信光だけでなく美濃の侍衆まで巻き込んでの国跨りの誘いに、清康が乗り、守山まで出陣、を示す文章である。
この話を知って、思い出されるのが、村木砦攻防の項で述べた、信長に付けられた一長《いちのおとな》林新五郎が出陣に際して参陣拒否、そして、この後出てくるが信長の弟・信行を擁しての謀叛と合戦（稲生の合戦）に敗退しても、赦免される件である。信長に対し二度に渡り反抗するもなぜか許される。しかも、それを穴埋めする程の活躍の話は何処にも出てこない。これに関して既に考えられる赦免の理由の三つの内二つは述べた（P117・118）。

三つ目の理由は、信秀の代に一長に値するだけの活躍があった（これも史料では伝わっていないが）。つまりこの守山崩れでの林の活躍に対する論功行賞ではなかったか。

林氏は前述したが、美濃の稲葉氏と同族。美濃から清康に来てほしいといってきたのは西美濃三人衆ではなかったか？　仕掛けた信秀から林新五郎を通じて、稲葉一鉄に頼んだか。守山の信光からだけ〝御味方する〟と誘われても、清康は守山へは来なかったのではないか。

美濃はこの年七月から実質守護であった土岐頼芸に、甥頼純が朝倉、六角両氏の支援を得て挑戦、全土で内乱状態であった。この様な状況下、西美濃三人衆から〝清康様のお力をお借りして平定してもらいたい〟、とかいわれ、気を良くしている所に、通過する尾張の守山からも〝御味方仕〟と好意的な話が重なる、二重の仕掛け（劇場型詐欺の様なもの）に乗せられ守山に来た、と解釈できないか。

この企ての成否は美濃衆の働きかけ次第、林新五郎の美濃への仲介は大きな役割を果たした、と見るのはありではないか？　この弾正忠家の危機を救う功績で三年後林新五郎は信長の一長に任じられ、謀叛をしても許される地位を得たのではなかったか。

信秀は、美濃衆を巻き込んでの国跨りの策略で清康を謀殺し、直面する最大の脅威の除去に成功した。この結果、三河を盟友松平信定に任せ、自分は尾張国内での勢力拡大に専念できる状況となった。その後、

- 天文五年（一五三六年）三月、駿河・遠江守護、今川氏輝が逝去。家督争いが勃発（花倉の乱）。六月、今川義元が勝利し、家督を継ぐ。
- 天文六年（一五三七年）二月、今川義元が甲斐の武田と誼を通じた事に、それまでの同盟者・相模の北条氏が激怒。駿河に攻め込み河東一帯（富士川以東）を占領する（河東一乱）。
- 天文七年（一五三八年）今川が動きの取れないのを見極め、信秀が那古野城簒奪に動く。蹴鞠、連歌を通じて今川氏豊と親交を重ね、信頼させた後に騙して城を簒奪、氏豊を追放、と伝わっているが、しかし事はそれ程簡単なものではなかった。何せ氏豊の十二名の主だった家臣達は駿河の今川氏親、つまり戦勝国が氏豊を今川一門の那古野氏に送り込み尾張守護・斯波氏の監視の役割を託し、かつそれを実行できるだけの力を持

たせた勢力であった。彼らも攻撃の対象にした、大掛かりな作戦であった。

情報漏れがないよう隠密裏に事を運び、弾正忠家全勢力を挙げての入念に準備された軍事行動となった。結果は古渡城、守山城が橋頭保として機能し那古野城簒奪に成功。反抗した氏豊の家臣は殲滅し、残りを傘下に収め、弾正忠家念願の尾張中央部進出を成し遂げ、尾張国内の最大勢力に伸し上がった。

信秀の弾正忠家への最大の貢献はこの那古野城簒奪による氏豊の家臣の傘下への取込みであった。これは弾正忠家の尾張中央部への勢力拡大という私的な事に止まらず、今川占領軍からの尾張解放であり、尾張の心ある者達からの評価を飛躍的に挙げる側面をも持っていた。

• 天文八年（一五三九年）『愛知県史』「中世3」に信秀が熱田の加藤延隆へ商売上の特権を与えた文章がある。

「就商売儀、徳政・要脚（経費）・国役・年記（期）并（ならび）永代買得田畠・浜野以下之事、雖為或売主闕所或退転、達勝（織田）免許之御判形相調遣上者、任其旨、於此方、於末代、不可有別儀、自然如此免許令棄破、雖中付、聊（いささか）不可有相違者也、仍（かさねて）状如件」

（『愛知県史』「中世3」織田信秀判物　西加藤家文書　三月二十日）

信秀の第二の貢献は熱田神宮と熱田湊の取り込みであった。この信秀判物の日付からして天文八年（一五三九年）初頭までに、熱田は信秀の勢力下に入った。これで、祖父、良信が一の宮を、父信定が津島神社と二の宮（犬山）を、そして信秀が三の宮、熱田神宮（伊勢神宮に次ぐ社格といわれる）を勢力下に収めた。津島湊が木曽川と伊勢湾を結ぶ結節点であり、西への窓口、熱田湊は伊勢湾に直に面した拠点で東への窓口であった。かつ、それぞれは東西に分かれ、相互に補完し合えたものと思える。これで北の犬山から西の津島、そして南の熱田まで尾張全体の水運、物流の大半が弾正忠家の支配下へ組み込まれた。

前年、父、信定が、また、三河の松平信定も亡くなる。今までは父、信定が敷いた路線を順調に走ってきた信秀、尾張国内では、織田伊勢守家、織田大和守家の両守護代家及びその郎党を除き、残りを勢力下に収め尾張の最大勢力となった。ここから信定の描いたグランド・デザインを越えて、信秀自身の判断で走る事が求められる時代となった。信秀は二つの方向へ行動の舵を切る。三河への勢力拡大と自分の支配を正統化するための権威（＝官位）の取得である。これは前述した〝目に見えない壁〟を避けて通る考えを深化させた動きであり、結果として、限界が露呈することとなる。

守山崩れ後、松平信定の岡崎城簒奪が成功し、宗家の家督を継いだ広忠（家康の父）は伊勢へと逃れる。だが天文六年（一五三七年）半ばに家臣達の働きにより帰還。信定は大勢（家臣からの信望が自分に集まらない）を悟り、岡崎城を返還、翌天文七年（一五三八年）の終わりに失意の内に死去。信秀は本来、松平信定の死後即急に手を打つべきであったが、那古野城簒奪後の後始末、および、熱田神宮、湊の領有化で、天文八年（一五三九年）末まで対外的に身動きが取れなかったか。三河の動向に対応出来る様になるのが天文九年(一五四〇年)に入ってからであった。

・天文九年（一五四〇年）三河侵攻

矢作川以西の未だ故松平信定の影響力が強く残る地域を押さえるべく、この地域の中心で、かつ清康以前（大永六年・一五二六年）は松平宗家の居城であった安祥城の攻略に着手した。松平側は城代に松平長家（清康の大叔父）、一門衆五名と兵千を配置。信秀は小河の水野氏と共に約三千で攻めた。

『愛知県史』「中世3」（大樹寺過去帳）写　　朝野旧聞裒藁

一渓道看　天文九年六月六日　松平佐馬助長家（安祥城、城代）
　　月峰秀光　　　同　　　松平甚六朗
　　信翁祥忠　　　同　　　松平源次郎
　　他　六名の名前
　　右九霊、同軍之討死歟（か）年月日共同シ、当寺古過去帳ニモ同所ニ書記有之、」

とあり、城代、松平佐馬助が討死し一門衆も二名亡くなっている事から、城は落ちたと判断。この時、伊勢から戻って三年、松平広忠（十三歳）がどう動いたのか、は明らかでない。この後、矢作川以西は織田信秀の勢力下になっていく。

・天文十年（一五四一年）伊勢神宮に寄進

　次の動きが官位の取得。前年の終りからこの年にかけて伊勢神宮の外宮仮殿の遷宮が信秀の寄進により行われる。『愛知県史』「中世3」の中に、

「一　外宮御材木（天文九年（一五四〇年））十二月廿一日カツカツ到来す、

一　天文十年三月六日ニ金五枚尾州来ル、其以後代物ニテ渡ル、合七百貫文弾正忠ヨリ渡ル、

（中略）

一　（天文十年（一五四一年））九月廿四日ニ、祭主殿・行事官下向アリ、

一　同九月廿六日遷宮スルスルト執行候処大慶此時也、

一　今度遷被成之、為其礼従京都如此也口宣ヲ下ル、弾正忠ヲ三川守ニナサル、

一　織田弾正忠大裏口宣可（奉）被成三河守ニ」

（『愛知県史』「中世3」外宮天文引付）

と、高額の寄進を行い、三河守の官位を得た。三河の矢作川以西の領有化に当たり、その正統性のお墨付き効果を期待しての動きではなかったか？

七百貫とは現在の価値に直すとどの程度の金額であったか？　少々無理があると思うが試算してみた。この時代、大まかにいえば、米一石＝約千文＝一貫文。米一石は大人が一年間に消費する米の量といわれている。また、職人の日当は百十文程度。十七名の職人が一年間休みなく働くとこの額となる。休みを取る事を考慮して、二十人の職人が（現在の給料に置き換え）平均年収五百万円で働いた額とすると一億円程度に相当か。

• 天文十二年（一五四三年）朝廷に寄進

「『愛知県史』「中世3」（多門院日記）

一　或人云、内裏ノ四面ノ築地ノ蓋ヲ（築地の屋根の部分？）尾張ノヲタノ弾正ト云物修理シテ進上可申之由申、はや料足四千貫計上了云云、於事実者不思議ノ大営歟、（後略）」

多門院日記：奈良興福寺の塔頭多門院において、文明十年（一四七八年）から元和四年（一六一八年）まで、百四十年間三代の筆者によって書きつがれた日記。

内裏の築地の屋根の部分の修理に四千貫を寄進した。信秀は寄進の前に備後守に任官しており、そのお礼であったたか？　では、この当時の朝廷に於いて、四千貫文の寄進とはどの程度のインパクトがあったのであろうか。『戦国期の室町幕府』今谷明国際日本文化研究センター教授著にこのような記述がある。

『建内記』（けんだいき）という室町中期に書かれた中流公家の日記が残っているがそれによると嘉吉元年（一四四一年）のころ、当時朝廷側で把握していた料所（皇室直轄領）の現況に関する簡単な記載が有り、所々に散在する荘園からの収納高あわせて年額四千貫とある。（中略）朝廷における臨時多額の出費は、皇室領荘園よりの調達では支払う事が不可能で、その多くは幕府権力の背景のもとに、段銭という形態で諸国から調達されていたのである」

（『戦国期の室町幕府』）

信秀が（百年前の）朝廷の年収に相当する四千貫をいとも簡単に寄進する。（この時点の朝廷の財政は百年経っても改善されたとは伝わっておらず、逆により悪化していた可能性がある）。この本には、嘉吉元年（一四四一年）よりさらに四十四年前、三代将軍足利義満が自分の政務場所として、北山第（現在の金閣寺）の造営をやり、その時の経費の話も出てくる。

「足利義満時代の北山山荘造営（今日でいう金閣、正確には鹿苑寺観音殿をはじめとする建造物の造作と作庭）の費用が、禅僧瑞渓周鳳《ずいけいしゅうほう》によって二十八万貫と『臥雲日件録抜尤』に記される」

（『戦国期の室町幕府』）

とあるのは、南北朝の混乱の後、朝廷から幕府へ権力が移行した事を象徴する話である。その後応仁の乱を経ると、今度は幕府もその力を失ってしまう。禁裏の築地の修理代四千貫も賄えず、信秀が寄進する。つまり地方の有力者に力が移っている事を示す、出来事であった。

信秀はこれ等の寄進により官位を得、尾張における守護、守護代の権威を凌駕する意図を、また尾張統治、三河侵攻への正統性獲得を目指した。守護や守護代を差し置き、朝廷に多額の寄進をし、朝廷から直に官位を授かる、何とも晴れがましい思いではなかったか。

だが、信秀の人生もここまでが上り坂の頂上、ここからは勾配のきつい下り坂となった。纏めると、下記（表11）、となる。

• 天文十三年（一五四四年）美濃で大敗

この件は朝倉宗滴の章、三の山赤塚合戦の項で『信長公記』「美濃国へ乱入し五千討死の事」（P44〜47）として述べた（合戦の詳細はP317〜320）。大敗後の状況は、

「去る九月廿二日、山城道三、大合戦に打ち勝って申す

（表 11）美濃国での大敗から死去までの状況（1544 年〜 1552 年）

天文13年	1544 年	信秀、美濃で道三軍に大敗。2000 名討死。存亡の危機に。
天文14年	1545 年	信秀の敗戦を受け、松平広忠、安祥城奪還に動くが大敗。
天文16年	1547 年	織田側の松平忠倫が謀殺され、怒った信秀、三河へ侵攻。
天文17年	1548 年	3 月　小豆坂合戦、信秀敗北。末盛城築城。
天文18年	1549 年	1 月　犬山の（織）信清叛乱、失敗。3 月　広忠、家臣に討たれ夭折。今川、岡崎城占拠、安祥城攻撃失敗。11 月　安祥城攻撃、（織）信広を捕縛、松平竹千代（家康）と交換。
天文21年	1552 年	3 月　信秀死去。

様に、尾張の者はあしも腰も立つ間敷候間、大柿を取り詰め、この時攻干すべきの由にて、近江のくにより加勢を憑み、霜月上旬、大柿の城近々とり寄せ候ひき」

（『信長公記』「景清あざ丸刀の事」）

「霜月上旬、大柿の城近〳〵と取り寄せ、斎藤山城道三攻め寄するの由、注進切々なり。其の儀においては、打ち立つべきの由にて、

霜月十七日、織田備後守殿後巻として、又、憑み勢をさせられ、木曽川、飛騨川の大河、舟渡しをこさせられ、美濃国へ御乱入、竹が鼻放火候て、あかなべ口へお働き天候て、所〳〵に烟を揚げられ候間、道三仰天致し、虎口を甘げ、井の口居城へ引き入るなり。か様に、程なく備後守軽〳〵と御発足、お手柄、申すばかりなき次第なり」

（『信長公記』「大柿の城へ後巻の事」）

「霜月廿日、此の留守に、尾州の内清洲衆、備後守殿古渡新城へ人数を出だし、町口放火候て、御敵の色を立てられ候。此の如く候間、備後守御帰陣なり。是より鉾楯に及び候ひき。（中略）。翌年秋の末、互いに屈睦して無事なり」

（『信長公記』「大柿の城へ後巻の事」）

と三度も『信長公記』に、大敗後美濃の道三、主家の清洲衆が敵対行為に出た事が述べられる。尾張の内外で弾正忠家の力が落ち、相当不安定化した事のあらわれでなかったか。だが大敗したにも拘らず、弾正忠家には小競合いを跳ね返すだけの戦力は残っていた。言葉を替えると、尾張内外に弾正忠家を潰せるだけの勢力が存在しなかったか。

・天文十四年（一五四五年）松平広忠を撃退

九月、信秀が動きの取れない状況に陥っていると判断した、三河の松平広忠が、奪われていた安祥城奪還のため、出陣した（余りにも遅い）。広忠は後詰に信秀が出て来られないと想定、結果、後詰に来た信秀と城兵に挟撃され、家臣から完全に包囲される前の撤退を進言されるも聞き入れず、退路を断たれる。家臣の命を懸けての突撃の間隙に漸く撤退するという武略のなさをも露呈。この敗戦で松平宗家は完全に凋落した。

松平広忠はなぜ信秀大敗後一年近く経ってからの安祥城奪還の軍事行動なのか、全く理解に苦しむ。信秀は『信長公記』にある様にこの年の秋には清洲方と和睦しており、（広忠の動きを察知し和睦したか？）この時点では広忠に勢力を集中できる状況になっていた。広忠は信秀以上に〝貧すれば鈍す〟の状態にあったと推測できる。

・天文十七年（一五四八年）三月　小豆坂の合戦

信秀の攻勢を持ち堪えられなくなった広忠は駿河の今川に援軍を要請、今川、織田両軍が三河の岡崎南方の小豆坂で激突。『信長公記』のこの章の前半部には、

「八月上旬、駿河衆、三川の国正田原へ取り出だし、七段に人数を備へ候、其の折節、三川の内、あん城と云う城、織田備後守かゝられ候ひき。駿河の由原先懸けにて、あづき坂へ人数（にんじゅ）を出だし候。則ち備後守あん城より矢はぎへ懸け出だし、あづき坂にて備後殿御舎弟衆与二郎殿（信康）、孫三郎殿（信光）、四郎次郎殿（信実）を初めとして、既に一戦に取り結び相戦ふ」

（『信長公記』「あづき坂合戦の事」前半部）

とある。『信長公記』には戦の詳細は書かれていない。『三河物語』には、

「然処に、山道の事ナレバ、互ニ見不（不）出シテ押ケルガ、小豆坂え駿河衆アガリケレバ、小（織）田之三郎五郎（信広）殿ハ先手（さきて）にて、小豆坂えアガラントスル処にて、鼻合ヲシテ互に洞天（動転）シケリ。然トハ申せ共、互に旗ヲ立て、則（スナワチ）合戦社（コソ）初て、且（シバラク）ハ戦ケルガ、三郎五郎殿打負サせ給ひて、盗人木迄打（打）給ふ。盗人来にハ、弾正之忠之旗の立ケレバ、其よりモ、モリ帰（返）シテ、又小豆坂之下迄打（出）、又其より押帰（追返）サレテ打レケリ。其時之合戦は、対対トハ申せ共、弾正之忠之方ハ二度追帰（返）サレ申、人モ多打レタレバ、駿河衆之勝ト云。某より、駿河衆ハ、藤河え引入、弾正之中（忠）は、上和田え引て入（略）」

（『三河物語』）

とあり、駿河衆が勝ったと伝えているが、なぜかは理解できない。次に合戦後、今川の当主、義元が感状を出しており、その内容から合戦のより詳しい顛末が分かり、今川の勝利と判断

できる。何通かの感状が出ており、かつ出状の日付も違う。真っ先に出されたものが、一番勝利に結びつき、かつ、感状の中の恩賞も大きい、と判断。その感状とは、

「『愛知県史』「中世3」「今川義元感状写」　記録御用書本古文書

今月十九日、(於脱カ)小豆坂横鑓無比之軍忠被励侯、所感侯也、為此償於其国千貫之地令増知畢、於已後不可有相違、此条明鏡可被抽忠勤之状如件、

三月二十八日　(今川)義元

西郷弾正左衛門尉殿」

と三河の守護代格、西郷氏当主に対して合戦から十日もたたない内に出された感状である。この中で義元は〝横鑓を入れた事〟を称賛し、〝千貫の地の加増〟を与えている。勝利でなければ、具体的に千貫の知行増を与えるという事はなかったのでは。

どうも合戦の顛末は、偶々小豆坂の頂上部に先に上がったのが今川勢で、この時坂の反対側からは織田信広(三郎五郎)率いる織田の先鋒隊が上がって来ている所であった。すぐさま戦闘が始まり、(地の利があった)今川勢が優勢に押し、信広は本陣まで引き下がり、態勢を

立て直し、本隊と共に押し返し、優勢となり、後一息で今川勢を潰走させる処まで押しこんだ所で、側面を、西郷弾正率いる伏兵に衝かれ、総崩れとなり上和田に引き下がった、であった。

信秀は天文十三年（一五四四年）美濃での大敗に次ぐ小豆坂の敗戦と、大勝負、特に〝国際試合〟に弱い人ではなかったか？　良信、信定と有能な者が続いた弾正忠家、その信定が存命中に描いたグランド・デザインの範囲内での信秀の活躍は目を見張るものがあった。が、範囲の外での大合戦では二度続けての敗戦。

ここから感じられるのは彼が三代目の〝良い所のボンボン〟であり、蹴鞠や連歌もそつなくこなし、国内戦程度の合戦は勝てるが、相手が美濃の斎藤道三や今川の太原雪斎と中国の兵法を熟知し、大軍を動かす事に長けた者には捻《ひね》られる、という格の違いが感じられる。また、今までの人生が順調すぎ、勝つ事に対する執念が今一つ足りない、ひ弱さがあったか。

信秀は美濃に次ぐ、小豆坂の敗戦で、気弱になり、心理的に守りに入った。それはこの年、天文十七年（一五四八年）に末盛城を築城する事で窺える。末盛城と古渡城の規模を比較すると、

・平山城：平城の古渡から、標高43mの丘陵地に築城（守り）

・規　模：東西２００ｍ×南北１６０ｍと古渡の東西１４０ｍ×南北１００ｍ比2.3倍へ
（籠城戦を想定か？）
・本　丸：二重の壕で守られている（守り）

となり、籠城を前提に、守りを重視した城の構えではないか。今までの弾正忠家の〝築城は次の行動の拠点作り〟の前向きな考えとは真逆なものである。信秀はこの時点から消極的な守りを重視する、姿勢となった。

・天文十八年（一五四九年）安祥城失陥

続いて、天文十八年（一五四九年）三月、松平広忠が家臣に切られ夭折（享年二十四歳）。これを知った今川は間髪をいれず兵を派遣し岡崎城を接収、次いで安祥城奪還を図る。この時は織田方の城兵が奮戦し、今川勢の攻撃を凌いだ。十一月今川が再度攻撃を開始。信秀の後詰が遅れ（信秀は出陣せず、平手政秀が代理で出陣したが）落城。守将、織田信広（信長の庶兄）が生け捕りにされる結果となった。九年前に積極果敢に獲得した三河に於ける戦略拠点、安祥城を失った。しかも後詰が適時・適切に行われずの感あり。この影響は大きかった。

時代は下るが、天正三年（一五七五年）五月長篠の戦いで織田・徳川連合軍に大敗した武田勝頼は天正九年（一五八一年）に徳川軍に攻撃を受けた高天神城の後詰に兵を送らず、城は落城。この結果は武田家の威信を完膚なきまでに失墜させ、国人衆が動揺、織田・徳川方の調略に次々と下った。そして翌天正十年（一五八二年）三月に四百五十年続いた名門甲斐の武田氏は滅亡となる。敵に包囲された味方の城の後詰をやらない事がいかに、その家の威信を損ねるかの典型的な事例がこれである。

天文十三年（一五四四年）美濃で大敗し死者二千。天文十七年（一五四八年）小豆坂の戦での敗戦で死者五百か?、天文十八年（一五四九年）安祥城陥落。六百の守備兵であったが守将の信広が捕縛されるという事は討死の数は五百を下らなかった。この五年間で三千前後の尾張方の兵が戦死（溺死も含め）と推計できる。安祥城の後詰時、信秀には送りたくとも十分な数の兵がいなかったのか。

だが弾正忠家はこの危機の中で持ち堪えた。その理由は幾つかあるが、一番大きなものは今川方が安祥城の攻防後、尾張に即攻め入るだけの物心両面の準備が十分に整っていなかったためであった。この後、今川は尾張に対して、三河の松平勢を使っての攻勢をおこなわせ、自分達は背後を固める相甲駿三国同盟の完成、国内統治の安定化（雪斎亡き後を想定し）に力を入れ始める。つまり足下を固める策が優先された。

・天文十九年（一五五〇年）：『愛知県史』「中世3」「定光寺年代記」
「尾州錯乱八月駿州（今川）義元五万騎ニテ智多郡へ出陣、同雪月（十二月）帰陣」

・天文二十年（一五五一年）：『愛知県史』「中世3」「今川義元書状」　妙源寺文書
内容は三の山赤塚合戦の項で詳細を述べた（P39・40）山口佐馬助の離反

・天文二十一年（一五五二年）：『愛知県史』　「中世3」　「定光寺年代記」
「三月九日ニ織田備後殿死去、九月　駿州義元八事（やごと）マテ出陣」

信秀が亡くなった天文二十一年（一五五二年）、四月の三の山赤塚合戦後、八月に信長が清洲を攻める（萱津の合戦）と、九月、飯田街道を使って尾張中央部を突くが如く、駿河衆（主力は松平衆であろう）が八事まで進出。心理的に揺さ振りをかける行動をとっていた。史料にない小競り合いは頻発していたであろう。

信秀は祖父・良信（すけのぶ／ながのぶ）、父・信定が築き上げた弾正忠家の経済基盤を十分に活用して那古野城簒奪、熱田神宮・湊を勢力下に取り込み、弾正忠家三代目として当初勢力拡大を目覚ましい勢いで実現していった。しかし、ここまでは父・信定が描いたグランド・デザインを元に敷かれた線路の上の動きではなかったか？　信定が亡くなり、自分自身で進むべき方向を決めだすと途端に迷走が始まる。

結果、信秀は天文十三年（一五四四年）から天文十八年（一五四九年）の六年間で（推計では）三千もの兵を失う。領地的にも今川に尾張南東部を占拠され、弾正忠家は崩壊の瀬戸際にあったと思える。そこには主家、守護家、守護代家を残したまま、つまり尾張未統一での対外侵攻には無理があり、国を挙げて挑んでくる今川には、端から勝ちめがなかったか？　信秀の限界がここにあった。

その後亡くなる天文二十一年（一五五二年）三月までは防戦一方の二年半であった。信秀、享年四十二歳、周りの評価も高く、絶頂期も知る者にとって晩年の連敗は、精神的ダメージも大きく、失意の内に亡くなった、と思える。彼の人生は功罪半す、ではなかったろうか。

そして、信長が歴史の舞台へ登場する。父、信秀が残した弾正忠家への逆風の中で、初演〝危機との戦い〟の演目で始まった。

第三章　織田信長

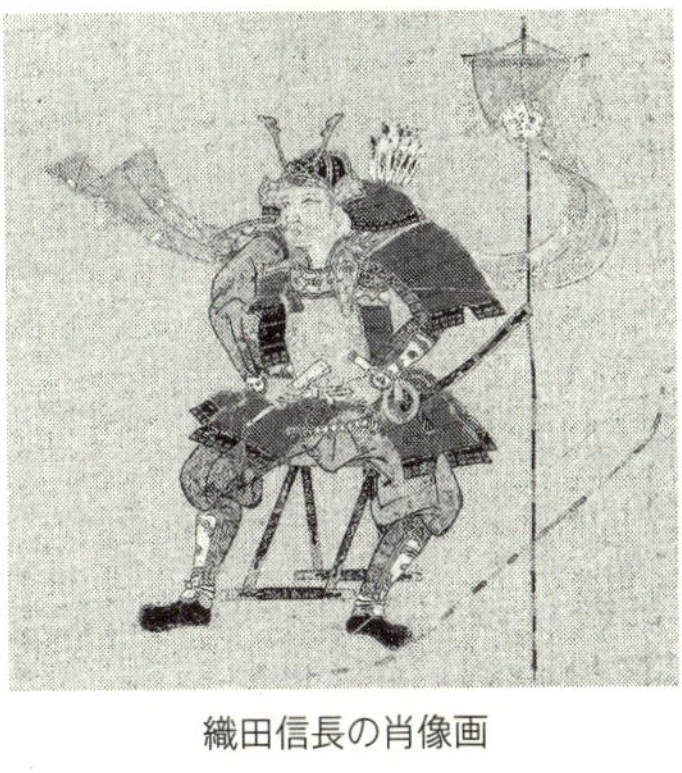

織田信長の肖像画

一、生い立ち・家督相続まで

天文三年（一五三四年）五月　勝幡城にて誕生

信長は父、織田信秀、母土田御前の嫡男として、天文三年（一五三四年）五月、勝幡城で生まれた。生まれた場所、生まれた日には諸説がある。その程度の家柄であったという事であろう。

織田信長 肖像画 長興寺

「或る時、備後守（信秀）国中、那古野へこさせられ、丈夫に御要害仰せ付けられ、嫡男織田吉法師殿（信長）に、一（の）おとな、林新五郎。二長、平手中務丞（なかつかさのじょう）、三長、青山与三右衛門（よそうえもん）、四長、内藤勝介、是れらを相添へ、御台所賄の事平手中務。御不弁限りなく、天王坊と申す寺へ御登山なされ、那古野の城を吉法師殿へ御譲り候て、熱田の並び古渡と云う所に新城を拵（こしら）へ、備後守御居城なり。

御台所賄山田弥右衛門なり」（『信長公記』「尾張国かみ下わかちの事」後半部）

信長は、信秀が今川氏豊から奪った那古野城の大規模改築後、三河侵攻が始まる前の天文八年（一五三九年）（数え六歳、満五歳）頃に、この城を譲られ、移った。『愛知県史』「中世3」に、信秀から天文七年（一五三八年）、那古野城下の天王坊の民部卿に出された社領安堵の判物がある。これは、ここがこの年信秀の支配下に組み込まれた事を意味し、信長が手習いに通った（御登山）のがこの天王坊である。

信長は小さい頃、癇が強く、母に嫌われ愛情薄く育ち、その反動が成人してからの非情さに繋がった、といわれる事があるが、この那古野城は今川氏豊が数え四歳頃那古野氏に養子として出された城であり、桶狭間で戦う今川義元も数え四歳で寺に出されている事等を考えると、母親の愛情云々は後付けの感を受ける。この時代の子供の育て方は厳しい。

（表12）信長の生立ち

天文3年	1534年	1歳	信長、誕生。父、信秀、古渡城築城。
天文7年	1538年	5歳	信秀、那古野城簒奪。祖父、信定死去。
天文8年	1539年	6歳	信長、那古野城城主に。
天文13年	1544年	11歳	信秀、美濃で大敗。

天文十三年（一五四四年）九月　父信秀、美濃で大敗

天文十三年（一五四四年）九月、信長十一歳時、父、信秀が美濃で大敗する。これは青天の霹靂であり、信長の人生の転換点となった。それまで三代に渡り築き上げた尾張最大、最強勢力、弾正忠家は身内が多数亡くなり、家内の雰囲気も変わった。信長の物心がつく最初の出来事がこの強烈な敗戦で深層心理学的に多大な影響を与えた。その二年後、

「吉法師殿十三の御歳、林佐渡守・平手中務・青山与三右衛門・内藤勝介御伴申し、古渡の御城にて御元服、織田三郎信長と進められ、御酒宴御祝儀斜めならず。

翌年、織田三郎信長、御武者始めとして、平手中務丞、その時の仕立、くれなゐ筋のづきん、はをり、馬よろひ出立にて、駿河より人数入れ置き候三州の内吉良大浜へ御手遣ひ、所々放火候て、其の日は、野陣を懸げさせられ、次の日、那古野に至って御帰陣」

（『信長公記』「吉法師殿御元服の事」）

信長は天文十五年（一五四六年）十三歳で元服。三郎信長と名乗る。〝信長〟の名前は沢彦《たくげん》の選と伝わる。翌天文六年（一五四七年）に初陣、三河の大浜へ出陣した。この年の信秀による三河侵攻の一環であった。この時の信長の出で立ちはまともであった様で話題になってい

ない。初陣の頃迄は信長も取り立てて騒ぐほどの〝うつけ〟ぶりを見せていない。

美濃での大敗の影響は、三年後の信長の初陣の様子から、内実はともかく、表向き取り繕われた感を受ける。それは信長が攻めた三河の大浜が那古野城から今の道路事情でも40㎞もあり、これが信秀のこの年の三河侵攻の一環であれば、この侵攻作戦は矢作川以西全域に及んだ大規模侵攻を窺わせるからである。

「さて、平手中務才覚にて、織田三郎信長を斎藤山城道三聟（むこ）に取り結び、道三が息女尾州へ呼び取り侯ひき。然る間、何方も静謐なり。信長十六、七、八までは、別の御遊びは御座なし。馬を朝夕御稽古、又、三月より九月までは川に入り、水練の御達者なり。其の折節、竹鎗にて扣（たた）き合ひを御覧じ、兎角、鑓はみじかく候ては悪しく候はんと仰せられ候て、三間柄、三間間中（まなか）柄などにさせられ（中略）。市川大介めしよせられ、御弓御稽古。橋本一巴を師匠として鉄砲御稽古。平田三位不断召し寄せられ、兵法御稽古。御鷹野等なり」

（『信長公記』「上総介殿形儀（ぎょうぎ）の事」）

まず、最初の文章は信長の婚姻の件だが、詳細は斎藤道三の章（P87〜89）で述べた。次の〝然る間、何方も静謐なり〟の文章の前後の出来事を表に纏め、かつ弾正忠家に起こっていた事（表13）と天候不順の状況（表14）を入れ込んでみた。ここからいえるのは、

・弾正忠家の出来事（表13）

この表から見てとれるのは弾正忠家が天文十三年（一五四四年）の美濃での大敗に続く危機第二波、小豆坂合戦の敗戦（十五歳）、安祥城失陥（十六歳）が続き、とても〝静謐〟とは呼べない状況下にあった。

・自然状況（表14）

祖父、信定の章で見た一四九九年から一五二〇年の間の天候不順と比べ、寒冷化のピーク時内にも拘らず、信長の十四～十六歳（一五四七～一五四九年）の三年間は問題の表記が全くなく、またその次の二年間も比較的平穏な状況下にあった感を受ける。

信長は父、信秀の連続する大きな負け戦と青春期が同期し、十五歳前後で強い危機感を持つようになった。これが契機となり、生き残る為に戦に勝つが人生の目標となり、自己の厳しい修錬、兵の教練開始に繫がった。またそれに没頭できる自然環境下にあったといえる。だが『信長公記』では修錬・教練のみの記述で信長の実戦への関与を述べない。なぜ、なのか？

このあたりから見ていく。

（表 13）信長の青春時代（13 ～ 18 歳）と出来事

天文15年	1546年	13 歳	元服	
天文16年	1547年	14 歳	初陣（三河、大浜）	信秀、三河侵攻
天文17年	1548年	15 歳	濃姫と結婚	小豆坂合戦敗戦、 末盛城築城
天文18年	1549年	16 歳	修錬と教練	安祥城失陥
天文19年	1550年	17 歳	修錬と教練	尾州錯乱
天文20年	1551年	18 歳	修錬と教練	

上の表に『戦国期の災害情報』を入れ込む、と

（表 14）表 13 に自然状況を入れ込む

天文13年	1544年	11 歳	信秀、美濃で大敗	夏餓死無限（甲斐、豊後） 近畿大洪水（紀伊）
天文14年	1545年	12 歳		大旱（大和、甲斐）春飢餓（甲斐）
天文15年	1546年	13 歳	信長、元服	大雨水損、餓死（甲斐）大風（会津）地震（備後）
天文16年	1547年	14 歳	信長、初陣	
天文17年	1548年	15 歳	小豆坂合戦敗戦	
天文18年	1549年	16 歳	信秀、安祥城失陥	地震（甲斐）
天文19年	1550年	17 歳	尾州騒乱	大風、世間飢餓無限（甲斐） 白土降る（上野）
天文20年	1551年	18 歳		春中餓死無限（甲斐 2）天下大乱（上野）虫損、不作餓死、大水（備後）

ルイス・フロイスの『ヨーロッパ文化と日本文化』の中にこんな記述がある。

ヨーロッパの子供は青年になってもなお口上ひとつ伝えることができない。日本の子供は十歳でも、それを伝える判断と思慮において、五十歳にも見られる。

ヨーロッパの子供は多大の寵愛と温情、美食と美衣によって養育される。日本の子供は半裸で、ほとんど何らの寵愛も快楽もなく育てられる。

（『ヨーロッパ文化と日本文化』）

と、日本では子供は厳しく育てられ、元服すれば即大人扱いできる育て方であった。にも拘らずなぜ信長は初陣後戦場に出た記述が無いのか？ 特に、安祥城攻防戦では庶兄、信広の奮闘もあり一度（三月）は敵の攻撃を押し返した。二度目（十一月）の攻勢も後詰めを、適時、適正規模で実行していれば、落ちなくて済んだかもしれず、信長の性格からして、後詰をやらない、やれない、は弾正忠家の退潮を象徴し、味方から離反者が出るのは火を見るよりも明らかであり受け入れ難かった。敗戦続きで〝守り〟に入る父、信秀と積極的〝攻め〟の信長の考えの違いから信長は父、信秀の安祥城矢陥後の末盛城築城（全くの守りの姿勢）を契機（十五歳）に、自らの考えで、独自の動きを始めた。これと時を同じくして『信長公記』に出て来る〝うつけ〟と呼ばれる、信長の〝奇抜な服装、行動〟が始まった、と思えてならない。これが信長が戦場に出ず修練と教錬に明け暮れた理由か。

話が少々飛躍するが、この信長親子の確執による信長の独自の動きが大きな歴史の転換、中世から近世への切掛けの一つとなった。

では具体的にどういう事か？　まず中世と近世、何が大きく違うか。それは、政治・経済的には〝土地の所有〟の在り方と社会的には〝兵農分離〟と呼ばれる身分制度の固定化が一番大きい、といわれている。

〝土地の所有〟に関しては、既に見て来た如く、曾祖父、良信（すけのぶ／ながのぶ）以来信秀迄の三代で、土地所有が重層化している荘園体制下で荘園領主、国人層（地頭等）を中抜きし、土豪層を直に家臣化し傘下に収め、土地を貫高制導入で一円支配する事で崩壊させてきた。切掛けは応仁の乱後権力を付与された主家、大和守家の兵力増強の打ち手としてであった。荘園領主であった旧権力者達、朝廷、公家やその体制下で実権を握ってきた守護とその一族、奉公衆、地頭等の領地を押領しつくし、消滅させた。信長が積極的に何かをした訳でなく、信長の時代に事が終わった。

一方〝兵農分離〟の切掛けは今川の攻勢に押され、苦境に立たされた父信秀の消極的対応に危機感を覚えた信長が自分の思い、大きな合戦で勝てる〝戦闘の専門家集団〟を創りたい、とそのための独自の動きからであった。

信長は初陣の翌年、天文十七年（一五四八年）十五歳で、前述の如く父親の消極的守りの姿勢を受入れられなくなった。〝戦に勝たねば先はない。どうすれば良いか？〟傅役、平手政秀の縁者である、俊英、沢彦宋恩《たくげんそうおん》に尋ねた。信長の沢彦への最初の問いは、単刀直入にこの様なものではなかったか。

〝俺は、戦に勝ちたい、どうすれば良いか？〟

沢彦の答は父信秀の打ち続く敗戦を踏まえ、簡潔に、しかし適格に、『孫子』の最初の章〝計編〟から〝兵とは国の大事なり〟を使ったものではなかったか。（武士の子であれば、好き嫌いはともかく、『孫子』の冒頭の文章程度は諳んじていた筈、よって理解されやすかった）。

「孫子曰く、兵とは国の大事なり。死生の地、存亡の道は、察せざる可（べ）からざるなり。（中略）曰く、主は孰（いず）れか賢なる、将は孰れか能なる、（中略）兵衆は孰（いず）れか強き、士卒は孰れか練（なら）

いたる、賞罰は孰れか明らかなると。吾は此（ここ）を以て勝負を知る」（『孫子』「兵とは国の大事なり」）

沢彦は〝『孫子』の教え〟を信長が置かれた状況に合わせ基本的な事を話してきかせた。信長の心に、戦に勝つか負けるかは、〝将の能力〟、〝兵の教練〟と〝賞罰の徹底〟の〝差〟である、との〝教え〟が、まず刻み込まれた。

沢彦はさらに、時代は違うが乱世を終わらせた二人の男の話をし、時間をかけ、自分が意の儘に動かせる親衛隊を創り上げる具体策を提言した。その二人の内の一人は日本の南北朝の争いを終わらせた三代将軍、足利義満であり、もう一人は古代中国の戦国時代を終わらせ、中国を統一した秦の始皇帝の話ではなかったか。

足利義満が一族や守護大名の庶流の者達約四百名を将軍直臣の奉公衆（将軍親衛隊）として取り立て、従者をいれ其の数五千から一万の軍勢とし、これを使い次々と有力守護大名の力を削ぎ、南朝側の拠り所を排除し統一を成した。平時は京に留まらせ、近習させ、必要な時に迅速に、大規模に兵力を展開しうる軍団がこの南北朝統一に貢献した故事を話し、信長に同様な〝戦闘の専門家集団〟を、有力家臣の次男、三男以下を小姓に取り立て、近習させ創る事を、提言した。

次に、古代中国の西端の遅れた国にすぎなかった秦が人材不足を国外からの有能な者達を採用し、偏見なく、重要な役職に付け使った事で急速に発展、強国となり、終には中国最初の統一国家になった故事を話し、領外からの有能な人材登用を促した。

この沢彦の提言をもとに、信長は自分の才覚で家臣を召し抱え、近習させ、教練を施し、城下に集住させる一連の打ち手を始める。これが歴史的には信長の意図とは関係ない中世を終わらせた兵農分離（身分制度の固定化）の実質的第一歩となった、といっても過言ではない。

信長の独創的な動きが始まる。

天文十七年（一五四八年）戦闘の専門家集団創り開始

沢彦の教えは的確であった。信長はゼロから二人の先達のやり方に倣い自分の軍団を創ると決意した。家臣の次男・三男以下の領地を持たない者達を近習させまた他所《よそ》者でも能力がありそうな者達を高録で召し抱え戦闘の専門家集団となすべく教練を実施した。

ここから『信長公記』「上総の介殿形儀の事」の内容に戻る。ここから信長の戦闘で勝つための改革は大きく分けて三つであった、と読める。

- 武具の改良：鑓はみじかく候ては悪しく候はんと仰せられ候て、三間柄（五・四M）、三間間中柄《さんげんまなかえ》（6.3ｍ）などに（略）。
- 教練：竹鑓にて叩き合ひ。
- 修錬：馬を朝夕御稽古、また、三月より九月までは川に入り、水練の御達者なり。（中略）。市川大介めしよせられ、御弓御稽古。橋本一巴を師匠として鉄炮御稽古。平田三位不断召しよせられ、兵法御稽古。御鷹野等なり。

これ等をより詳しく見ていくと、

武具の改良

鑓は刺すものでなく、戦場では『信長公記』に出て来る〝叩き合い〟として使われる道具ならば、長い方が有利なのはボクシングのリーチの差と同じ。戦国期の日本人の平均身長は157㎝といわれており、身長の三〜四倍の長さの鑓を自由自在に使いこなせたか？　には、少々疑問ありだが。ただ相手を威嚇し、敵が懐に入って来る前に先に一撃が加えられるのであれば、最前線の兵は心理的に優位に立てる、その効果は大きかった。

アレキサンドロス大王のマケドニアでも父フィリッポス王の時に、

「フィリッポスはさらに槍を長くし、ホプリテスは全員が2.5メートルから5.5メートルの長槍（サリッサ）をもつようになった」（『アレキサンドロス大王』「序」勝てる軍事組織を築く）

と古今東西鑓は長い方が勝てるという判断か。

次に『信長公記』には出て来ないが信長といえば鉄砲である。前述の如く、三の山赤塚合戦での敗戦を踏まえて大量に装備された。信長は自己の修錬や合戦の経験者から、有効な武器の順番は飛び道具の〝弓〟、二番が〝鑓〟と認識していた。が弓への対応が十分になされぬ前に三の山赤塚で飛び道具の差が原因で負け、その反省に立ち、弓より金はかかるが、短期間の教練で使いこなせ、しかも威力のより大きい鉄砲を大量配備する、と決断した。

信秀が日頃動員できた兵力が四千前後（最大六千）であり、美濃で大敗した天文十三年（一五四四年）以降、一連の敗戦で（試算では）合計三千討死した。その後亡くなる天文二十一年（一五五二年）までの約七年半、召し抱えの数を増やしたとしても兵力不足は解消できない問題であった。この様な中、信長は軍の中核を自分の親衛隊で編成し、しかも長い鑓と鉄砲を大量装備することで兵の数の劣勢を凌ぐ考えであった。

兵の教練／将の修錬

兵と武器を見てきた。次はそれらをどう活かすか？　運用、つまり進退の教練についてである。『信長公記』では具体的には〝竹鑓の叩き合い〟しか出て来ない。が、

歴史上の名将達の教練の内容を見ると、

「マケドニアでは、兵士はみな、どんな困難にも耐えられるように訓練された。歩兵はしばしば完全武装したうえ、一ヶ月分の糧食に等しい重量をかついで、長距離—六十キロ以上—を行軍した。(中略)、一時間八キロという速やかなペースで行軍し、八時間ほどかけて目的地に着くと(略)」

(『アレキサンドロス大王』「序」職業軍人の幹部を育てる)

「最良の兵隊とは戦う兵隊よりむしろ歩く兵隊である」

(『ナポレオン言行録』)

と、名将達は兵が重い装備を付け、速やかに、長時間歩く事が敵の意表を突き先手を取る確率を高め、勝敗に直結すると考え、重視していた。信長も教練の中に実戦に即して装備を付けた〝歩き〟をとり入れていた、と思えてならない。

しかも『信長公記』の次の話はその教練が厳しかった事を暗示していないか？

「爰に見悪(ミニク)き事あり。町を御通りの時、人目をも御憚りなく、くり、柿は申すに及ばず、瓜(うり)をかぶりくひになされ、町中にて、立ちながら餅をほおばり、人により懸り、人の肩につらさがりてより外は、御ありきなく候。其の比(ころ)は、世間公道なる折節にて候間、大うつけ気とより外に申さず候」

（『信長公記』「上総介殿形儀の事」続き）

この文章を表面的に読むと〝信長が街で立ちながら物を食い、徒党を組んで恰《あたか》も与太者の如くつるんでいた〟と取れる描写であるが、果してその程度に、単純に、理解して良いものか？ 信長は節制をむねとした生活を送っていた（P91）と伝わっており、むやみに立ち食いなどするとは思えない。

戦国時代、食事は早朝と夕方の二度。合計玄米五合程度を食していた。この時代、食事内容に上下の差は余りなかった様だ。玄米のカロリーは525㎉／合、五合で2600㎉摂れる。普通の生活ならカロリー的には十分と思えるし、栄養素的にも玄米であれば十分。

だが戦国時代の兵は鎧兜、武器、水、食糧等々で20kg程の荷物を背負い、合戦場まで歩き、その後戦闘にはいる。例えば、桶狭間の合戦の際、信長軍は清洲から桶狭間まで約24kmを歩き、その後四時間合戦。その日の内に清洲に戻っている。合戦時は昼飯を食べていたが、平時の教練では一日二食、玄米五合が守られていたか。それではカロリーが足りない。

信長は自分の修錬として、朝から馬をせめ、夏には川で泳ぎ、弓、鉄砲、剣術の稽古をやり、合戦の訓練を視察・指導し、夕方にもまた馬をせめる、鷹狩りにも出る、スポーツお宅。睡眠時間が短く、朝早くから活動を始めれば、昼頃にはグリコーゲンを使い果たし、果物や餅を食べざるを得なくなるか、間に合わず血糖値が下がってしまい、動けなくなり、家臣の肩にもたれかかざるを得なくなった、と解釈できないか。

『信長公記』に描かれている信長の行状は形儀《ぎょうぎ》の問題ではなく、修錬・教練の厳しさを象徴していると解釈できる。しかもこの〝人により懸り、人の肩につらさがりてより外は、御ありきなく候〟からは、信長自身が率先して厳しい修錬・教練を毎日行っていた、ではなかったか。

つまり、信長の〝戦闘の専門家集団〟の当面の最終形は自分の才覚・裁量で召し抱えた中核部隊七～八百に大量の鉄砲と長鑓を装備した従者を付け、しかもこれ等の者達に十分な教練をさせ、しかも将たる自分はそれ以上の修錬に励み、数の劣勢を将と兵の質と装備と運用で凌ぎ勝てる軍団にする、であった。

さらに信長の〝装い〟について、

「(中略)其の比(ころ)の御形儀、明衣(あけは)の袖をはずし、半袴、ひうち袋、色々余多(あまた)付けさせられ、御髪はちゃせんに、くれなる糸、もゑぎ糸にて巻き立て、ゆわせられ、大刀、朱ざやをささせられ、悉（ことごと）く朱武者に仰せ付けられ、（略）」

（『信長公記』「上総介殿形儀の事」続き2）

「（中略）御出立ちを、家中の衆見申し候て、さては、此の比たわけを態と御作り候よと、胆を消し、各次第〱に斟酌仕り候なり。（略）」

（『信長公記』「山城道三と信長御参会の事」）

と〃うつけ〃の象徴の如く取り上げられ、しかも道三との参会時には、態とうつけを装っていた、と出て来るが、そうであろうか？　この装い、機能的に見ると修錬・教練には合理的である。

〃明衣《あかは》（＝湯帷子（ゆかたびら、ゆかた）の袖を外し〃は弓を引く出で立ちでは？

ルイス・フロイスの『ヨーロッパ文化と日本文化』に、

「我々の間では矢を射る時、射手は服を付けている。日本では弓を射る者は着物を半ば脱ぎ、一方の腕を露わにしなくてはならない」

とある。信長は常に弓が引ける装いで通していたと分かる。では〃半袴〃は？

中国の戦国時代、趙の武霊王が伝統や常識に囚われず〝胡服騎射〟を採用（紀元前三〇七年）して趙を軍事大国にした故事を彷彿とさせる〝乗馬ズボン〟その物ではないか。武霊王が胡服（北方騎馬民族・胡人の服）を採用する際に、周りの臣下達から強い抵抗を受けたが強国になるために敢えて取り入れた故事を知っての〝半袴〟ではなかったか。

〝ひうち袋、色々余多つけさせられ〟は火打ち石、火薬、鉄砲玉、水筒、薬、食糧、等を腰にぶら下げ、と読め、まさにこれから戦場に赴く出で立ちそのものではないか。信長の軍事教練は単なる教練でなく、実戦に即したものであり、それを大将が自ら周りに示した姿と思える。信長の服装と性格について、再度ルイス・フロイスの『日本史』からさらに二つ。

「美濃攻略の翌年、足利義昭を奉じて上洛し、彼のために二条城を築城した際の描写」

「信長はほとんどつねに坐るために虎皮を腰に巻き、粗末な衣装を着用しており、彼の例に倣ってすべての殿および家臣の大部分は労働のために皮衣を着け、建築の続行中は、何びとも彼の前へ美しい宮廷風の衣裳をまとって出る者はなかった」

（『日本史』Ⅱ「32章」）

これが二、三年かかるといわれたこの築城を毎日一万五千人動員し七十日で完成させた際の彼の服装である。信長が目標を持って何かに没頭すると〝装い〟(その場面で一番相応しい服装)から変わるのは若い頃からの習慣であり、年を重ねても変わらなかった。

次は性格に関し、同じく『日本史』(P92)には、

「彼は自邸においてきわめて清潔であり、自己のあらゆることをすこぶる丹念に仕上げ(略)」

と、信長の性格からして、教練は質・量共に〝あらゆることをすこぶる丹念に仕上げ〟と妥協は許されず、これが『信長公記』の「上総介殿形儀の事」の描写に繋がった。そして信長の教練の最終的目標が〝悉く朱武者に仰せ付けられ〟と全員に赤の具足を纏わせる、で分かる。

歴史上〝赤備え〟で有名なのは甲斐の武田軍団であり、武田家滅亡後、その遺臣を徳川家康の命で引き継いだのが彦根の井伊家であった。赤色は戦場で目立つ事から〝赤備え〟は精鋭部隊が纏っており、かつ辰砂という高級顔料を使う事から高価でもあった。この赤備えから、信長の意図は自分の軍団を最精鋭部隊に育て上げる意図があったと読める。

信長の〝うつけ〟と称される奇抜な服装・言動が始まったのが〝戦闘の専門家集団〟を創

ると決めた十六歳前後ではなかったか。これはその場面で一番相応しい装い、言動であり、この時信長が置かれていた危機的状況への対応の真剣さを象徴するものではなかったか。
一方彼の周りの者達は彼の秘められた意図を理解できず、〝うつけ〟とのみ評した。
最後が〝将の質〟。父信秀が合戦で負けたのは、美濃の斎藤道三であり、今川の太原雪斎であった。つまり中国の兵法を学び、かつ大軍を率いた合戦経験者であった。だが『信長公記』には信長個人の武芸の修錬に関した事しか出て来ない。

「市川大介めしよせられ、御弓御稽古。橋本一巴を師匠として鉄炮御稽古。平田三位不断召し寄せられ、兵法（剣術）御稽古。御鷹野等なり」
（『信長公記』「上総介殿形儀の事」続き3）

沢彦《たくげん》の『孫子』からの教え、〝主は孰《いず》れか賢なる、将は孰れか能なる〟を自分なりに解釈し、愚直に修錬を行っていた事は分かる。が、この程度は戦国の世、或る程度以上の武将は殆ど同様の事をやっていた。信長と他の武将の根元的な差は何であったろうか？　信長の凄味は『信長公記』にあるこの話のなかにある。

「さる程に、天沢と申して、天台宗の能化（のうげ）あり。（中略）関東下りの折節、甲斐国にて武田信玄に一礼申し候て罷り通り候へと、（中略）（信玄から質問）信長の形儀をありのまマ残らず物語り候へと仰せられ候間、申し上げ候。（中略）其の外数寄は何かあると御尋ね候。舞とこうた数寄にて候と申し上げ候へば、幸若大夫来候かと仰せられ候間、清洲の町人に友閑と申す者、細細召しよせ、まはせられ候。敦盛を一番より外は御舞ひ候はず候。人間五十年、下天の内をくらぶれば、夢幻の如くなり。是れを口付けて御舞ひ候。又、小うたを数寄て、うたはせられ候と申し候へば、いな物をすかれ候と信玄仰せられ候。それは、いか様の歌ぞと仰せられ候。死のふは一定、しのび草には何をしよぞ。一定かたりをこすよの、是にて御座候と申し侯へば、（略）」

（『信長公記』「天沢長老物かな（た）りの事」）

敦盛：人間（じんかん）五十年、下天の内をくらぶれば、夢幻の如くなり。一度生を享け、滅せぬもののあるべきか。

人の世の五十年は下天（六欲天の最下位の世）では一昼夜でしかない（？）、夢幻の様なもの。生まれたものは皆滅ばぬものはない。

小唄：死のふは一定、しのび草には何をしよぞ、一定かたりをのこすよの。

死は必定、この世に生まれたからには何をしようか、生きた証をのこしたい。

信長は敦盛の一番のみ〝是れを口付けて御舞ひ侯〟と何度も、何度も、舞い、小唄〝死のふは一定〟と〝死〟を行動の原点として心に刷り込んでいた。

アメリカのカリスマ経営者、アップルの故スティーブ・ジョブズ氏が二〇〇五年に米国有数の大学スタンフォードの卒業式に招かれ、行ったスピーチの中でこんなことを云っている。彼のスピーチは三つのメッセイジで構成されており、三つ目のメッセイジが〝死について〟という題であった。その中で、彼は、

「自分がもうすぐ死ぬ状況を想像する事は最も大切な方法です。私は人生で大きな決断をするときに随分と助けられました。なぜなら他人からの期待、自分のプライド、失敗への恐れなど、ほとんど全てのものは、死に直面すれば吹き飛んでしまう程度のもので、そこで残るものだけが本当に大切なことなのです。（略）」

死についてのメッセイジの最後は、

「君達が持っている時間は限られている。他人の人生に自分の時間を費やす事はありません。誰かが考えた結果に従って生きる必要もないのです。自分の内なる声が雑音に打ち消されないことです。そして、最も重要な事は自分自身の心と直感に素直に従い、勇気を持って行動することです。心や直感というのは、君達が本当に望んでいる姿を知っているのです。それ以外は全て二の次でも構わないのです」

スティーブ・ジョブズ氏はこのスピーチの一年前に膵臓《すいぞう》癌を患い、医者から余命三～六ヶ月を宣告され、その後の治療で奇跡的に回復していた。直近に死に直面したカリスマ経営者の話と信長の敦盛には共通性があると思える。彼のいわんとする事〝ほとんど全てのものは、死に直面すれば吹き飛んでしまう程度のもので、そこで残るものだけが本当に大切なことなのです〟を正に実践している信長の姿がダブって見えるのは私だけであろうか？　信長はこの若さで既に死を見つめ、〝自分の内なる声〟を聞く修錬を、〝敦盛〟を舞、〝死ぬは一定〟の小唄を吟じる中で行っていた、と思えてならない。スティーブ・ジョブズ氏の卒業生に対するスピーチの締めの言葉は〝Stay Hungry, Stay Foolish〟であった。〝(良い意味で) 貪欲であれ、馬鹿になれ〟、である。信長は十六～十八歳の時、愚直に馬鹿が付く程修練と教練に打ち込んでいた。つまり〝Stay Hungry, Stay Foolish〟を正に実践していた感を受ける。

・一連の信秀の敗戦と信長の成長期が同期し、敗戦の結果として迫る〝死〟の予兆が成長期の信長に精神面で切迫感を与え、かつ行動面で緊張感を強いた、と思えてならない。順風満風の中で家督を継いでいれば持つことはなかったであろう危機感の中での生。これが他の武将達との大きな違いであった。

・臨済宗妙心寺派僧侶、沢彦《たくげん》の存在：十六〜八歳の信長がスティーヴ・ジョブ氏の晩年の境地にまで達するには、人生の先達、師が居たのではと思える。それが沢彦ではなかったか？　彼の属した妙心寺派は修業の厳しさ、徹底した組織運営で、臨済宗内十四宗派で最大の勢力を誇り、〝そろばん面《づら》〟と評されるほど経済基盤を確立した宗派であった。この宗派の俊英、沢彦は若い信長が必要とした〝戦闘の専門家集団造り〟（組織造り・運営）から国の統治（政治理念、財政）まで幅広い学識を有し、精神的、論理的、知識的、指南を実行でき、かつ経済、財政にも明るい稀有な存在であり、公私に渡り信長に適時適切な助言をし、信長の成長を支えた、と思えてならない。特に美濃攻略が終わるまでの期間、信長の殆ど全ての考え、施策、行動の根源の所に彼の教え、忠言があったと思える。

妙心寺・法堂

信長が家督を継ぎ、自分の置かれた状況を認識し、生き残りをかけ、奮闘した時代を見てきた。ここから村木砦を陥落させた天文二十三年（一五五四年）一月以降へ話を戻す。

二、尾張統一

信長、数え二十一、今川の攻勢をひとまず食い止め、次の目標を尾張統一と見定めた。手始めが二度の合戦（一五五二、五三年）で敗り風前の灯状態にあった織田大和守家（清洲城）の剪滅であった。あの手この手で締めあげたのではと想像する。

この間の気候変動は最悪期を過ぎたにも拘らず、家督相続（一五五二年）後、一五五八年まで年毎に天候が悪化し、特に一五五六年からその悪化が全国的となった感を受ける。ここからはこの様な環境下での話となる。

天文二十四年（一五五五年）四月　清洲城奪取

「一、清洲の城守護代、織田彦五郎（信友）殿とてこれあり。領在の坂井大膳は小守護代なり。坂井甚介、河尻佐馬丞、織田三位、歴々討死にて、大膳一人しては抱えがたきの間、此の上は織田孫三郎殿を憑み入るの間、力を添へ候て、彦五郎殿と孫三郎殿、両守護代にお成り候へと、懇望申され候のところ、坂井大膳好みの如くとて、表裏あるまじきの旨、七枚起請を大膳かたへつかはし、相調へ候」

（『信長公記』「織田喜六郎殿御生害の事」）

清洲の守護代、小守護代は二度の敗戦で主だった者達が討ち取られ、策も尽き果て、守山城主、信光に泣きつく。守護代職を餌に自らの生き残りを図る。信光も話に乗ったふりをする。

「一、四月十九日、守山の織田孫三郎殿、清洲の城南矢蔵へ御移り、表向は此の如くにて、ないしんは信長と仰せ談ぜられ、清洲を宥（など）め、取り進（まいら）せらるべきの間、尾州下郡四郡の内に、於多井川とて、大かたは此の川を限っての事なり。孫三郎殿へ渡し参らせられ候へと、御約諾の抜公事（くじ）なり。此の孫三郎殿と申すは、信長の伯父（叔父）にて候。川西・川東と云ふは、尾張半国

（表 15）『戦国期の災害年表』（1552 年～ 1558 年）

（情報源）

天文 21 年	1552 年	凶作、餓死（甲斐 2、豊後）
天文 22 年	1553 年	旱魃（甲斐 2、肥後）、地震（肥後）
天文 23 年	1554 年	大旱魃、腹病多死、大風（甲斐 2）、加賀白山噴火（美濃）
弘治元年	1555 年	兵革（改元）、数年旱魃（遠江）、大雨洪水（肥後）
弘治 2 年	1556 年	咳気流行、多死（京都 19）、天下旱魃（常陸）
弘治 3 年	1557 年	天下旱魃、近年無双の大飢饉（京都 20、大和 2、常陸）大風不作（陸奥）
永禄元年	1558 年	天下大旱魃、餓死（京都 12・15、大和 2、紀伊、上野、常陸、越後）

の内、下郡二郡、二郡ツヽとの約束にて候なり」

（『信長公記』「織田喜六郎殿御生害の事」続き）

叔父、信光も信光だが、信長はそれ以上の役者、成功の暁には尾張下半分を折半する、と約束。家臣にも図らず、この様な事をやり、表ざたになれば、家中がひっくり返るほどの騒ぎになる事必定。中々出来ぬ約束であったろう。

「一、四月廿日、坂井大膳御礼に、南やぐらへ御礼に参り候はゞ、御生害なさるべしと、人数を伏せ置き、相待たるのところ、城中まで参り、冷じきけしきをみて、風をくり、逃げ去り候て、直ちに駿河へ罷り越し、今川義元を憑み、在国なり。守護代織田彦五郎殿を推し寄せ、腹をきらせ、清洲の城乗取り、上総介信長へ渡し進（まいらせ）られ、孫三郎殿は那古野の城へ御移り」

（『信長公記』「織田喜六郎殿御生害の事」続き2）

表向き自らは手を汚さず、主君・守護代、織田信友を弑逆の罪で腹を切らせる。内実は叔父・信光を使っての騙し打ち。結果、終に清洲城を攻略、尾張の中央部を手中に収めた。

「其の年の霜月廿六日、不慮の仕合せ出来（しゅったい）して、孫三郎殿御遷化。忽（たちま）ち誓紙の御罰。天道恐ろしきかなと、申しならし候ひき。併しながら、上総介政道御果報の故なり」

（『信長公記』「織田喜六郎殿御生害の事」続き3）

信長の凄味が、初めて公になる話である。事前に此処までやる事を読んでの約束であったか。叔父であり苦しい時に支えてくれた者でも、自分に対抗し、自分の地位を脅かす者は排除する冷徹さ。戦国の世では、この非情さは必要欠くべからざるものではなかったか。

信長は清洲城奪取後、反抗する兄弟の粛清も始める。この年の六月、

「一、六月廿六日、守山の城主織田孫十郎殿、龍泉寺の下、松川渡しにて、若侍ども川狩に打ち入りて居ますところを、勘十郎殿御舎弟喜六郎殿、馬一騎にてお通り候ところを、馬鹿者乗り打ちを仕り候と申し候て。洲賀才蔵と申す者、弓を追つ取り、矢を射懸け候へば、時刻到来して、其の矢にあたり、馬上より落ちさせ賜ふ。孫十郎殿を初めとして、川よりあがりて、是を御覧ずれば、上総介御舎弟喜六郎殿なり。御歳の齢（よわい）十五、六にして、御膚（ハダエ）は白粉の如く、たんくわのくちびる、柔和のすがた、容顔美麗、人にすぐれていつくしきとも、中々たとへにも及び難き御方様なり（略）」

（『信長公記』「織田喜六郎殿御生害の事」続き4）

守山の城主織田孫十郎とは？　本名は織田孫十郎信次、右衛門尉と称する。『信長公記』の巻首本最初の章、〝尾張の国かみ下わかちの事〟で父、信秀の兄弟（五男）右衛門尉として出て来る。が次男から四男までは敬称の殿が付けられているが彼にはない。しかもその次の章、

〝あづき坂合戦の事〟の中で、〝其の時よき働きせし衆〟の中に身内として父、信秀から四男、四郎次郎までは出て来るが彼の名前は出て来ない。その様な評価の男であった。
次に彼が『信長公記』に出て来るのは「深田・松葉両城手かはりの事」のなかで、〝深田城主で人質に取られる人物〟、として出て来る。彼は萱津の合戦の切掛けを作った男、いや、作らされた男であった。この章では、(信光後の)守山城主として信長・信行の弟、喜六郎を射殺する、いや〝射殺させられた〟男となった。

次に事件現場は〝龍泉寺下、松川渡し〟と出て来る。『信長公記』にはこの龍泉寺下〟の地名はこの事件よりも前、信秀の時代にも出て来る。

「一、正月十七日、上の郡、犬山、楽田(がくでん)より人数を出し、かすが井原をかけ通り、龍泉寺の下、柏井口へ　相働き、所〱に烟をあげ侯。即時に末盛より、備後殿御人数かけ付け、取り合い、一戦に及び、切り崩し、数十人討ちとり(略)」
(『信長公記』「犬山謀叛企てらるゝの事」)

天文十八年(一五四九年)信秀が安祥城を矢陥すると、翌年一月、犬山城主、甥の織田信清が叛旗を翻し侵攻、だがこの時の守山城主であった信光に蹴散らされてしまう。

この時の犬山から末盛城への侵攻経路として〝龍泉寺下〟が出て来る。犬山と末盛間の交通路があった事が分かる。しかも、今回は〝松川の渡し〟とピンポイントで場所が出て来る。龍泉寺下、〝松川の渡し〟は守山城から城主・孫十郎が若い衆を引き連れて、川狩を行うのに適切な場所であったか？　は分からないが、誰かを待ち伏せるには最適な場所であった。

そこに信長・信行の弟である、喜六郎が単騎でやってくる。なぜ単騎なのか？　御付きの者が一人もいないのは不思議。知られたくない何か秘密の事がこの単独行にはあったか。

「各是を見て充（あっ）と胆を消す。孫十郎殿は取る物も取り敢へず、居城守山の城へは御出でなく、直ちに捨て鞭を打って、何（いず）くともなく逃げ去り給ひ、数カ年御牢人、難儀せられ候なり。則ち、舎兄勘十郎殿、此の事聞こし食（め）し、末盛の城より、守山へ懸け付け、町に火を懸け、生（はだ）か城になされ、（略）」

（『信長公記』「織田喜六郎殿御生害の事」続き5）

『信長公記』の文章はここで途切れる。勘十郎（信行）の激昂した行為、守山城下の町を焼き払う、の次に何があったのかはない。この激怒ぶりは秘密が露見した事に対する狼狽と後ろめたさへの取り繕いが綯い交ぜになった行為ではなかったか。一方犯人、孫十郎の逃げ足は速い。『信長公記』のこの書き方ならば、この件は事故のはずであるが、釈明する事もなく、居城にも立ち寄らず、姿をくらます。最初から計画的に仕組まれた犯行との雰囲気充分では。

「一、上総介信長も清洲より三里一騎がけに一時に懸けさせられ、守山入り口矢田川にて御馬の口を洗はせられ候ところ、犬飼内蔵来たり候て言上、孫十郎は直ちに何くとも知らず駆け落ち候て、城には誰も御座なく候。町は悉く勘十郎殿放火なされ候と申し上げ候（中略）」

（『信長公記』「織田喜六郎殿御生害の事」続き6）

信行の激怒ぶりに比べ信長の悠長な行動が対照的ではないか。信長は守山までは一気に駆け付けたが、どうも馬の遠乗り程度の感。物見に出した犬飼という者から顛末を聞き、しかもその関心は弟の死の顛末でなく孫十郎とその一党が逃げおおせたかどうかのみが気になる、と読める。やはり信長が孫十郎に命じて、弟、喜六郎を射殺させた、流れではないか。

前述の如く、天文二十四年（一五五五年）四月、守護代、信友を討つ。清洲を得るために信長は領地を半分、叔父、信光に譲る。家臣に相談などなし。当然家中騒然。この結果五月、弟、信行が弾正忠を名乗り始める。この事は信長のやり方（家臣に諮らず、信光に領地を半分与えてしまう）に危機感を持った家臣達が信長を排し、信行擁立に動きだしたその象徴が、信行の〝弾正忠〟を名乗る、であった。この流れの中、六月、喜六郎殺害事件は起こった。信行が反信長の動きの中で、犬山城の信清や岩倉城の信安と連携を取るために弟喜六郎（織田喜六郎秀孝）を彼らの所に派遣していた。信長・信行の弟で彼らとは従兄弟同士、秘密裏のやり取りをするのに喜六郎は打って付けの人物ではなかったか。そして、それを察知した信長の指示で、孫十郎がこの事件を引き起す。

「爰（ここ）にて信長御諚には、我々の弟などといふ物が、人をもめしつれ候はで、一僕のものゝ如く、馬一騎にて懸けまはりし事、沙汰の限り比興なる仕立なり。譬（たと）え存生に候共、向後（きょうご）御許容なされ間敷と仰せられ、是より清洲へ御帰り。（略）」（『信長公記』「織田喜六郎殿御生害の事」続き7）

〝自分達の弟ともあろうものが、小臣者の如く、供も連れず馬一騎で懸けまわるなど呆れた所業。言語道断。例え生きていたとしても許せるものではない〟と捨て台詞（?）いや信行等に対する当てこすりの言葉を残して清洲へ帰ってしまう。表向きの言葉の裏に、〝俺は全て知っているぞ〟、例え実の弟であっても謀叛の策謀には容赦はしないというメッセイジを込め発信した、ではなかったか。

この事件が起こった後、未だ暫くは平穏であった。反抗の動きが表面化するのは、信長の支配を陰から支えていた美濃の道三が天文二十三年（一五五四年）に隠居、翌弘治元年（一五五五年）に家督継承者、嫡男・義龍が道三に対し挙兵、そして弘治二年（一五五六年）四月、道三は義龍に攻められる。信長は援兵として木曽川を越して大良《おおら》まで出陣するが、時既に遅く、道三は討ち取られてしまう。その道三の支援が得られなくなった後からであった。

弘治二年（一五五六年）八月　稲生の合戦

「一、さる程に、信長公の一おとな林佐渡守、其の弟林美作守、柴田権六申し合せ、三人として、勘十郎殿を守り立て候はんとて、既に逆心に及ぶの由、風説執執《とりどり》なり。（略）」

（『信長公記』「勘十郎殿、林・柴田御敵の事」）

信長が道三の後ろ盾を失うとこれを好機と捉え、今まで燻ぶっていた不満が彼方此方から噴き出す。信長は家中で四面楚歌状態。信行を頭に担ぎ林兄弟（信長の一長と弟）、柴田権六（信行の一の長）が謀叛の噂がしきりに飛び交う。

前年、弘治元年（一五五五年）十一月二十六日、領地の半分を与えた叔父、孫三郎（信光）が那古野城で家臣に討たれ、いつの間にか領地折半の話はなくなる。弘治二年（一五五六年）六月に前守山城主で、弟、喜六郎を射ち殺した孫十郎が許され、守山城主として復帰。これが信行方をいたく刺激した、と思われる。自分に逆らう者は許さない、が自分の意に沿った者は実の弟殺しであっても許す。勘十郎（信行）、林、柴田の謀叛を煽った、とも取れる行為ではなかったか。この信長の考えを支えたのが、沢彦《たくげん》の助言であったか、この時、彼は信長に『韓非子』第四〝愛臣〟を語ったのではと思う。（秦の始皇帝も感激した韓非子の第四章）

「愛臣太（はなは）だ親しければ、必ず其の身を危うくし、大臣太だ貴（たっと）ければ、必ず主の位を易（か）う。主妾（しゅしょう）等無ければ、必ず嫡子を危うくし、兄弟服（おさ）まらざれば、必ず社稷（しゃしょく）を危うくする」　　（『韓非子』第四「愛臣」あいしん）

臣下にあまり馴れ親しむと、必ず君の身を脅かし、重臣を余り高い身分にすると、必ず主君の地位を脅かします。正妻、側室を区別しないと嫡子の身が危なくなります。主君の兄弟が仲違をすると、必ず国の存在を脅かします。

信長はこの話のいわんとする事を良く理解した。

「一、林兄弟が才覚にて、御兄弟の御仲不和となるなり。信長御台所入りの御知行、篠木三郷押領。定めて川際に取手を構へ、川東の御知行相押へ候べきの間、それ以前に此の方より御取手仰せ付けらるべきの由にて、

八月廿二日於多井川をこし、名塚と云う所に御取手仰せ付けられ、佐久間大学入れおかれ候。翌廿三

日、雨降り、川の表十分に水出で候。其の上、御取手御普請首尾なき以前と存知候歟《か》、柴田権六人数千計り、林美作勢衆七百計り引率して罷り出で候」

（『信長公記』「勘十郎殿、林・柴田御敵の事」続き）

どうも信長の敵対者は彼との心理戦に負け、自ら先に手を出し、信長に懲罰の行動を取る口実を与えてしまう。信長のこの辺の駆け引きの上手さは天賦のものであろうか。

「弘治二年丙辰八月廿四日
信長も清洲より人数を出だされ、川をこし、先手あし軽に取り合ひ候。柴田権六千計りにて、いなふの村はづれの海道を西向きにかゝり来たる。林美作守は南田方より人数七百計りにて、北向きに信長へ向かって掛り来たる。上総介殿は、村はづれより六、七段きり引きしざり、御人数備へられ、信長の御人数七百には過ぐるべからずと申し候。東の藪際に御居陣なり」

（『信長公記』「勘十郎殿、林・柴田御敵の事」続き2）

〝稲生の合戦〟である。信長軍七百が信行方の筆頭家老、柴田権六率いる千と林佐渡の弟林美作守が率いる七百、計千七百と激突する。だが信行・林佐渡守共に出陣はなく、真剣に信長を倒す、と云う切迫感が全く感じられない。数に驕り、信長を侮っているのか。

「八月廿四日、午刻（正午）、辰巳（南東）へ向って、先ず柴田権六かたへ向って、過半かゝり給ふ。散々に扣き合ひ、山田次部左衛門討死。頸は柴田権六取り候て、手を負い候て、のがれ候なり。佐々孫介、その外究竟の者どもうたれ、信長の御前へ逃げかゝり、其の時、上総介殿お手前には、織田勝左衛門、織田造酒丞（みきのじょう）、森三左衛門、御鑓持の御中間衆四十計りこれあり。造酒丞・三左衛門両人は、清洲衆、土田の大原をつき伏せ、もみあって、頸を奪ひ侯ところへ、相がゝりに懸け合ひ戦ふところに、爰にて上総介殿大音声を上げ、御怒りなされ候を、見申し、さすがに御内の者どもに候間、御威光に恐れ、立ちとゞまり、終に逃げ崩れ候ひき（略）」

（『信長公記』「勘十郎殿、林・柴田御敵の事」続き3）

まず、柴田権六の千と戦う。序盤劣勢。山田次部左衛門、佐々孫介、その他屈強の者達が討たれ信長の前まで逃げてくる。その時、信長が怒って、大音声を発すると敵方が信長の御威光を恐れ、逃げ去った。崩れかかった味方の部隊を踏み止まらせ、反撃に移る切掛けが信長の怒りの大音声とは俄かに信じられない。例え信長の声が通常の者の倍大きいとしても、千人と七百人が闘っている、つまり命を懸けて雄叫びを上げ、武器で叩き合い、陣太鼓・法螺・鐘が響き負傷や討死の断末魔で満ちている戦場で一人の人間の声がどれ程通るというのであろうか。

では実際この戦はどの様な展開であったか？

『信長公記』では柴田・林は共同して謀叛した割に、出陣に際しては足並みがそろっていない感を与える書き方である。一番戦場に近い那古野城の林軍が最後に戦場に到着する。林一族が戦働きは得意ではなかったかも知れないが、最後に戦場に到着は考え難い。（那古野城から戦場までは僅か2.8㎞、しかも戦闘が始まったのは正午。遅れを取る理由がない）。これは不自然。信長が、ナポレオンが得意とした、内線作戦を実施したのではなかろうか。

具体的には林軍に少数の押さえの兵（鉄砲隊が有効）を送り進撃を食い止め、この間本隊でまず柴田軍を撃破。その後方向転換し林軍に向かい殲滅した。より具体的に『信長公記』の文章を、ナポレオンの言葉を借用しながら

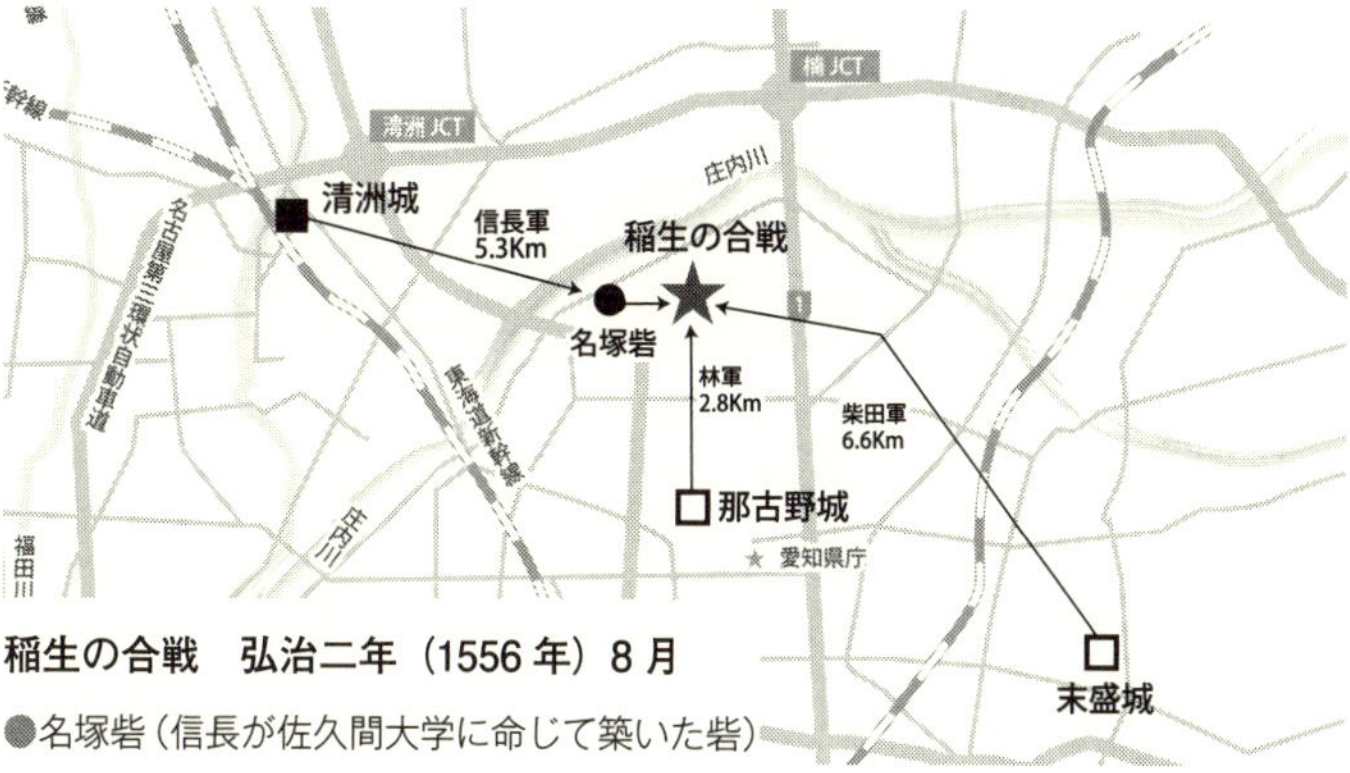

稲生の合戦　弘治二年（1556年）8月

●名塚砦（信長が佐久間大学に命じて築いた砦）

戦いの顛末を解説をする。

「一つの戦闘の運命は一瞬の結果であり、一つの思想の結果である。われわれはいろいろな計略を抱いて相接近し、或る時間入り乱れて闘う。そして決定的な瞬間が来ると、一つの精神的火花が物をいう、するとどんな小さな予備隊でも立派な手柄を立てる」

（『ナポレオン言行録』）

このナポレオンの言葉を『信長公記』の記述と対比させながら説明すると、

信長は〝われわれはいろいろな計略を抱いて相接近し〟の計略に知恵を絞った。敵は千七百、自軍は七百。定石どおり敵を分断し、次に各個撃破の案に至る。具体的には弱い林軍に押さえを出し釘づけにする間に、手強い柴田軍を叩く、内戦作戦である。だが分断しても柴田軍の数は一・五倍、そこで横槍の策を入れた。これが『信長公記』に「上総介殿は村はずれより六、七段きり引きしざり、御人数備えられ」と「東の藪際に御居陣なり」の伏兵を暗示する言葉に繋がる。

次に〝或る時間入り乱れて闘う〟は『信長公記』の「散々に扣き合い」であり、当然劣勢の信長軍は『信長公記』にある、「佐々孫介、その外究竟の者どもうたれ」となる。

〝そして決定的な瞬間が来ると〟は『信長公記』の「（劣勢な信長軍が）信長の御前へ逃げかかり」となり、追ってきた柴田軍を信長の伏兵が横槍を突ける時が来る。

〝一つの精神的火花が物をいう〟は横槍を突き、戦の流れが変わるその瞬間に、『信長公記』がいう「上総介殿大音声を上げ」があったのでは。

〝するとどんな小さな予備隊でも立派な手柄を立てる〟は『信長公記』の「上総介殿お手前には、織田勝左衛門、織田造酒丞、森三左衛門、御鑓持ちの御中間四十計これあり」＝小さな予備隊が柴田軍の横腹を突き、敵を潰走させた。

つまり結論は数の多い柴田軍を伏兵が横腹を突ける所まで誘き寄せ壊滅させた、である。

次に、林美作守軍七百への対応である。

「信長は南へ向って、林美作口へかゝり給ふところに、黒田半平と林美作数刻切り合ひ、半平左の手を打落され、互に息を継ぎ居り申し候ところへ、上総介信長、美作にかゝり合い給ふ。其の時、織田勝左衛門御小人のぐちう杉若、働きよく候に依って、後に杉左衛門になされ候。信長、林美作をつき臥せ、頸とらせられ、御無念を散ぜられ、両共（もろとも）以て追ひ崩し、さて、手に〳〵馬を引き寄せ候。打ち乗って、追付き〳〵、頸を取り来たり、其の日、清洲へ御帰陣。翌日頸御実検候へば、（中略）初めとして、歴々頸数四百五十余あり。是より後は那古野、末盛籠城なり」

（『信長公記』「勘十郎殿、林・柴田御敵の事」続き4）

信長軍は柴田軍を撃破すると（鉄砲隊で足止めをしていた）林美作軍に向かい、攻撃を美作一人に集中させ、信長自ら林美作の頸を取る。柴田軍が横槍を撞れ潰走させられたのは、両軍の旗の動きや陣太鼓、法螺、鐘の鳴方で林方にも分かっていたのでは。林方は大将の林美作の下知にも拘らず柴田軍の負けが明確になった段階で潰走を始めた。〝手に手に馬を引き寄せ候。打ち乗って、追い付き〳〵、頸を取り来なり〟の文章からの推測であるが。

柴田は負傷して戦線離脱、林美作は信長に討ち取られ、指揮官が居なくなったそれぞれの軍勢は手もなく圧倒され、四百五十人も討ち取られてしまう。信長も日頃の鬱憤を晴らした事であろう。それにしても二倍半の数の敵に大勝する手際（作戦）は、誰からか教わった訳でもなかろうに、見事という他にない。やはり敵とはいえ身内、敵将の性格を、能力を読んでの対応ではなかったか？　将の格の違いが出た一戦であったと云える。

次に織田三郎五郎信広（信長の庶兄）の謀叛の話題に移る。

「一、上総介殿別腹の御舎兄三郎五郎殿、既に御謀叛おぼしめし立ち、美濃国と仰せ合はされ侯様子は、何時も（中略）」
（『信長公記』「三郎五郎殿御謀叛の事」）

美濃の斎藤義龍と組んで信長に謀叛を企てるが、事前に気づかれ失敗。立て続けの弾正忠家中の謀叛、北の美濃・斎藤義龍、南の山口佐馬助・今川勢と信長は道三が亡くなって以降、敵対勢力に包囲された状態であった。弟・信行、柴田、林、織田信広（信長の庶兄）、岩倉の織田伊勢守信安（上四郡の守護代）、犬山の織田信清（信長の従兄弟）、美濃の斎藤義龍等はなぜ反信長勢力を糾合しなかったのか、不思議だ。彼らはこの後各個撃破で、信長に潰されていく事となった。

「御迷惑なる時、見次（みつぐ）者は稀なり。ケ様に攻め、一仁に御成り候へども、究竟の度々の覚えの侍衆七、八百、甍を並べ御座候の間、御合戦に及びて、一度も不覚これなし」
（『信長公記』「三郎五郎殿御謀叛の事」つづき）

苦しい時、助けてくれる者は稀であったが、一人になろうも、度々修羅場を乗り越えた屈強の侍衆七、八百がいるお陰で、合戦において一度も不覚を取る事はなかった。有力家臣の次男、三男等を育て上げた小姓衆と他国出の有能な人材で構成された信長の奉公衆が機能し始め、尾張に於いて合戦で負ける事はなかった。時は弘治二年（一五五六年）信長二十三歳であった。

信長は、この年、漸く足が地に付いて来た感を覚えたのでは。また、それにしてもこの男は強運である事が良く分かる。

尾張の隣国で活躍し、信長と同世代であれば信長の天下取りを阻んだか、天下取りを大幅に遅らせたと思われる錚々たる面々はこの年までに全員亡くなる。（表16）

さらに、自分の力が弱かった頃は下にも置かぬ丁重な扱いをした二人、武田信玄と上杉謙信。勢力を伸ばす方向を変えていれば、信長の強敵になりえた、がまるで大局感がないのか、無駄に力を浪費する戦いを重ねた。それが川中島の計五回に渡る合戦である。（表17）

後に、豊臣秀吉が天下統一後川中島を訪れ、合戦の話を聞い

（表16）信長の強運（その1）

六角定頼	天文21年	1552年	58歳	近江	六角氏の全盛期を作り上げた
朝倉宗滴	天文24年	1555年	79歳	越前	朝倉家繁栄の要、60年間負け無し
太原雪斎	天文24年	1555年	60歳	駿河	今川義元の師僧、軍師、有能な武将
斎藤道三	弘治2年	1556年	63歳	美濃	美濃を簒奪した“蝮”

た後に、いった言葉がこの一連の戦いの何たるかを表している。その言葉とは〝はかのいかぬ戦をしたものよ〟である。信長の薫陶を受けた秀吉が図らずも、天下を取る器量の者との差を語った一言であった。信長はこの二人が〝はかのいかぬ戦〟に血道をあげてくれていたお陰で、天下への道がより平坦となった。信長が千の単位の動員しか出来なかった時代に、すでに万の数の兵で合戦をやっていたこの二人、信長の大きな障害になる可能性は十分にあった。志のあるなしの差は歴然としている。この様に信長には〝強運〟も付いている。

話を戻す。弟、信行・林・柴田との一戦に勝利し、庶兄、信広の謀叛も未然に察知、退ける。この時点で尾張内に於いて信長に敵対できる勢力は上四郡の守護代、織田伊勢守信安（岩倉）であり、従兄弟で犬山城主、織田信清だけとなった。

次に岩倉城攻めを見る。

（表17）信長の強運（その2）

①	天文22年	1553年	半年	武・1万、上・8千	小競り合い
②	天文24年	1555年	7ヶ月	武・1.2万、上・1万	信濃を二分、北を上杉、南を武田
③	弘治3年	1557年	4ヶ月	武・2.3万、上・1万	将軍の仲介で和睦
④	永禄4年	1561年	2ヶ月	武・2万、上・1.3万	激戦、前半上杉、後半武田の勝利
⑤	永禄7年	1564年	2ヶ月	武・?、上・?	両軍、睨みあい

永禄元年（一五五八年）七月　浮野の合戦

織田信安は道三が嫡男・義龍に攻められ討死した際、信長が美濃に出兵（長良川の合戦）すると、義龍に味方し、弟・信行が兵を挙げた稲生の合戦でも信行側に立つ、尾張内最大の反信長勢力であった。

弘治三年（一五五七年）、嫡男、信賢《のぶかた》の廃嫡を図った事で、逆に信賢に岩倉城から追放されてしまう。とここでも信長の〝強運〟ぶりが見られる。織田信定の項で述べたが、信安の妻は信定の娘、つまり信長の叔母。信定、信康（信定の次男）が二代に渡り信安の後見をした。しかし信康の嫡男、信清との間に領地争いが発生し、信長も巻き込まれ関係が悪化する。ここぞという所で年長の信安が追放され、戦いは信長・信清 vs 信賢となる。

信定の嫡男、信秀の嫡男が信長、次男、信康の嫡男が信清、娘、秋悦院の嫡男が信賢で、従兄弟同士。信賢はこの時点で一番若年でなかったか？　しかも当主になって一年での合戦。相手は信長、信清連合軍、傍目に見ても、経験の差は大きい。それ以上に、信長はこの合戦に十分な準備を行っていた。

この合戦までに信長が行って来た準備は三つ。

・稲田大炊助貞祐《おおいのすけさだすけ》の内通

織田伊勢守信安（岩倉）の家老で信長との内通を疑われ、天文二十二年（一五五三年）三月に切腹。（同時期に織田大和守信友の清洲城で内部工作をやった梁田次右衛門と同じ役割であったか？）こちらは事が露見し、失敗。

天文二十四年（一五五五年）四月、信長は清洲城を奪うと梁田に恩賞として九の坪城を与える。この城の位置は清洲の北東4㎞、岩倉城の南4㎞。梁田に稲田亡き後、岩倉城内の工作をやらせる意図を込めた恩賞ではなかったか？

・黒田城

後に土佐の国主となる山内一豊の父、盛豊が城代を勤めていた。盛豊は信安の家老。弘治三年（一五五七年）七月、この城は盗賊に襲われる。一豊の兄十郎が討死。その後、山内一族は岩倉城に難を避けた。この盗賊は信長の手の者と噂された。ではなぜこの城が襲われたのか。

地理的にこの城は浮野の合戦場を岩倉城と南北から挟める位置あり、この城が健在では岩倉城攻めの際、挟撃される恐れがあったからである。信長の仕業と分からぬように〝盗賊〟が、しかも〝合戦の一年も前〟に襲撃。周到な準備を重ねていた事が窺い知れる。つまり、信長は戦場予定地を一年以上も前に決めていた。

・織田信清

信安との合戦の前に、犬山城の信清に信長は妹を嫁がせ懐柔、信清を合戦に参戦させる。如何しても彼の手勢（一〇〇〇前後と推定）が岩倉攻めでは欲しかった。

この合戦はいつ、どこで、どう戦うかを決め、事前に、周到に準備が行われた事を窺わせる。

そして永禄元年（一五五八年）七月、その時がきた。

「一、七月十二日、清洲より岩倉へは三十町に過ぐべからず。此の表、節所たるに依って、三里上、岩倉の後ろへまはり、足場の能き方より浮野と云ふ所に御人数備へられ、足軽かけられ侯へば、三千計りうき〱と罷り出で、相支へ候。

一、七月十二日午の刻、辰巳へ向って切りかかり、数刻相戦ひ追崩し、(中略)。

さて、其の日、清洲へ御人数打ち納れられ、翌日、頸御実検。究竟の侍頸かず千弐百五十余りあり」

浮野の合戦　永禄元年（1558 年）7 月

- ●九之坪城：染田正綱が清洲城簒奪後賜り、岩倉城調略を実施。
- ●黒田城：山内一豊の父、盛豊が城代を勤めるが盗賊に襲われ退散（合戦の一年前）。
- ●小木村：沢彦の政秀寺があった所。
- ●生駒屋敷：信長はここで岩倉城攻めの作戦を練る。

（『信長公記』「浮野合戦の事」）

とあるが、まず清洲、岩倉間の距離は約二里。〝三十町に過ぐべからず〟は間違い。次の文に浮野は清洲から三里上と書かれており、〝三十町〟では岩倉城と戦場（浮野）の距離が二里以上となり、岩倉勢が合戦予定地まで出て来ない可能性もおこる。それでは今までの苦労が水の泡。

次に岩倉勢は三千人が〝うきうき〟と出てきた。なぜか？　初め信長軍の二千しか軍勢はいなかったからでは。岩倉勢は三：二で勝てると思っての出陣ではなかったか？　合戦はまず信長軍が辰巳（東南）に向かって切りかかる。これは犬山から来る信清軍一千が西南に横槍を入れられやすい戦い方ではないか。浮野は清洲から三里弱、犬山から三里と中間の地（この距離からして信長の信清への配慮が透けて見える）。しかも戦闘が始まったのは午《うま》の刻（昼十二時）、三里の移動を考えてもかなりユックリした戦闘開始時間。余裕を持って連携を取り合いながらの動きであったか。信長軍が数的劣勢を凌いでいる状況下で信清軍が横槍を入れる。連携が上手く取れれば圧勝の方程式であった。結果は信賢軍千二百五十を討ち取る大勝利を収めた。信長の周到な準備が齎した勝利ではなかったか。

それにしても『信長公記』のこの章以降の時系列的並びの混乱や表現が非常に簡素となる。時系列の混乱は時の経過による著者の単なる記憶違いと思うが、表現が簡素に関しては二つの理由があるのか？

・著者が柴田権六の配下で、稲生の合戦以降柴田権六が信長から疎まれ、干されており、情報が入らなくなっていたか。

・信長がこの時期、文章で残せない様な、例えば、黒田城を盗賊に扮して襲わせるやり方等で、著者に把握できなかったか、または把握しても書く事ができない様なやり方を取っていたか、と思えてならない。

合戦後岩倉城は、

「一、或る時、岩倉を押し詰め、町を放火し、生（はだ）か城になされ、四方しゝ垣、二重三重、丈夫に仰せ付けられ、廻り番を堅め、二、三ヶ月近陣にとりより、火矢・鉄炮を射入れ、様々攻めさせられ、越訴《おっそ》拘へ難きに付いて、渡し進上候て、ちりぐ、思いく罷り退き、某の後、岩倉の城破却させられ候て、清洲に至って御居城候なり」

（『信長公記』「岩倉城落城の事」）

と包囲され、数ヶ月後に落城。尾張統一がなる。落城は永禄元年（一五五八年）中とも永禄二年（一五五九年）ともいわれるが、信長の性格からして、だらだらやるとは思えない。永禄元年（一五五八年）末までには終わっていた。（浮野の合戦が七月で、その後数ヶ月なら、年末までには落城は可能）。信長は永禄元年（一五五八年）末までに、尾張から全敵対勢力を排除した。

弘治二年（一五五六年）から永禄元年（一五五八年）にかけ、天候不順による社会的混乱が激化している（P２５０の表）。この天候不順と同期しながら、信長の尾張統一の動きも活発化する。信長の弾正忠家は尾張領内の他の勢力よりも農業依存度が低い分、天候不順による農業生産不振への耐久力が高く（経済力があるので、領外から兵糧を購入すれば良い）、この差がこの時期、より顕著に出始め、信長の尾張統一を助けたのではなかろうか。

弾正忠家三代をかけた基礎の上に、四代目信長が尾張全土を七年かけ掌握した。戦国の世で、下剋上が一般的であったにも拘らず、信長は表向き、自ら先に手を出し主筋を討つ事はなかったが、完全に排除し、尾張を掌握した。置かれていた状況からすると中々、早い動きではないか。

次の年、永禄二年（一五五九年）から、信長の人生前半最大の山場を迎える。それは父、信秀を追い詰め、弾正忠家を存亡の危機にまで追い込んだ今川家との対戦である。まずは敵将、今川義元がどの様な人物であったか？　ここから見ていきたい。

三、今川義元

義元は永正十六年（一五一九年）今川七代目当主氏親と母、寿桂尼の三男、側室の子を入れると五男として生まれた。四歳で臨済宗、善徳寺に預けられ、幼名を芳菊丸《ほうぎくまる》と称した。この時、芳菊丸の教育係として後に太原雪斎と呼ばれる、九英承菊《きゅうえいしょうぎく》が乞われて師となった。亨禄三年（一五三〇年）十二歳の時、得度《とくど》、承芳《しょうほう》と号し、数年後、京の建仁寺に禅の修行のため入寺。その時、梅岳《せんがく》と云う道号を与えられ、梅岳承芳と名のる。

今川家八代目当主は嫡男氏輝が継いだが、天文五年（一五三六年）三月に急死する。同日次男の彦五郎も亡くなる。氏輝は入水自殺の様であるが、今川家としてこの事を闇に封じ込めたかったか史料が残されておらず、なぜ、次男彦五郎共々同日に亡くなったか等は闇の中。氏輝の急死を受け、家督を争ったのが、側室の子、三男、玄広恵探《げんこうえたん》と正室の子、五男、梅岳承芳（義元）であった（花倉の乱）。六月に承芳側が勝利し、承芳は十二代将軍足利義晴から義の字を偏諱として賜り、義元と名乗り今川家九代目当主となった。

天文六年（一五三七年）：前々年・天文四年（一五三五年）に、兄、氏輝が七月甲斐との国境で武田と合戦し、相模の北条氏の援軍を得、武田勢を撃退していた。雪斎の案だと思うが、武田より当主、信虎（信玄の父）の娘を正室として娶り、同盟を結ぶ事になった。だが、これに激怒したのがこれまでの同盟国・相模の北条氏で、今川領の富士川以東、河東に侵攻し占拠。北条側の遠江に於ける外交工作もあり、堀越氏、井伊氏等が今川から離反。勢力を東西に二分せざるを得なかった今川が劣勢となり、河東は北条に占拠された状態になる。天文十四年（一五四五年）十月にこの河東の地を奪還するまで、背後が不安定で、今川の対三河、尾張の動きは天文六年（一五三七年）に松平広忠の伊勢から岡崎への帰還を間接的に支援した、その程度であった。

今川義元

「天文十四年（一五四五年）以降の今川、松平、織田のそれぞれの動きは「村木の取手攻められしの事」の項（Ｐ１００～１０６）で纏めて述べた。

ここからは、義元その人を詳しく見ていく。

如律令

信長が使った印に刻まれた文字が〝天下布武〟、つまり〝戦国の世を終わらせ、天下泰平の世を実現する〟の意、である。では義元はどんな文字を自分の印に彫り、どんなメッセイジを世に発信していたのか？　義元の人としての覚悟を知り、人物像を理解する一助となる、と期待し見ていきたい。義元の印に彫られた文字は〝如律令〟である。これは〝急急如律令〟からの出典で、〝律令の如く行え〟という意である。

大辞林：急急如律令（きゅうきゅうにょりつりょう）：中国の漢代に、公文書の末尾に添えて、急急に律令の如く行え、の意を示した語。後、道家、陰陽家、祈禱僧などが魔を払う呪文の結びとした。また、誓詞などの末尾にも記した。

広辞苑：律令：律と令。律は刑法。令は行政法などに相当する中央集権国家統治の為の基本法典。

信長の〝天下布武〟とは全く意味合いの異なる〝如律令〟、これにはどんな意味合いがあるのか。義元の父、七代目当主、氏親が大永六年（一五二六年）に亡くなる二ヶ月前、幼い嫡男、氏輝の政権安定のために分国法〝今川仮名目録三十三箇条〟を制定し、残した。内容は訴訟が起きた際の判断基準を纏めたものが大半を占めている。

（今川仮名目録三十三箇条）

第一～四条　　　　　　：土地に関する規定
第五、六条　　　　　　：家臣に関する規定
第七条　　　　　　　　：家宅侵入者の扱い
第八～十一条　　　　　：喧嘩に関する規定
第十二条　　　　　　　：子供の刑事責任（年齢）の規定
第十三～二十一条　　　：土地の売買、貸借に関する規定
第二十二・二十三条　　：守護不入特権に関する規定（駿府の町を除き特権は変更なし）
第二十四条　　　　　　：津料、関所の廃止
第二十五～二十七条　　：難破船の所有権等の規定
第二十八・二十九条　　：宗教統制（宗論の規制）

第三〇～三三条　　：他国人との婚姻等の規制

氏輝が将来直面すると思われる様々な問題への判断基準を書き残した。この中には商業の活性化、宗教の統制等も含まれており、この当時としては革新的といわれる内容である。法治国家への第一歩を踏み始めたとも取れる〝分国法〟であった。二十六年後、天文二十二年(一五五三年)二月、〝仮名目録追加廿一箇条〟が制定された。その内容は〝仮名目録三十三箇条〟への追加と修正になっている。

第一条　　　　　：新証拠があれば控訴可、同じ主張での控訴には罰
第二～四条　　　：寄親と寄子の関係
第五条　　　　　：守護不入特権の追加
第六・七条　　　：契約に関する規定
第八条　　　　　：座に関する規定
第九条　　　　　：百姓の名田売買規定
第十～十二条　　：相続に関する規定
第十三・十四条　：仮名目録の修正

第十五～十七条…差し押さえ、盗品、他国からの書状に関する規定
第十八条…寺の相続に関する規定
第十九条…訴訟の奨励
第二十条…全領地における不入特権の廃止
第二一条…下人の子供の帰属に関する規定

（この仮名目録追加で一番の注目点が、第二十条、〝自分の力量を以て国の法度を申付く〟で全領地での不入特権廃止を宣言している。これが今川家の守護大名から戦国大名への移行宣言と受け止められている）。

仮名目録追加二十一箇条は太原雪斎が自分の亡き後も、義元の政権運営が支障をきたさないように、仮名目録制定後二十六年の社会の変化と経験を踏まえ、修正と追加の項目を書き足した物。また追加二十一箇条とほぼ同時期に〝訴訟条目十三箇条〟も制定された。この中では伝手《つて》のない者には〝目安箱〟を設置し、訴訟しやすく、の条目も見られる、革新的内容であった。義元は父・氏親と師・雪斎がその全ての知見・経験を元に制定したこの仮名目録とその追加及び訴訟条目に忠実に従っていれば、領国経営全般が円滑に進むと絶対的な信頼

を置いていたと思える。

政《まつりごと》を法（仮名目録）に従って行う。それを家臣に知ら示すため、印に〝如律令〟を彫り、律令に定められた如く行う事を求めた。義元と信長のそれぞれの印に刻まれたメッセイジからの印象は、今川は社内規定の整った大会社の内向き志向を、一方の織田は夢を追うヴェンチャー企業の外向き志向を、連想させられる。社内規定の枠の中での指導者と、既成の枠から飛び出し夢を追う指導者、両者の置かれた〝環境〟と〝意識の違い〟は異次元的な差であった。

太原雪斎は義元が寺に預けられる際に、教育係として、氏親によって三顧の礼で迎えられた逸材。実際二度までこれを固辞し、三度目の要請で教育係となった。義元にとっては師であり、還俗《げんぞく》して今川家の当主となってからは軍師であり、三河方面総司令官でもあった。年の差は二十三、雪斎の言葉は義元にとり、幼少の頃から或る種の〝絶対〟ではなかったか。

〝如律令〟の文言も、幼少の頃から養育に携ってきた雪斎が義元の能力を見極め、〝仮名目録三十三箇条〟と〝仮名目録追加廿一箇条〟等定められた規則に従ってやる事で、政《まつりごと》が（義元の能力であっても）、円滑に取り行える、で決めたのではなかろうか。師・太原雪斎の掌の中でしか動けない義元を象徴するが如くの〝如律令〟であった。義元は枠の中で生きる事に全く疑問を持たない、そんな人物ではなかったか。

ナポレオンの言葉の中にこの様なものがある。

「形式は平凡人のためにつくられたものなのだ。平凡人が規則の枠内でしか動けないというのはそれでよろしい。有能の士はどんな足枷をはめられていようとも飛躍する」

（『ナポレオン言行録』）

相甲駿三国同盟

義元が家督を継いだ翌年（一五三七年）武田信虎（信玄の父）の娘と婚姻を行ったために、それまでの同盟国、相模の北条氏を怒らせ、攻め込まれ、河東一乱（一五三七～四五年）を引き起こしてしまった。これは大局的に外交を見なかった雪斎の大きな失策であった。この時、娶った信虎の娘が天文十九年（一五五〇年）に亡くなる。背後を固めて、三河、尾張に進出したい今川は同盟継続のため、天文二十一年（一五五二年）十一月、義元の娘を武田信玄の嫡男・義信に嫁がせる。

一方、武田と北条は越後の長尾景虎（後の上杉謙信）と信濃、関東に於いてそれぞれ敵対・

対峙するようになり、手を携える必要性が出て来た。天文二十二年（一五五三年）一月、信玄の娘と北条氏康の嫡男・氏政との婚約がなった（婚礼は天文二十三年（一五五四年）十二月であったが）。そして、天文二十三年（一五五四年）七月、北条氏康の娘が義元の嫡男・氏直に嫁ぎ、甲相駿三国同盟が完成する。雪斎にとり、十八年越しの汚名返上であり、死ぬまでにやり遂げたかった、最優先の外交課題であった。この三家にとり、この同盟はそれぞれの次の行動への基盤となった。

- 武田：天文二十二年（一五五三年）一月北条と婚約が成立→三月第一次川中島合戦。
- 北条：前年、天文二十一年（一五五二年）三月、関東管領、上杉憲政《のりまさ》の平井城（群馬県、藤岡市）を落す。上杉を排除した事で緩衝地帯が消え、関東に於いて長尾景虎（謙信）との直接対決が必須となり、武田との同盟を急いだ。
- 今川：西進のために背後を固めた筈だが、今川の動きは武田、北条に比べ緩慢であった。理由は三つ、雪斎、天候不順、松平竹千代にあったと推測する。
- 雪斎：内政、外交、軍事、文化の全てを雪斎が取り仕切る今川家に於いて、彼の意見は絶大であった。斎藤道三の章の『村木砦攻められしの事』の項で〝三河をほぼ手中に収めた事により、軍事面でのやるべき事を終えたと判断したか、雪斎は自己の顕彰に、つまり効成り名を遂げた証が欲しくなり、そちらに力を入れだす〟と書いた。

その背景に相甲駿三国同盟の最後の一辺で、今川にとって最も必要とした対北条との関係改善が最後まで成立しなかった事があり、西への本格的軍事行動が取れなかった。この空いた時間を使い自己の顕彰をやっていたか？

天文二十三年（一五五四年）七月、北条氏康の娘が義元の嫡男・氏直に嫁ぎ、三国同盟が完成。この間、天文二十一年（一五五二年）四月、三の山赤塚合戦、天文二十二年（一五五三年）夏、鳴原城攻め、天文二十三年（一五五四年）一月、村木砦攻防がある。これ等に対する今川の動きは、最初の三の山赤塚合戦時、笠寺地区に千百名の兵を出しただけで、その後は三河松平衆を使う腰が入っていない感の動きに終始した。北条からの脅威が存在する間は、千百以上の兵を西に向ける事が出来なかった。漸くこの同盟が完成した時を同じくして雪斎が病床に就いたのでは。結果、雪斎が亡くなるまで西への本格侵攻は沙汰やみとなった。

・天候不順：一五五三年頃から五八・五九年にかけ、年毎に悪化している「P252の（表15)」。動きたくとも兵糧の調達が儘ならなかったか？　天候不順が西進の妨げの一因となったのは確かであろう。

・松平竹千代（後の家康）：西三河は松平氏を介しての間接統治が基本方針であった。松平を介して、兵糧と兵員を供給させ、尾張侵攻を容易に押し進める戦略構想であったと思われ、竹千代の元服（一五五五年三月）待ちが動きを鈍らせていた感あり。

と、この三つの要因が微妙に絡み合い、腰の入った動きが取れなかった。と動かない、動けない理由を挙げたが、武田や北条はこの間の軍事行動を躊躇していない事からして、今川は余りにも腰が重く、つまりリスクを取らない、取れない家風であったか。

太原雪斎亡き後

太原雪斎が亡くなる（一五五五年十月）。漸く、今川義元を最高責任者とした尾張侵攻の準備が始まる。

・三河検地

弘治二年（一五五六年）から弘治三年（一五五七年）にかけて、再度（広域）検地「天文十八年（一五四九年）小豆坂合戦後、広域検地を実施していた」を始める。政治的には、特に元服した松平元信を頭とした今川の西三河、間接統治の第一歩、現状掌握であり、必要な財源・兵力確保のための必要不可欠な施策であった。（本格的尾張侵攻への準備として、統治の明確化、天候不順下での兵糧確保、先鋒要員としての兵員確保を意図していたと思える）。

- 嫡男・氏直に家督を譲り、松平元信（後の家康）を今川一門に。

弘治三年（一五五七年）初め、駿河、遠江の家督を氏直に譲り、義元が三河以西に専念する体制となる。また一月、松平元信が今川一門の関口親永の娘（義元の姪）と婚姻。同時期、元康と改名。準一門衆扱いとなる。

これで漸く侵攻体制が整った。が一方、

- 朝比奈泰能《やすよし》歿（享年六十一）

弘治三年（一五五七年）八月末歿。〝仮名目録三十三箇条〟の第三十二条に今川館内

での家臣の席次で筆頭家老として三浦次郎左衛門尉と共に名前が出て来る二名の内の一人、朝比奈又太郎その人である。天文十七年（一五四八年）の小豆坂合戦では、総大将、太原雪斎の副将として参陣。翌天文十八年（一五四九年）松平広忠（元康の父）が家臣に討たれた際、岡崎城の接収の任に当たったのが泰能であった。その後三の山赤塚合戦、村木砦構築等の指揮を岡崎から泰能が取った、と推測。泰能の死は今川家中の動揺を抑えるため、三年喪を伏したとも云われている程の人物であった。

太原雪斎に続き、朝比奈泰能を失う事態は、幼くして仏門に入り十八歳まで寺で過ごした義元にとり、軍事行動面で適切な助言ができる者の相次ぐ喪失であり、大きな痛手であった。天文十八年（一五四九年）の安祥城奪還以来、大きな戦もなく、義元自身も合戦に参陣する機会もなかった。この義元の経験不足と相次ぐ有力武将の喪失は、彼の将来に影を落とす事となった。義元その人と今川方の尾張侵攻のための準備状況を見てきた。

そして桶狭間合戦の前哨戦が始まる。

第四章　桶狭間の合戦

織田家

今川家

一、合戦前

桶狭間の合戦までの二年半（前哨戦が行われていた期間）は史料が余り無く、良く分からない点が多々ある。弘治三年（一五五七年）中に、遅くともこの年の末までに、今川は尾張侵攻が可能ではなかったか？　だが行われなかった。前述したような理由があったのであろうが、段階的に手順を踏んででしか、動けない今川。これが信長に尾張統一と今川を迎え撃つ準備の時間的猶予を与えてしまう結果となる。ここでは永禄元年（一五五八年）から合戦までの二年半を見る。

この二年半で、史料に出て来る両者の動きを次のページ（表18）に纏めた。永禄元年（一五五八年）は信長にとり尾張統一の仕上げに専念できる貴重な時間となった。この二年半の出来事を詳しく見ていく。

・永禄元年（一五五八年）「（織）＝織田（今）＝今川」

・（織）三月、第一次品野城攻撃

信長は三河からの予想される攻撃ルートの一つを遮断するためか、品野城を攻撃するも失敗。（ジャブを打って、今川の反応を見たか？）

・（今）四月、三河の寺部城攻撃（元康初陣）、五月岩村衆と合戦

今川は三河に於ける反松平勢力を攻撃し、三河での覇権確立と尾張に攻め入った際、背後からの攻撃を未然に防ぐ軍事行動を実施。（信長のジャブへのカウンターがこの戦であったか？）

・（織）七月、浮野合戦（対岩倉）、十二月（末迄に）岩倉城奪取

信長は、上の四郡を治める織田伊勢守家を浮野の合戦で撃破し、年末までには岩倉城を落城させ、尾張を統一した。今川の動きが鈍いのを見極め、伊勢守家を剪滅し、対今川

（表18）桶狭間の合戦までの両陣営の動き

永禄元年	1558年	（織）3月　第一次品野城攻撃、7月　浮野合戦（対岩倉）、12月　岩倉城奪取。（今）4月　三河寺部城攻撃（元信初陣）、5月　岩村衆と合戦。
永禄2年	1559年	（織）2月　信長上洛、?月　第二次品野城攻撃。（今）8月　朝比奈筑前守に大高城在城の為の所領を与える、10月　軍勢と兵糧を大高城に入れる、その際（織）と交戦。
永禄3年	1560年	5月　桶狭間の合戦。

戦に向けて背後を固め終えた。

この年、両者は近い将来の激突を想定し、前哨戦的軍事行動を開始した事が見てとれる。

・永禄二年（一五五九年）

この年から今川方の動きも活発化する。史料が途切れ途切れで、状況を理解するためには、疑問も多々出て来る。例えば、

・いつ、大高城、沓掛城が山口佐馬助によって調略されたのか？
・いつ、笠寺地区の砦群は信長によって駆逐されたのか？
・いつ、大高城、鳴海城に付け城が造られたのか？
・いつ、またなぜ、山口佐馬助親子は腹を切る事になったのか？
・幾つ、大高城を囲む信長方の付城は築かれたのか？
・どこに、三の山赤塚合戦時、山口九郎二郎に従った千五百名は消えたのか？

これ等の疑問は取りも直さず、流れが今川方から信長方に移っていく状況（攻守の逆転）

を映し出している。信長のいつ、どこで、どの様に戦うか？　の戦術が機能してくる一年ではなかったか。ひとつずつ疑問への回答を推理すると、

・いつ、大高城、沓掛城が山口佐馬助によって調略されたのか？

〝(今)八月、朝比奈筑前守に大高城在城のため、所領を与える〟との義元の文書が残されている。という事はそれ以前、六〜七月頃に両城は調略された、と推測できる。今川方の指示により、山口佐馬助が〝駿河の御屋形様、近々御出陣。下るなら今ぞ〟との殺し文句で両城を調略したのでは？

信長は岩倉城攻めの後始末と初の上洛も含め、尾張統一後の国の主としてやる事が山積状態で、今川への注意が足りなかった感がある。つまり前年から始まった今川とのジャブの応酬で先に具体的成果を出したのは、信長の隙を突いた今川方であった。

・いつ、笠寺地区の砦群は信長によって駆逐されたのか？

山口佐馬助の調略（大高、沓掛両城が今川に寝返る）に怒った信長が手（カウンター）を打った。尾張統一から六ヶ月後、本格的な前哨戦が始まる。桜中村や笠寺地区

の砦や城に対する攻勢を本格化。まず裏で梁田を使って桜中村城内部への調略を活発化。次に三の山砦を強化して笠寺地区への兵糧の搬入を遮断。頃合いを見て、信長自らが攻撃を実施。特に最前線の山口佐馬助が籠る桜中村の砦を短時間で落とし、同時に山口佐馬助が織田に寝返ったから簡単に落ちた、という噂を真しやかに流し始めた。（信長が一年かけて佐馬助の筆跡を真似させ、寝返ったとの偽手紙を作らせ、今川に渡るように工作した）偽手紙や讒言《ざんげん》だけでは効果が薄かったであろうが、最前線の砦を落としながら、噂を広める効果があったのではなかったろうか。今川方の全城砦（五ヶ所と想定）の掃討は八月頃までには終わっていた、と推測。

結果信長方から見ると大高、沓掛両城を奪われる（今川の攻勢）に対し、笠寺地区（五城砦）を奪い返す事で、反撃に転じた。

慌てた今川方は一番信頼の厚い朝比奈家の朝比奈筑前守に所領を与えてまで大高城に在城を命じ、尾張に於ける橋頭保維持を図った、ではなかったか。

三の山赤塚合戦時派遣され、笠寺地区にいた今川方の五人の内の四人の重臣達はこの時点で本国へ戻ったのか？　史料はない。

・いつ、大高城、鳴海城に付け城が造られたのか？

〝(今) 十月、軍勢と兵糧を大高城に入れる。その際 (織) と交戦〟との史料がある。鳴海城、大高城への付城は八から十月の間、遅くとも九月頃には築かれたのではないか。

・いつ、またなぜ、山口佐馬助親子は腹を切る事になったのか？

佐馬助親子の切腹は、八月頃までに、笠寺地区の砦群が一掃され、九月頃に、鳴海、大高両城への付け城が出来上がった後ではなかったか。一連の信長の攻勢に、適切に対応できず (笠寺地区の) 五つの砦を失い、さらに鳴海、大高両城に付け城を築かれてしまった責任を取らされた。

大組織の今川家では不手際に際して、誰かが責任を取る、いや誰かに責任を取らせる、必要があった。山口佐馬助は信秀により那古野城が簒奪された際、今川を裏切っている。幾ら今川に貢献しても、過去の裏切りが尾を引き、使い捨てにされたか。

幾つ、大高城を囲む信長方の付城は築かれたのか？

鳴海城包囲に三砦、両城を遮断で二砦、大高城包囲に三砦の計八砦が築かれた。でなければ地理的に見て両城の完全封鎖にはならない。十月に兵糧の搬入やその際の織田との交戦が話題になる。それは完全封鎖でなければ交戦など発生しないし、そもそも兵糧搬入自体が話題にはならない筈。

「一、熱田より一里東、鳴海の城、山口佐馬助入れ置かれ候。是は武篇者、才覚の仁也。既に逆心を企て、駿河衆を引き入れ、ならび大高の城、沓懸の城、両城も、佐馬助調略を以て乗っ取り、推し並べて金輪三ヶ所、何方へも間は一里づゝなり。鳴海の城には駿河より岡部五郎兵衛城代として楯籠り、大高の城、沓懸の城、番手の人数、多太（たぶ）〳〵と入れ置く。此の後、程在って、山口佐馬助・子息九郎次郎父子、駿州へ呼び寄せ、忠節の褒美は無くして、無情に親子共に腹をきらせ候」

（『信長公記』「おどり御張行の事」）

「一、鳴海の城、南は黒末の川とて、入海塩の差し引き、城下までこれあり。東へ谷合打ち続き、西又深田《ふけだ》なり。北より東へは山つゞきなり。城より廿町隔て、たんげと云う古屋しきこれあり。是れを御取出にかまえられ、

水野帯刀　山口ゑびの丞　柘植玄蕃頭　真木与十郎　真木宗十郎　伴十左衛門尉。

東に善照寺とて古跡これ在り。御要害に候て、佐久間右衛門、舎弟左京助をかせられ、南中島とて小村あり。御取出になされ、梶川平左衛門をかせられ、

一、黒末入海の向ふに、なるみ、大だか、間を取り切り、御取出二ヶ所仰せ付けらる。

一、丸根山には、佐久間大学をかせられ、

一、鷲頭山には、織田玄蕃、飯野近江守父子入れをかせられ候ひき」

（『信長公記』「鳴海の城へ御取出の事」）

と、ここで付城の配置の記述が終わる。どうもこの項は尻切れトンボ。『信長公記』の書き方は鳴海城への付城が三つ、鳴海と大高の間を切り裂く役割で二つとあり、大高城を囲んでいた三つの付け城の存在を消している。では大高城への付城は無かったのか、そんな筈は無い。書けない理由（徳川家への遠慮）があっただけ。

残された疑問は〝**どこに、三の山赤塚合戦時、山口九郎二郎に従った千五百名は消えたのか？**〟であるが、回答は別途数字を使って、P320・322でする。

永禄二年（一五五九年）九月、合戦のお膳立ては全て完了。この状況は信長に断然有利である。自国領内で敵に奪われた二つの城を付城で完全に封じ込め、兵糧攻めにしている。今川は遠

路駿河から後詰めに出て来なければならない。
十月に今川の大高城への兵糧搬入時交戦があった事から、大高城の兵糧備蓄に問題があったと思われる。この時点から義元が出陣するまでの七ヶ月間を大高城はどの様に凌いだのか、史料で伝わっていないが、天候不順下で兵糧その物の絶対量が足りない中、翌年の五月までの七ヶ月間、籠城軍は悲惨な状況下にあったのではなかろうか。なぜ、今川は出陣までに七ヶ月も擁するのか、悠長この上ない。これも家風か。

話が前後するが桶狭間の合戦前、この年二月、信長は上洛する。『信長公記』「丹羽兵蔵御忠節の事」では面白い事件風に仕立て上げられている。が上洛の理由は何であったのか？表向き、将軍に拝謁して尾張の統一がなった事を報告といわれている。が今川との一戦が迫った永禄二年（一五五九年）初めの段階で、将軍への報告や物見遊山で京へ行くであろうか。

「一、さる程に、上総介殿御上洛の儀、俄（にわか）に仰せ出だされ、御伴衆八十人の御書立にて御上京なされ、城都、奈良、堺御見物にて、
公方光源院義照へ御礼仰せられ、御在京候ひき。爰（ここ）を晴れなりと拵へ、大のし付に車を懸けて、御伴衆、皆のし付にて候なり」
（『信長公記』「丹羽兵蔵御忠節の事」）

答えは〝否〟である。尾張を平定したのは自分の力であり、それを成し遂げたからといって将軍に報告に行く義務や必要性はなかった。ではなぜか？　考えられる理由は二つ。

尾張統治の叩き台を探す

信長は岩倉城を攻め落とし、尾張の主となった。今後自分が進むべき道は、の疑問への回答を求めての上洛ではなかったか。しかし、今川との戦いが迫る中、なぜ？

• 将軍に会う。

尾張の頂点に立った信長の建前上の上司であり、武家社会の頂点に君臨する、将軍に直接会い、話をする、つまり自分の目で見、耳で聞く実体験をしてみたかった、のではなかろうか。名目的最高位に居る将軍とやらに。

• 三好長慶の治世を見る。

三好長慶は管領細川家の家臣、山城国下五郡守護代、三好元長の嫡男に生まれ、この年永禄二年（一五五九年）京で権力の絶頂期を迎えていた。信長は自分と似たような生立ちから将軍家、管領家を押さえ、天下の最高実力者に登り詰めた三好長慶の治める京を見、接し、自分の将来の可能性を肌で感じてみたかった。

・近江の政を見る。

天候不順下の領国経営で最も参考になる政を上洛の往復で通る近江で見たかった。と、今後の政の方向性を決める中で必要となり、しかも尾張では得られない知見を広めたかったのでは。

この上洛前に、勿論、沢彦《たくげん》に相談した。沢彦の答えは、〝外の広い世界を見られよ〟ではなかったか。特に近江は六角定頼が六角氏の全盛期を創り上げ、尾張より余程進んでおり、ここを見、ここから学ぶ事を薦めた。結果、信長は小牧山城築城の叩き台を得ることとなった。この上洛は、上洛時に見た情景は、信長の意識の中に〝天下布武〟の考えの原風景を形作っていったと思えてならない。

もう一つの理由が、

今川との合戦に備え、鉄砲と玉薬の買い占めを図る（堺訪問）

現実の喫緊の最重要課題として、今川との合戦に備え、信長は今川に鉄砲と玉薬（火薬）

が大量に渡るのを嫌った。今後の合戦は鉄砲が最も効果のある武器と見做しており、次の今川との合戦で兵の数の少ない自分が勝つためには鉄砲の大量使用が不可欠と考えていた。

一方、今川方も鉄砲と玉薬の入手に手を尽くしていた節がある。今川の意図を阻止する鉄砲と玉薬買い占めのために信長は堺訪問を計画した。

これらが上洛の二つの理由ではなかったか。

この上洛で信長はさらに、この様な事も学んだ。上洛の決行は美濃の義龍に筒抜けで、命を狙われる事となった。『信長公記』には〝さる程に、上総介殿御上洛の儀、俄に仰せ出され、御伴衆八十人〟といつもの如く家中では、誰に相談する訳でもなく、突然実行した上洛であったにも拘らず、敵対する隣国から暗殺の手が伸びる。情報は漏れるものを常に念頭に入れて、行動する事を改めて胆に銘じさせられた出来事ではなかったか。

さらにもう一つ。『信長公記』のこの章で感心させられる話が、

「五三日過ぎ候て、上総介殿、守山まで御下り、翌日雨降り候と雖も、払暁に御立ち候て、あひ谷より、はつふ峠越え、清洲まで廿七里。其の日の寅の刻に、清洲へ御参着なり」

（『信長公記』「丹羽兵蔵御忠節の事」続き）

である。兵の教練の項（P237～238）で〝信長は兵達に〝歩き〟の教練をやらせた〟と書いたが、この『信長公記』の文章を読むとあながち間違いで無かった、と確信するに至った。それはこの文章の中で、近江の守山から清洲まで廿七里（108km）を、払暁（旧暦二月七日、新暦の三月十五日、日の出は午前六時丁度）に出発し、次の日（『信長公記』ではその日とあるが）、寅の刻（＝午前四時頃か）に清洲に到着とある。

つまり約二十二時間で108kmを踏破。八風峠は900m以上の標高あり。信長一行は冬の雨の中、山道を、夜中も、時速6kmで移動、時速6kmなら十八時間で走破。途中四時間休みが取れる。一刻（＝二時間）三里で九行程、一刻毎に三十分の休みを入れる。合戦ではないので、甲冑は付けていないとしても殆ど小走り。帰国の途中で暗殺者に襲われる危険を減らすための強行軍であったか？　一昼夜で100km以上の行軍、信長軍の教練の質は恐ろしいほど高いといえるのではなかろうか。

これが桶狭間の合戦直前の状況であり、永禄二年（一五五九年）は、この様に過ぎた。

二、合　戦

永禄三年（一五六〇年）五月、終に桶狭間にて、織田、今川両軍が激突。両軍共に十分な戦備を整え、満を持しての激突であった。合戦の下資料、合戦へ、合戦始まるの順に見ていく。

合戦の下資料

桶狭間の合戦前夜、両軍の兵力は幾らであったのか？
桶狭間の合戦の信長の勝因は〝奇襲〟であったのか？
合戦前の詳細情報

二つの疑問と詳細情報に沿い、合戦の下資料として見ていく。

桶狭間の合戦前夜、両軍の兵力は幾らであったのか？

桶狭間の合戦は今川の大軍（『信長公記』では四万五千とある）が攻め寄せる中、信長が僅か二千弱の寡兵で立ち向かい大勝利のイメージがある。だが、たかが二千の兵で四万以上の大軍に勝てる訳が無い。例え奇襲が勝因としても、まずは実際双方幾らの兵力で戦ったのか？を明らかにしないと、合戦の顛末を幾ら詳細に描写しても荒唐無稽な絵空事となってしまう。この点をまず考察したい。今川、織田の順に見ていく、

今川：この時点での領地は駿河、遠江、三河の三カ国。太閤検地時の石高は駿河十五万石、遠江二十五万五千石、三河二十九万石、合計六十九万五千石。（尾張の一部は誤差の内と判断）六十九万五千石×九割×二百五十＝約一万五千六百が今川の最大動員能力。

相甲駿三国同盟があるとはいえ、領国を空にはできない。また前掲の（表15）（P252）で見たように合戦前数年は連続的な天候不順で不作が続き、大量動員は実質的に、また財政的にも難しかった。最大動員能力の半分で七千八百、義元自らの出馬を考慮しても、最大で一万（六四％）を超える出陣は無かった。（この最大値、一万をベースに話を進める）。

織田：三の山赤塚合戦の項（Ｐ43～47）で、信秀の美濃での大敗以降、赤塚の合戦までの兵の数の推移を既に見てきた。ここからは三の山赤塚合戦以降、桶狭間までの諸合戦とその結果としての兵数の推移を見、信長が桶狭間に何名の兵を率いて臨んだのか？　詳細すぎる嫌いはあるが、この合戦を真に理解するために、再度兵の数を検証する。お付き合い願いたい。（これ以降Ｐ３１４まで数字の表記を変える）

出発点は三の山赤塚合戦時の兵数：三二〇〇－三〇〇＝二九〇〇。（表2、再掲）ここから桶狭間の合戦までの間、信長が行った全ての合戦の結果を織り込んでいく。史料に出て来る合戦の敵味方それぞれの損失状況を纏めると（表18）となる。これに二つの条件を加味し、信長軍の損害数に落し込む。

（表2、再掲）信長軍の三の山赤塚合戦時の兵数

	信長	林	信行	信光	計
合戦前	900	750	1050	500	3200
謀叛に荷担	▲50	▲100	▲100	▲50	▲300
小計	850	650	950	450	2900
合戦に参陣	300	350	150	―	800
三の山砦	300	100	0	―	400
山崎砦	100	100	250	―	450
遊軍	―	―	450	350	800
留守部隊	150	100	150	50	450

・条件①：騎＝将校。騎が討たれた際、従者も連れて討たれると想定し×5で計算。
・条件②：負けている側の討死の具体的数が出ている場合、勝っている側にもその〝三分の一の損害〟が出ると仮定し、計算。
・「(信)＝信長、(清洲)＝大和守家、(柴田)＝柴田権六＝織田信行、(林)＝林秀貞、(岩倉)＝伊勢守家、(信清)＝犬山、織田信清」

この損失条件を合戦毎に（表18）入れ込み、（表19）を作成。かつ、それぞれに詳細説明を加える。

・三の山赤塚合戦：叛旗を翻した山口佐馬助の息子九郎二郎が率いていた軍勢一五〇〇は七五〇が尾張衆、七五〇は駿河衆と推定。笠寺地区にこの他に山口佐馬助の二五〇と駿河衆三五〇がお

（表18）合戦毎の損失（1552-1558年）

天文21年	1552年	三の山赤塚合戦	(信) 30騎討死
天文21年	1552年	萱津の合戦	(清洲) 50騎、侍30討死。(信)?
天文22年	1553年	中市場合戦	(清洲) 30騎討死。(柴田)?
天文23年	1554年	村木砦攻防	(信) 其の数を知らざる手負死人
弘治2年	1556年	稲生の合戦	(柴田＋林) 450討死。(信)?
永禄元年	1558年	浮野の合戦	(岩倉) 1250討死。(信)(信清)?

り、全体では二二〇〇（尾張衆一〇〇〇、駿河衆一二〇〇）と推定し話を進めてきた。

では、この尾張衆一〇〇〇は何処から来たのか？　ヒントは前述したが山口佐馬助は信秀の那古野城簒奪前は今川那古野氏豊に仕えていた十二名の家臣の一人。家臣筆頭の那古野弥五郎は『信長公記』に〝清洲衆にて候〟と出て来る。山口佐馬助も立場上は清洲衆であったか。両者共に信秀の下知に従う、いや、従わざるを得なかったが、主従関係は清洲衆であった、と想定。一〇〇〇の内六割が清洲衆、三割が弾正忠家から、その他一割は岩倉衆や他国者で半々、と想定した。

- 弾正忠家：赤塚合戦前三二〇〇－三〇〇（謀叛）＝二九〇〇。合戦後、二九〇〇－一五〇（討死）（表19）＝二七五〇（表20）右下となる。（謀叛に

（表 19）信長軍の損失数の推移（1552-1558 年）

三の山赤塚	（信）30 騎討死	（信）損害　30 X 5 ＝▲ 150 名
萱津	（清洲）50 騎、侍 30 討死。（信）？	（信）（50 X 5 ＋ 30）÷ 3 ＝▲ 90
中市場	（清洲）30 騎討死。（信）？	（柴田）30 X 5 ÷ 3 ＝▲ 50
村木砦	（信）其の数を知らざる手負死人	（信＋信光）▲ 150 と推測（▲ 10 は水野）
稲生	（柴田＋林）450 討死。（信）？	（信）▲ 450 ÷ 3 ＝　▲ 150
浮野	（岩倉）1250 討死。（信）（信清）？	1250 ÷ 3 ＝ 420、（信）▲ 290、（信清）▲ 130

参加は林から一〇〇、信行から一〇〇、信長・信光各五〇で計三〇〇)。二七五〇の内訳を下記の表（表20）に纏めた。遊軍：山崎砦に集結し、笠寺地区の敵勢を包囲・牽制する役割を担った別働隊。戦闘は殆ど行われなかった、と想定。

- 大和守家：（表には出てこないが）合戦前二四二五（＝二二七五＋召し抱え一五〇）－六〇〇（山口軍に参加）＝一八二五。弾正忠家が大和守家の勢力圏で勢力を伸ばしてきた経緯があり、大和守家内には弾正忠家に領地を奪われ、地位を追われた国人層を中心に反弾正忠家の多くの集団が召し抱えられてきた。これ等の者が山口佐馬助の謀叛に、積年の恨みを晴らす好機と荷担し、結果、大和守家は一八二五にまで落ち込む。
- 萱津の合戦：三の山赤塚合戦の四ヶ月後に勃発。

（表20）弾正忠家・三の山赤塚合戦前後の兵数の推移

	信長	林	信行	信光	計
合戦前	900	750	1050	500	3200
謀叛	▲50	▲100	▲100	▲50	▲300
小計	850	650	950	450	2900
赤塚参陣	300	350	150	—	800
三の山砦	300	100	0	—	400
山崎砦	100	100	250	—	450
遊軍	—	—	400	400	800
城兵	150	100	150	50	450
討死	▲60	▲70	▲20	−	▲150
計	790	580	930	450	2750

合戦の原因を経済的縄張り争いとしたが、大和守家から三の山赤塚合戦の謀叛軍に参加した者の一部が合戦後清洲に戻れば、これも戦いの原因になるか。実際合戦後兵糧問題もあり、一部の謀叛組は大和守家に戻った、と想定。

・大和守家：一八二五＋二〇〇（山口佐馬助謀叛より戻り）＝二〇二五－二八〇（討死）（＝五〇騎×五十三〇）＝一七四五（合戦後）。
・弾正忠家：二七五〇－九〇（討死）＝二六六〇（合戦後）（討死の内訳＝信長二十五、林二〇、信行三〇、信光一五と想定）（表21）
・中市場合戦：萱津の合戦一年後、守護、斯波義統《よしむね》を守護代、織田信友と小守護代、坂井大膳が弑逆《しぎゃく》。義統の嫡子、義銀《よしかね》は信長の庇護下に。義統が討たれた際に数十人が共に切腹し、かつ義銀は信長から二〇〇人扶持を貰っている。つまり守護、斯波氏はこの時点で二〇〇前後の家臣が居たと推測。内半分一〇〇（実数八五）が弾正忠家に。
・大和守家：一七四五－二〇〇（守護とその家臣）－一五〇（討死）＝一三九五。主君を討った事で大義を失い、かつ、有力武将が殆ど討たれ、合戦前後離反する者が続出したのでは、と思うが数字的に反映できず。

・弾正忠家：柴田権六を総大将に、信行七〇〇と信長から六五〇程出し、計一三五〇の勢力で合戦に臨んだ。戦上手な柴田が三〇騎（全体では一五〇）討ち取る。

『信長公記』にある鑓の長さ等、武具の違いと将の差が勝敗を分け、勝利。討死五〇は林の部隊から二〇と信行から三〇となった。

・萱津、中市場両合戦前後の弾正忠家の兵の数を纏めると、（表21）の如くとなる。

・村木砦の攻防戦：信長五〇〇（二一五＋新規召し抱え二〇〇（尾張一二〇、国外八〇）＋斯波義銀八五）、信行三〇〇、信光四〇〇、水野三〇〇の計一五〇〇が参陣した。林は参陣拒否。

信長軍は山崎、三の山砦に計四〇〇と城兵一五〇を残し、

（表21）萱津・中市場合戦後の兵の数

	信長	林	信行	信光	計
赤塚合戦後	790	580	930	450	2750
萱津　討死	▲25	▲20	▲30	▲15	▲90
中市場討死	—	▲20	▲30	—	▲50
村木砦合戦前	765	540	870	435	2610

五〇〇が出陣。信行軍は三〇〇を信光軍は城兵五〇を残し、四〇〇が出陣。結果まで纏めると（表22）となる。

・稲生の合戦：この合戦の前に信光がその前年家臣に討たれる。また清洲城が陥落し、大和守家の一三九五が離散する。

信光の家臣四六〇名は弾正忠家で召し抱えられ、大和守の一三九五は弾正忠家へ五〇〇、次の五〇〇は伊勢守家へ、そして三九五は国外へ。これ（弾正忠家のみ）を表にすると（表23）（P312）となる。

稲生の合戦は、この表の如く、信行（一一五〇）と林（八五〇）の二勢力が合わさると信長（一七〇〇）より兵の数が優る事から、勝てると想定し、林と柴田が引き起こしたと思われる。

（表22）村木砦の攻防戦前後の兵数の推移

	信長	信行	信光	弾正忠家計	水野（知多郡）	計
合戦前	765	870	435	2070	900	2970
新規	200	—	15	215	50	265
義銀	85			85		85
城・砦	550	570	50	1170	650	1820
参陣数	500	300	400	1200	300	1500
討死	▲90	▲10	▲40	▲140	▲10	▲150
合戦後	960	860	410	2230	940	3170

三の山砦（四〇〇）と山崎砦（四五〇）の守備から林（二〇〇）、信行（二五〇）勢は撤収。信長は自軍で砦の穴を埋め、清洲城に守備兵（一五〇）を残すと戦場に出せる人数は僅か七〇〇となった。

林勢は両砦に出していた守備兵を引き上げ、城の守備の数を一五〇残すと、七〇〇となる。信行軍は同じく両砦より兵を引かせ、城兵一五〇を残し、一〇〇〇を出陣させた。

稲生の合戦の結果は最初に戦った柴田勢より後から戦った林勢への信長の憎しみが強かった感があり、執拗に追撃戦が行われ、討取られた総数 四五〇中、林勢が三〇〇、信行（柴田）勢が一五〇と推定。勝った信長側も一五〇失った。

（表23）村木砦攻防戦から稲生の合戦まで

	信長	林	信行（柴田）	信光	計
村木砦攻防戦後	960	540	860	410	2770
（内）三の山砦	(200)	(100)	(100)		(400)
（内）山崎砦	(200)	(100)	(150)		(450)
（内）城兵	(150)	(150)	(150)		(450)
新規召し抱え	290	50	40	50	430
大和守家より	200	200	100	—	500
小計	1450	790	1000	460	3700
信光方より	250	60	150	▲460	0
稲生の合戦時	1700	850	1150		3700
稲生へ参陣	700	700	1000	0	2400

結果、信長一七〇〇－一五〇＝一五五〇、林八五〇－三〇〇＝五五〇、信行一一五〇－一五〇＝一〇〇〇となり合戦前の三七〇〇が討死計六〇〇で、合戦後の弾正忠家総兵数は総数三一〇〇となった。

・浮野の合戦：伊勢守家は信長の家督相続（一五五二年）時総兵数二四二五と推定。これに五年分の新規召し抱え五〇×五年＝二五〇と大和守家から流れた五〇〇を足すと三一七五。この内出陣は三〇〇〇であった。

一方信長方は三一〇〇＋二〇〇（新規召し抱え）－八五〇（三の山・山崎砦の守備兵）－二五〇（城番）＝二二〇〇が出陣。これに犬山の織田信清軍一〇〇〇が信長に加勢、三二〇〇対三〇〇〇の戦いとなった。結果、伊勢守勢は一二五〇が討ち取られ、信長側はその三分の一、四二〇が戦死。（信長勢が二九〇、信清勢が一三〇の討死）。

その後岩倉城落城で、伊勢守家の兵はどの様になったかを（表24）に纏めた。

①一四七五：一一〇〇信長へ、二〇〇犬山の信清へ、一七五領国外へ、

事になった。
②一五〇　：信長へ
③三〇〇　：領国外へ
（①の一一〇〇＋②の一五〇＝）一二五〇が許され　信長に仕える

信長軍は合戦前三三〇〇－二九〇（討死）＋一二五〇（伊勢守家より）＝四二六〇（合戦後）となる。漸く、浮野の合戦と岩倉城落城後の信長軍の兵の数が出た。四二六〇である。桶狭間の合戦は浮野の合戦から約二年後。この間の新規召し抱えと損耗を考慮すると四二六〇＋三〇〇（新規召抱え）－一〇〇（損耗）＝四四六〇がその数である。

桶狭間の合戦は、最大総兵数〝今川の一万対信長の四五〇〇の決戦〟との試算の結果がでた。

（表 24）浮野の合戦後の・織田伊勢家の兵の行先

	1552年時点	52～58年新規	大和守家より	計
兵数	2425	250	500	3175
討死	▲950	▲100	▲200	▲1250
合戦後兵数	1475	150	300	1925
備項	①	②	③	

桶狭間の合戦の信長の勝因は〝奇襲〟であったのか？

次に桶狭間の合戦は〝日本三大奇襲戦〟といわれている。河越城の戦い（一五四六年、北条氏康vs上杉憲政）、厳島の戦い（一五五五年、毛利元就vs陶晴賢《すえはるかた》）とこの桶狭間の合戦である。〝奇襲戦〟の定義は〝少ない数の兵で、大軍を奇抜な策で破る〟である。桶狭間の合戦は確かに兵の数の少ない方が勝つが〝奇抜な策〟をとった戦であったか？　は大きな疑問。

『信長公記』を読むと敗けた方にとり、〝信秀の美濃攻め〟と〝義元の桶狭間の合戦〟の敗因は同じでは。父、信秀の大敗〝美濃国へ乱入し五千討死の事〟は弾正忠家の存亡に重大な影響を与えた事柄にも関わらず、不名誉な事であったためか記述内容は至って簡素。しかし敗戦のあらましだけは理解できる。敗因は〝戦場からの退陣《のきじん》で、将兵の大半が撤収を開始し、背を向けた所を攻撃され、大敗した〟である。桶狭間の合戦の前に、この〝美濃での敗戦〟をより詳しく見ておきたい。

この戦は『信長公記』からでは尾張衆の単独侵攻の如くとしか読めない。が、実は越前衆との連携した軍事行動であった。背景は、天文十三年（一五四四年）（信長数え十一歳）、美濃の守護の座を争っていた土岐頼純が斎藤道三に攻められ、前年母の実家、朝倉氏を頼って越前に亡命、この年朝倉家は尾張の織田信秀と連携、土岐頼純を推し立て、北から宗滴を総大将とし美濃へ侵攻。南からは信秀を総大将に尾張勢が越前勢と合わせ総勢二万六千と号し、美濃へ攻め込んだ。

戦の詳細は、

越前勢は北から徳山谷を南下、温見峠を越え、九月十九日に赤坂（大垣の北）で道三軍と合戦、勝利。近江と美濃を結ぶ中山道を遮断。この時、傀儡とは云え美濃の守護は土岐頼芸《よりのり》（正室は近江守護、六角定頼の娘）近江からの援軍を阻止するため中山道を遮断した。この後九月二十一日の事として『宗滴話記』に〝六十六歳濃州陣九月廿一日井口城下悉（ことごとく）放火〟とある。

初戦（十九日）赤坂で越前勢勝利。次いで二十一、二日と二日間に渡り城下町、井の口に火を懸けたが城に引き籠り抗戦しない道三軍を、戦意無しと見做し、徐々に気の緩みが蔓延した。尾張・越前連合軍、実数一万二千（P43〜47参照）の数への驕りもあってか敵を侮り、二十二日夕刻、悠々と宿営地への撤収を開始、その退陣《のきじん》の隙を道三軍に突かれた。

道三の戦術は精鋭で知られる越前勢には最小限の戦いを基本とし、寄せ集め集団と見做した尾張勢に兵を集中、夕刻申《さる》の刻＝午後四時頃、全軍の大半が前線から撤収を始めた段階で、それまで鳴りを潜めていた道三軍が突然猛攻を開始。

織田軍は抵抗線を張ろうとするも叶わず、木曽川に追い落とされた、が顛末である。この道三の攻撃は中国の兵法書の内容そのまま実行した如くであった。

「兵とは詭道なり。故に能なるも之に不能を視（しめ）し、用なるも之に不用を視し、（中略）。強なれば而（すなわ）ち之を避け、（中略）其の無備を攻め、其の不意に出（い）ず。此れ兵家の勝にして、先には伝う可（べ）からざるなり」

（『孫子』「計編：兵とは詭道（きどう）なり」）

戦争は敵を騙す行為である。自軍ができる作戦行動も、敵にはできないように見せ、運用可能な状況でも、できないふりをする。（中略）。敵が強ければ避け、（中略）、敵の守りが無い所を攻め、敵が予想していない所に出撃する。これが兵法家の勝ち方である。臨機応変に動くので、前もってこの様に勝つとは予告できない。

「〝武王、大公に問うて曰く、「兵道は如何（いかん）」。大公曰く、およそ兵の道は一に過ぎたるはなし。一とは能（よく）独（ひと）り往き独り来たるなり。黄帝曰く、一とは道に階（よ）り、神に幾（ちか）しと。これを用うるは機に在り、これを顕すは勢に在り、これを成すは君にあり」

（『三略六韜』「文韜」（兵道篇））

一（いち）とは、全軍一丸となっての意。独り往き独り来たる、は進退を一丸となって行うの意。機を見て、勢をなして攻める、これができるのが将の能力である。

道三の攻め方はこれ等の教科書どおりであった。一方、信秀の尾張勢は戦場から撤収を開始、敵に背を向ける。（このタイミングが軍の進退で一番弱点を晒し、攻め込まれやすい危険な時間）兵の数の多さから来る気の緩みもあったか、信秀はこのタイミングで攻め込まれ、大敗を喫した、これが敗因である。

この道三の攻撃を〝奇襲〟と呼べるのか？　この観点を忘れず桶狭間の合戦を見てもらいたい。

信長はこの美濃での敗戦の話を、何度も、しかも詳細に参陣した者達から聞き、必ず雪辱を晴らすと心に誓っていたのではなかったろうか？

合戦前の詳細情報

永禄二年（一五五九年）六月頃、山口佐馬助は大高城（小河の水野氏の一族が城主）と沓掛城（土豪、近藤景春が城主）の調略を開始。今川の大きな幻影に恐れをなし、大高城が下り、連れて沓掛城も簡単に下る。六～七月頃に、調略はなった。

これに怒った信長が、この調略直後から、山口・今川方の砦への攻撃、掃討作戦を本格化。桜中村の砦を真っ先に攻め落とし、山口佐馬助は信長に内応している、との噂を流す（梁田の調略、偽手紙そして兵糧の遮断もあったか）。笠寺地区の今川軍も長期滞陣に倦んでいた所へ信長の本格攻勢、自分の持ち場放棄を正統化するために、山口親子が信長に内応の謀略に乗り退散した。

信長は笠寺地区から撤収する今川方の動きに付け入り、さらに攻勢を強め鳴海、大高両城に付城を築き、今川方を封じ込める。そして手持ち総勢四千五百の内、約二千をこの付城に割き、義元が後詰に出て来ざるを得ない状況を造りだした。この付城に、そして付城作戦に、信長は勝負を懸けた。それはこの時点で最も信頼が置ける部将達を配置した事からも窺い知れる。自分が清洲から出撃し到着迄の時間、今川方の攻撃を持ち堪えるに十分な数の兵を与え、籠めた。（以降Ｐ３２２まで数字表記変更）

その全容は、

- 鷲頭砦　：織田秀敏（大叔父）、飯尾定宗、尚清《ひさきよ》親子、砦群の司令塔、五〇〇
- 善照寺砦：佐久間信盛、左京亮親子、四五〇、鳴海城包囲の司令塔（？）
（山崎砦から前進）
- 丹下砦　：水野帯刀他小姓衆三〇〇、（三の山砦から前進、一部は鷲頭砦へも）
- 中島砦　：梶川高秀（水野信元家臣）二五〇
- 丸根砦　：佐久間盛重（大学）一五〇
- 正光寺砦：佐々隼人正一五〇
- 向山砦　：水野信元の家臣（？）二〇〇、大高城包囲の司令塔（？）
- 氷上山砦：千秋四郎一五〇

であり、全体で合計二一五〇の兵、内、信長方一七〇〇、水野信元方四五〇であった。鷲頭砦が信長方の桶狭間地区司令部で主たる役割は二つの敵城の間を分断、および城方が打って出た場合、支援の兵を出す、が役割ではなかったか？　善照寺砦の兵の数が多いのは、背後の沓掛城も意識していた。この八つの砦で、二つの城を囲み、今川が後詰に出て来ざるを得なくなる完璧な封じ込めを実施した。

・桜中村、笠寺、星崎等に居た今川方の兵は　いつ、どこに行ってしまったのか？
・鳴海、大高両城（沓掛城も含め）にどの程度の兵員が籠っていたのか？

まず最初の疑問に関し、三の山赤塚の合戦時、全体で二一〇〇と推定した。この時、山口九郎二郎の下で信長と戦った一五〇〇名（半分の七五〇は駿河衆、残り七五〇が主に尾張の謀叛組）はこの時点で、どの位残っていたか？　答えは今川家の新参者に冷たいやり方、特に山口親子の扱いに嫌気がさし、尾張の謀叛組七五〇で最後に残ったのは精々三〇〇ではなかったか。（尾張衆全体で一〇〇〇の内、残った者、去った者はそれぞれ半々と推定。去った者五〇〇の内二〇〇（大和守家へ戻った）は既に述べた。残り三〇〇は三山赤塚の合戦時の討死数五〇と桜中村砦矢陥の際の討死五〇を引くと二〇〇が国外に出たと想定)。
笠寺地区にいた今川の五人の有力家臣では岡部元信が鳴海城代として残るだけとなった。その他は入れ替わった。その根拠は桶狭間の合戦場で岡部以外の四名全員が討死、つまり本国から出陣し、籠城はしていない事からの推測。これにより岡部元信の配下二〇〇以外の兵は入れ替わり、かつ四〇〇追加となり、計一五〇〇となった。

次の疑問、籠城の兵の数に関しても史料には出て来ない。包囲している信長軍の数から推測して、鳴海城に一番多くの者が籠っていた事は確か。囲んでいる兵と城内の兵の数はほぼ拮抗している、と判断すると、鳴海城には一〇〇〇、大高には六〇〇で、沓掛城には四〇〇程度か。合計二〇〇〇が籠っていた内五〇〇が尾張衆。残り一五〇〇は駿河衆。

桶狭間の合戦後、信長が一番手柄と評したのが、今川義元を討ち取った毛利新介でも、最初に義元に切り掛かった服部小平太でもなく、梁田政綱であった。彼の特技は清洲城簒奪の際、清洲城内に内応者を組織し、離反行動を取らせた、内部情報を報らせ、調略。
彼は山口親子の切腹後の旧家臣に、〝あれ程今川家に尽くしたのに、報奨ではなく切腹とは理不尽。仇を討て。結果次第で、信長様がそなた達を召し抱えるぞ〞といい包め、この者達を組織した。彼等からのタイムリーで正確な内部情報により信長は義元の頸を取る事ができ、合戦に大勝利。梁田は沓掛城と三千貫の知行（一番手柄）を得た、ではなかったか。

もう一つは永禄元年（一五五八年）七月の浮野の合戦前、信長は小折の生駒屋敷に出入りし、そこの娘、吉乃を見染め、入り浸った、と伝わっている。長男信忠、弘治三年（一五五七年）、次男信雄《のぶかつ》永禄元年（一五五八年）、長女徳姫永禄二年（一五五九年）が生れる。ここからその入り浸りの程度が分かる。

生駒家は灰（染料用）と油で財を成し、織田信清に仕えていた。この入り浸りは生駒家の金、女、（岩倉や信清の）情報、次の戦場の土地勘を得る、そして信清の有力な家臣を奪う、という一石五鳥であった。信長は次の合戦予定地（小折から浮野は西へ２㎞）を何度も訪れ、色々構想、試行（シミュレーション）を行っていた、と思えてならない。（Ｐ２７１の地図を参照）。浮野の合戦の信長の戦略は全てここ生駒屋敷で練られていた。

では桶狭間の合戦前の信長は何処で戦略を練ったのであろうか？　答は浮野の合戦時の様な余裕は全く無かった。それは、具体的には自軍の兵の数と質の深刻な劣化と今川軍の兵の数の圧倒的多さに起因していた。

・兵の数：信長は桶狭間の合戦以前、特定の戦場で劣勢の事はあったが、総数では常に優っていた（P305～314）。例外は稲生の合戦（弾正忠家内の主導権争い）で、信長は総数千七百vs信行、林・柴田連合が二千、戦場に投入した兵の数は信長が七百、信行、林勢は千七百の時のみであった。しかしこれは弾正忠家内の争い、手の内を知り尽くした相手であった。今回の今川戦は情報として得ている今川遠征軍の兵の数（一万）と自軍の総兵の数（四千五百）の差があまりにも大きく、どう戦うかに苦悩を続けた。

・兵の質：自軍の質の劣化は、数の差以上に深刻であった。兵の損耗と召抱えの数をまとめ（表25）分析すると、

① 家督相続時の総数三千二百の兵の内半分を、桶狭間の合戦までに失っていた。

② 桶狭間合戦直前の兵力四千四百六十中、約三分の二が家督相続後に召抱えられた者達である。

十六歳の時から教練を積み、共に戦ってきた兵の約半数を失っていた。家督相続時に比べ兵の数は千三百六十増えたが、全体の三分の二近くは新規召し抱えの者達であり、結果質のバラつきが非常に大きかったのではなかろうか。直前まで戦をやり続けた信長軍は手負いも

多く、数以上に質の劣化があったと考えられる。信長の損耗の激しい戦のやり方では已むを得ない結果ではあったが。

一方敵は父、信秀を敗り、笠寺まで侵攻した今川の本隊、しかも数は圧倒的に多い。信長はかなり、精神的に追い込まれていたと思われる。

寡兵で、数も多くかつ質の高い敵をどう迎え撃つか？

信長は地の利を使うしかない、に行き着いた。三河方面から鳴海、大高両城へ向かってくると、城の東側に桶狭間と呼ばれる狭間が複雑に入り組んだ場所があり、大軍が展開するには不適切な場所があった。

『孫子』もこういっている。

「孫子曰く、地形とは、兵の助けなり。故に用兵の法には、散地有り、軽地有り、（中略）泛地有り、囲地有り、死地有り。（中略）山林・沮沢を行き、凡そ行き難きの道なる者は、泛と為す。由りて入る所の者は隘（せま）く、（中略）。泛地には則ち行き、（略）」

（『孫子』「九地篇」（地形とは、兵の助けなり））

（表25）信長軍の数と質の推移

家督相続時の兵数（1552年）	3200	
謀叛、討死の合計	▲1620	1620 ÷ 3200 ＝ 51%①
新規召し抱え＋他家からの転仕合計	+2880	2880 ÷ 4460 ＝ 65%②
桶狭間直前の兵数（1560年）	4460	

「孫子は言う。地形の形状とは、軍事の補助要因である。そこで軍を運用する方法には、散地があり、軽地があり、（中略）泛地（はんち）がり、囲地があり、死地がある。（中略）山林や沼沢地を踏み越えるなど、およそ進軍が難渋する経路であるのを、泛地と称する。（略）泛地では軍を宿営させずに先へ進め、（略）」

『孫子』で泛地と呼ばれ、泊まること無く通過すべき場所に、今川軍を引き込む手立てを考えた。それが鳴海、大高両城への付城（砦）構築で、両城を完全封鎖し、兵糧攻めにして、義元を後詰に来ざるを得なくする作戦であった。

この様な中、桶狭間の合戦に向け、舞台がまわる。

合戦へ

五月十二日、今川義元、駿府を出立。（『三河物語』から）藤枝、懸河、引馬（浜松）、吉田（豊橋）、岡崎を経由し十七日、地鯉鮒に到着。漸く、重い腰を上げた、という所か。五月十八日（『三河物語』では十九日とあるが）義元戦場へ、

「永禄三年庚申五月十九日に、義元ハ地鯉鮒より段々に押して大高え行、棒山之取手ヲツク〳〵ト巡見シテ、諸大名ヲ寄て、良（やや）久敷評定ヲシテ、「サラバ責取。其儀ナラバ、元康責給え」ト有ケレバ、（略）」（『三河物語』）

十八日、義元は地鯉鮒（知立）から大高へ向け押し出す。棒山之取手（丸根砦）（当然鷲頭砦も）をジックリ見て回り、その後、重臣達を呼び寄せ、時間を懸け評定を行い、両砦を攻め落とす事を決定する。なぜ最初の一午である砦攻撃の是非をしかも時間を懸けてまで打ち合せるのか？　不思議。

一方信長は十八日、清洲に居り、次の様な情報を得ながら成り行きを見守っていた。

一、今川義元沓懸へ参陣。十八日夜に入り、大高の城へ兵糧入れ、助けなき様に、十九日朝、塩の満干を勘がへ、取手を払ふべきの旨必定と相聞こえ候ひし由、十八日、夕日に及んで、佐久間大学・織田玄蕃かたより御注進申し上げ候ところ、（略）」（『信長公記』「今川義元討死の事」）

〝十八日夜に入り、大高の城へ兵糧入れ〟からは大高城を包囲していた三砦が排除され今川方の兵糧搬入が可能となった。それは向山砦の水野勢が突然兵を撤収させる背信行為で、逆包囲を恐れ、混乱した両隣の正光寺、氷上山両砦の守備兵が中島砦まで兵を引いたことで包囲網が全面崩壊した結果であった。

次が〝助けなき様に、十九日朝、塩の満干を勘がへ、取手を払ふべきの旨必定〟からは今川方が鷲津・丸根両砦を攻撃する決定を下し、その開始が明日の満潮の時である事。

さらに梁田が組織した旧山口佐馬助家臣達から正確に、かつタイムリーに今川方の内部情報が伝達される仕組みが機能している事。

今川方は水野勢が織田方を攻撃し、鷲津、丸根両砦を落とす密約でもあったか、自軍で攻撃は想定していなかった。だが水野勢は兵を引くだけ。大高城までの通路は確保できたが、城下から多くの兵を舟に乗せ移送させるには、織田方の両砦への対応を決める必要に迫られる状況下に置かれた。

「惣別（おおよそ）カ様之処の長評定は、能事（よきこと）ハ出来せザル物にて候に、棒山ヲ責歟（せめんか）責間敷歟（せめまじきか）トノ評定久敷、又、城之替番之僉議（センギ）久敷候間、フッツト能事有（間）敷」

（『三河物語』「松平衆で、しかも大剛の石河六左衛門尉と今川衆の会話」）

と、『三河物語』では敵を前にしての長評定を半ば呆れた様に書く。攻撃となれば砦とはいえ山の上、自軍の損害も相当なものを覚悟せざるを得ず、評定も紛糾したか。しかしこの長評定からは、今川方の当初の作戦には鷲津・丸根砦攻めは無かった感を受ける。

今回の今川方の尾張侵攻は信長方の付け城に対する後巻、つまり付け城排除のためという単純な出陣ではなかったのか？　鷲頭・丸根両砦は『信長公記』にもあるが如く、その役割は鳴海、大高両城の連絡、連携を遮断する、であり、大高城包囲には直接影響を与えてはいなかった。しかし、ここで義元が突然攻め落とす案を出した。作戦原案に無い義元の横車に評定が長引くのは必定である。

自ら作りだした、想定外の出来事への対応に義元は四苦八苦。戦の経験の無さと信頼できる重臣の不在が追討ちをかけ長評定となった。

では、今川の尾張侵攻作戦〝原案〟はどの様なものであったのか？　該当する史料は無い。状況証拠を積み上げ推理する。

まずは今川の侵攻作戦の概要の一端を、中島砦から今川本陣を目指して出撃する際に、信長が発した言葉から、

「懸らばひけ、しりぞかば引き付くべし。是非に於いては、稠（おお）ひ倒し、追い崩すべき事、案の内なり」

（『信長公記』「今川義元討死の事」続き）

この言葉は〝（敵が）懸かってきたら引け、（敵が）退いたら間合いを詰めろ〟、と背を向けている敵に後ろから追い縋り、振り向いて懸かって来たら引き、また背を向けたら距離を詰めて攻撃、最後は〝追い崩せ〟といっている。これは信長方から見ると今川方は退き、信長方が後ろから追い縋る状態で、かつ今川方は決められた刻限があってか、留まって戦をするのを嫌っている事を前提にした言葉と取れる。つまり信長が中島砦から出撃した時、今川軍全体が次の展開に向け、既に撤収を始めており、かつ決められた刻限までに、という状況下にあった、と読める。それを端的に表した言葉が〝しりぞかば〟ではないか。次の状況証拠は、

「山田新右衛門と云う者、本国駿河の者なり。義元別して御目を懸けられ候。討死の由承り候て、馬を乗り帰し、討死。寔（まこと）に命は義に依って軽しと云う事、この節なり」

（『信長公記』「今川義元討死の事」続き２）

山田新右衛門：山田新右衛門尉景隆、義元により三河岡崎城代に抜擢され、桶狭間の合戦時は中軍左陣に居た、と伝わっている。山田は義元討死と聞き、〝馬を乗り帰し〟討たれた。

中軍左陣（義元の本陣の左を固める軍）は戦場から退き、しかも本陣から大分離れた場所迄退いた時、義元が討たれた、と聞き、態々戻って討死した。

『三河物語』にも同じように、今川方が引き退いていた感を受ける文章が出てくる。

「〝サラバ元康ヲ置申せ〟トテ、次郎三郎（元康）様ヲ置奉りテ、引（ノ）ク処に信長は思ひの儘に懸付給ふ。（中略）」（『三河物語』）

と、ここでも〝引ク処に〟との言葉が出てくる。また〝信長は思ひの儘に懸付け給ふ〟、とあり、今川軍が去った無人の地を誰にも邪魔されずに、今川方に向かって〝思いの儘に懸付け給ふ〟と書かれる。朝方には信長軍の三百が討たれたその場を通って、である。

さらに『三河物語』には、松平衆の大剛の石河六左衛門尉と今川衆の会話としてこのようにある。

「『是え押寄給ふト、其儘取アエズに棒山落サせ給ひて、番手ヲ早ク入帰（替）給ひて、引カせ給でカナハザル処ヲ、余リにヲモクレて、手ネバク候間、フツツト能事有間敷。早々被帰せ給え』ト六左衛門尉申ケレバ、急早メテ行処に、徒者ハ早五人三人ヅッ山えアガルヲ見て、我先にト退く」

この文章から分かるのは、

〝其儘取アエズに棒山落サせ給ひて〟からは、棒山（丸根砦）攻撃は当初の作戦には無く、行きがかり上落した、と読め、

〝番手ヲ早ク入帰（替）給ひて、引カせ給でカナハザル処ヲ、余リにヲモクレて、手ネバク候〟からは、今川方の大高城の守備兵の交替の動きが鈍く、と読め、

〝徒者ハ早五人三人ヅツ山えアガルヲ見て、我先にト退く〟からは、今川・松平勢が、織田勢が山を攻め上がって来る時点では〝我先に退く〟状況下となっていた、と読める。

つまり、丸根砦攻め（鷲頭砦も含め）は想定外の行動で時間を使い、しかも義元軍の動きが愚図愚図と鈍く時間を食い、織田軍が山に攻め上がる時点では、義元軍は応戦するどころか〝我先に〟、〝退く〟しかなかった、である。

前述の如く今川の尾張侵攻作戦は、鳴海、大高両城の付け城に対する後詰だけという単純な作戦ではなかったと思われ、それは『信長公記』のこの文章からも窺える。


「爰に河内二の江の坊主、うぐゐらの服部左京助、義元へ手合せとして、武者舟千艘計り、海上は蛛（くも）の子をちらすが如く、大高の下、黒末川口まで乗り入れ候へども、別の働きなく、乗り帰し、（略）」

（『信長公記』「今川義元討死の事」続き3）

信長に敵対する海西郡の服部左京助は何のために、大高城下まで千艘もの武者舟を送って来ているのか。支援の兵員や、兵糧を送ってきた様でもなく、海上封鎖をしている、でもない。それが〝別の働きなく、乗り帰し〟で証明される。ではなぜ千艘もの舟を？　答えは、義元の兵を乗せる目的以外に、その数からして適当な答えが見つからない。さらに、

「もどりざまに熱田の湊へ舟を寄せ、遠浅の所より下り立て、町口へ火を懸け候はんと仕り侯を、町人どもよせ付けて、噇と懸け出だし、数十人討ち取る間、曲なく川内へ引き取り候ひき」

（『信長公記』「今川義元討死の事」続き4）

今川軍を乗せる事が出来なかった舟乗り達は、手ぶらで帰るのも面白くなかったのか、熱田の町に火を付けに行き、逆に町人達の待ち伏せ攻撃を受け数十人も討ち取られる始末。彼らが戦闘要員であったとはとても思えない。ここからも千艘の舟は輸送船であると理解するのが理に適っている。

結論は、義元の尾張侵攻作戦は、単に鳴海、大高城を取り囲んだ織田方の付城を排除する

だけの単純な後詰ではなく、より複雑なものであった。

では、義元の尾張侵攻作戦の内容を推し量ると、

・信長の兵の動員能力が低いを前提に、その少ない信長軍を東西に分断させ、各個撃破する、作戦であった。
・大高城の付城を水野氏の裏切りで排除し、湊への通行路を確保。
・大高城下から総員の半数を服部左京助配下の舟で尾張西部に輸送、上陸させる。
・西部方面軍が上陸すると信長の本隊は西へ、その後東部方面軍は付城に配置された信長軍を、城に籠る兵と共に挟撃し、速やかに殲滅する。
・殲滅後、直ちに東部方面軍は西を目指し、信長本隊を挟撃する。

ではなかったか。今となっては詳細は詳《つまび》らかにならないが大筋この様な作戦であったと思う。

自軍の強み、兵力の差を最大限に活用し、数的に劣勢な敵をさらに分断させ、各個撃破する。

信長の付城作戦の弱点（総兵力の半数が動きがとれない）を衝く作戦であった。

一方、信長はこの義元の計画を海西郡の服部左京助の動きや、義元軍の中の旧山口佐馬助の家臣から梁田経由でもたらされる情報で、大方把握できていたのではないか。信長の作戦は手勢の約半数を付城に籠め、撒餌とし、今川軍に食いつかせる。シッカリ食いついた所に後詰に出て、挟撃、今川軍中軸を殲滅する作戦であった。信長の懸念は、今川方が桶狭間から大高城下（泛地）を速やかに通過し、服部左京助が差し向ける舟で移動、尾張の西部に新しい戦線を作り、軍勢を分断させられる事にあった。どう義元が動くか？　それが勝敗の鍵であった。

合戦、始まる

「佐久間大学・織田玄蕃かたより御注進申し上げ候ところ、其の夜の御はなし、軍（いくさ）の行（てだて）は努努（ゆめゆめ）これなく、色々世間の御雑談までにて、既に深更（よふけ）に及ぶの間、帰宅候へと、御暇（いとま）くださる。家老の衆申す様、運の末には智彗の鏡も曇るとは、この節なりと、各嘲弄（ちょうろう）して、罷り帰られ候（略）」

（『信長公記』「今川義元討死の事」続き5）

信長と彼の重臣達の意識の差は大きい。信長の戦術は、残った自由に使える二千七百六十の戦力で、乾坤一擲、一撃で義元軍の中軸を叩く、しか道は無かった。依って敵中軸の捕捉場所が最重要課題であった。服部左京助が舟を千艘も集結させておれば、舟を出す前に情報は信長へ、届いており、主戦場が鳴海、大高方面になるのか?、尾張西部の何処か、で戦の様相は大きく変わる。〝戦の行《てだて》〟を検討するのは、この時点では無意味であったにも拘らず、家臣は〝運の末には（中略）、嘲弄して（中略）〟の言葉を吐く。この段階に至っても、なおこれだけの意識の差。信長が話さないのが悪いのか?、家臣達の質の問題なのか?

信長のもう一つの懸念は、空になる清洲を衝かれる事ではなかったか。一年前の上洛時、内々に進めていたにも拘らず、時を置かず美濃から暗殺者が現れる。家中の情報が筒抜けになっている証。重臣とはいえ気を許す訳にはいかなかった。信長に与えられた合戦の条件は一日で、一撃で、けりを付けるであり、彼はその様に認識し、行動していた。ここからも作戦会議ができる筈もなかった。または今川方に漏れる事を前提として、〝戦の行《てだて》〟をしていない、と重臣達にいわせた、であったかも知れないが、それは余りにも出来過ぎの感あり。

十八日の夜は清洲の織田方ではこの様に過ぎた。

一方今川方はどうであったか?　『三河物語』の記述では十七日の夜、地鯉鮒に泊まった

事は出て来るが、十八日の宿営地の地名は出て来ない。十八日の義元の動きは、

「義元ハ地鯉鮒より段々に押して大高え行、棒山之取手ヲツク〳〵ト巡見シテ、（略）」（『三河物語』）

と地鯉鮒から大高に直行した。距離にして、二里三町（11㎞）。（義元の駿府から地鯉鮒まで六日間の踏破距離は約三十六里（144㎞）÷六日間＝六里（24㎞）／日という行軍速度からして、五月十八日午前の二里三町の移動はほぼ半日仕事。到着後、巡見、評定、鷲頭、丸根両砦を攻めると決定、その準備を開始する状況からして午後の大半は大高城ですごした。大高城を当面の現地司令部とし、兵糧の運び入れが実施され、鷲頭、丸根砦救援の信長本隊到着を想定した戦闘配置に兵を着かせる。これ等、一連の行動が十八日から十九日の夜明けまでに実行された。

義元は、性格なのか、今川家の家風なのか、兵力差から来る余裕なのか、討死の前日十八日もいつもの如くゆったりと流れる時間の中で総大将の役割に勤しんでいたのではなかろうか。だが十八日の夜は大高城に、大量の兵糧が運び込まれ、上よ下よの大騒動。また、自分の下した砦攻めが翌日の夜明け前から始まるため、その準備も始まり、かつ本人も初め

て自分が指揮しての戦で興奮してこの夜は眠るどころではなかったと想像する。永禄三年（一五六〇年）五月十八日（新暦六月十一日）は夏至直前であり夜明は早い。午前三時半に攻撃を仕掛けるにはその前から準備が必要。これを裏付ける言葉を中島砦から今川軍を目指して出撃する際に、敵将・信長が発している。

「あの武者、宵に兵粮つかひて、夜もすがら来たり、大高へ兵粮を入れ、鷲頭・丸根にて手を砕き、辛労して、つかれたる武者なり。こなたは新手なり。其の上、小軍にして大敵を恐るゝことなかれ。運は天にあり。此の語は知らざるや（略）」

（『信長公記』：「今川義元討死の事」続き7）

信長は善照寺砦で義元軍の動き（梁田が組織した旧山口家臣達から）の報告を受け、中島砦から出撃に際しこの言葉に繋がった。今川軍は十八日、夜通し活動・移動し、〝夜もすがら来なり〟〝つかれたる武者なり〟と、この時点で信長軍と対峙している今川軍は砦を落とした部隊ではなかったが、少なくとも義元の本隊は徹夜し、今朝、大高から桶狭間に移動して来たと知っての発言ではなかったか。十八日から十九日にかけての義元の動きはこの様なものであった。さらに合戦の経過を追う。

五月十九日：合戦当日

「案の如く、夜明がたに、佐久間大学・織田玄蕃かたよりはや鷲頭山・丸根山へ人数取りかけ候由、追々御注進これあり（略）」

（『信長公記』「今川義元討死の事」続き6）

夜明がた：永禄三年（一五六〇年）五月十九日（新暦六月十一日）日の出は午前四時四十分前後。

（信長に午前四時三十分に報告が届くためには鷲頭―清洲間約20㎞以上を約一時間で（馬）走破するとして、午前三時三十分頃に鷲頭近辺を出なければならない。この前後に戦闘が始まった、と想定できる）。

信長は鷲頭・丸根砦に今川軍が攻撃を開始した、との情報を得、〝我、勝てり〟と思ったに違いない。それは戦場となる地が昨年夏よりの付城構築で何度も小競り合いをし、土地勘も得た、しかも狭間が入り組み大軍が展開しづらい泛地《はんち》であり、小軍にも勝機を得やすい地であったが故で、西尾張のどこか分からない場所より、今までの経験を生かせる場所であった事からで、つまり、自分の〝いつ〟〝どこで〟〝どう〟戦うかの作戦の想定内に入った故であった。

「此の時、信長、敦盛の舞を遊ばし候。人間（じんかん）五十年、下天の内をくらぶれば、夢幻の如くなり。一度生を得て、滅せぬ者あるべきかとて、螺（ほら）ふけ、具足よこせと、仰せられ、御物具めされ、たちながら御食（みけ）を参り、御甲（よろい）をめし候て、御出陣なさる（略）」

（『信長公記』「今川義元討死の事」続き8）

信長は出陣前に敦盛を舞った。信長のこの時の心境を、同じ武人の、しかも戦闘を前にしてのナポレオンの言葉を引用して押し測りたい。ナポレオンが部下のド・ローリストン将軍に出した書簡より、

「次の三つのものを記憶せられよ。すなわち力の結集、機敏、そして、名誉の戦死をとげようとの確固たる決意。私のあらゆる作戦において常に幸運を与えてくれたのは戦術上のこの三大原則であった。死はなんでもない、しかし敗れて栄光もなく生きることは、毎日死ぬことである」

（『ナポレオン言行録』「ド・ローリストン将軍へ」（一八〇四年十二月））

ナポレオンの言葉は、信長が合戦の直前に敦盛を舞った心境の大方をいい当てていると思

う。
〝名誉の戦死をとげようとの確固たる決意〟、つまり一身を投げだす覚悟を決め、〝死はなんでもない、しかし敗れて栄光もなく生きることは、毎日死ぬことである〟と敦盛を舞うことで自分にいい聞かせたのでは？　信長の合戦前の心境をいい得て妙とはこの事ではないか。

「其の時の御伴には御小姓衆、
岩室長門守　長谷川橋介　佐脇藤八　山口飛騨守　賀藤与三郎
是等主従六騎、あつたまで、三里一時にかけさせられ、辰の刻（午前八時前後）に源大夫殿宮のまへより東を御覧じ候へば、鷲頭・丸根落去と覚（おぼ）しくて、煙上がり候。此の時、馬上六騎、雑兵弐百計りなり（略）」
（『信長公記』「今川義元討死の事」続き9）

信長出陣。〝勝てる〟の思いは清洲―熱田間の行軍の勢いにも現れ、三里を休みなく行軍し三時間ほどで、辰の刻（午前八時頃）に熱田に到着。
未だ後続の部隊も追い付いておらず、従っていたのは五騎と兵二百のみ。そろそろ魚が針を飲み込むのに十分な時間が過ぎたと思いながら、熱田の宮前から鷲頭と丸根の両砦方角を見ると、砦が〝落去〟と覚しき煙が立ち上っているのが遠望される。熱田に着くまでは砦が

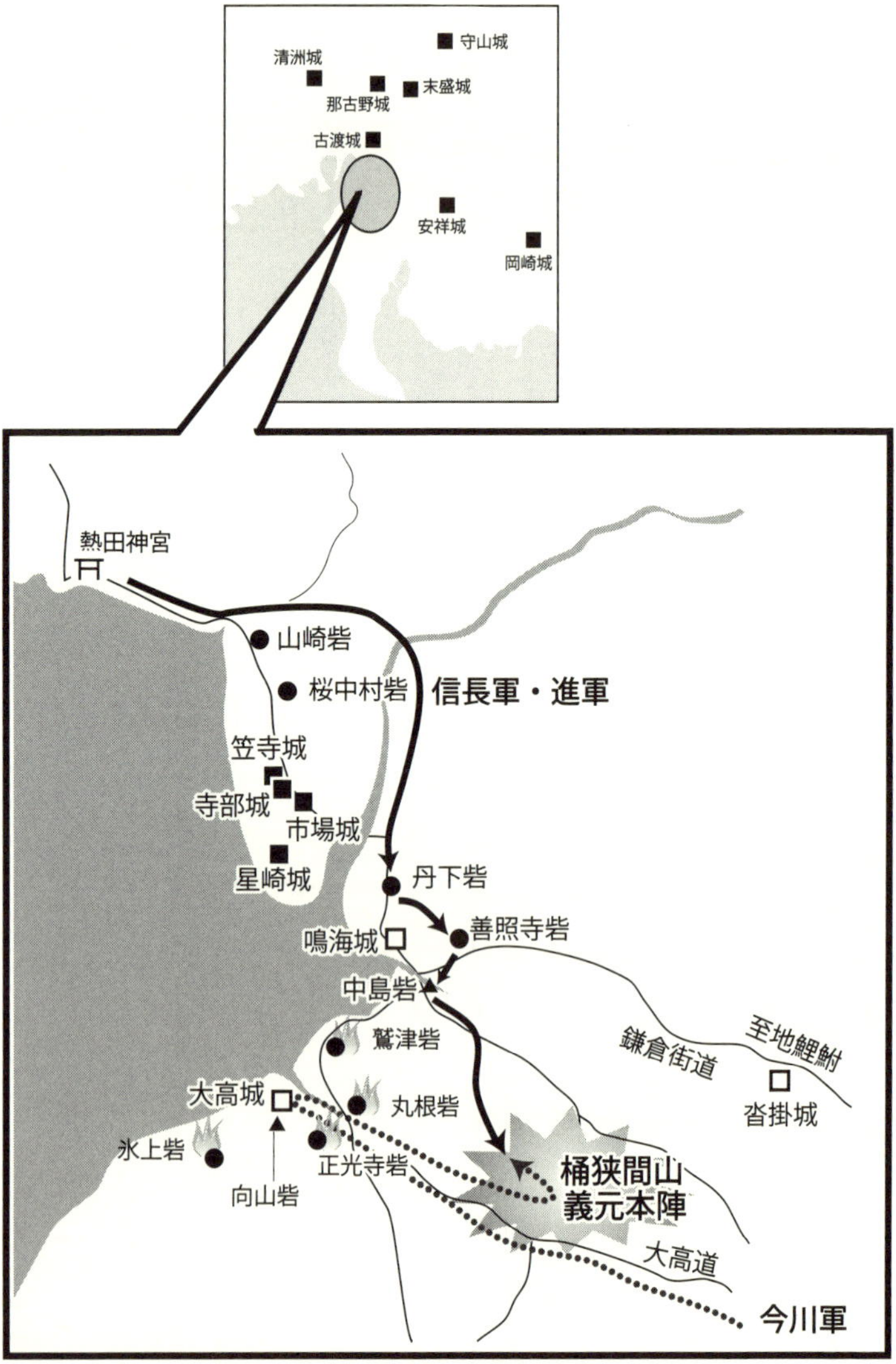
守山城
清洲城
那古野城
末盛城
古渡城
安祥城
岡崎城
熱田神宮
山崎砦
桜中村砦
信長軍・進軍
笠寺城
寺部城
市場城
星崎城
丹下砦
善照寺砦
鳴海城
中島砦
鷲津砦
鎌倉街道
至地鯉鮒
沓掛城
大高城
丸根砦
氷上砦
正光寺砦
向山砦
桶狭間山
義元本陣
大高道
今川軍

これ程早く落ちる、と想定していなかった故か、通常より速いが、特に急ぐ行軍速度ではなかった。だが鷲頭・丸根砦の落去の兆候を認め〝しまった〟と覚り行軍が急に速くなる。

「浜手より御出で候へば、程近く候へども、塩満ちさし入り、御馬の通ひ是れなく、熱田よりかみ道を、もみにもんで懸けさせられ、先づ、たんげの御取手へ御出で候て、夫(それ)より善照寺、佐久間居陣の取手へ御出であって、御人数立てられ、(略)」

(『信長公記』「今川義元討死の事」続き10)

熱田からは〝もみにもんで懸けさせられ〟と、急ぎに急ぎ、丹下経由善照寺砦へ向かった様子が窺える。信長は鷲頭・丸根砦が落ち、今川本隊が大高城下から舟に乗りこむ際の障害が無くなり、自分が着くまでに、舟に乗りこんでしまう事を危惧した。しかも近道が満潮で通れず、遠回りを強いられる。二時間後、善照寺砦に着く。到着は午前十時前後ではなかったか。

〝義元は未だ本陣におります〟の報告を聞き、漸く安堵。だがこの時点で大高城に付けた三つを含め、五つの砦群が今川方により、排除された事も報告を受けた。幸先の悪い序盤戦であった。だが信長は動ぜず。義元本隊が居れば、勝負はこれからと思ったのではなかろうか。

「信長、善照寺へ御出でを見申し、佐々隼人正、千秋四郎二首、人数三百計りにて、義元へ向かって、足軽に罷り出で候へば、瞳（どう）とかゝり来て、鑓下にて千秋四郎、佐々隼人正を初めとして、五十騎計り討死候」

（『信長公記』「今川義元討死の事」続き11）

氷上山《ひかみやま》砦、正光寺砦の守備兵合計三百が信長の到着を確認すると彼の目の前で、敵前逃亡を詫び、玉砕して果てた。信長軍の軍紀の厳しさを示す出来事であった。一方の今川軍もこの（信長が善照寺砦に到着した）時点では、陣（多分、魚鱗の陣）が組まれており、三百ばかりの攻勢など〝瞳《どう》とかかり来て〟難無く撃破。

義元が、いつ、桶狭間に着陣したのかは定かでないが、佐々隼人正と千秋四郎の突撃の顚末を見ているという事は、午前十時頃には到着していた。午前三時頃から始まった鷲頭・丸根砦攻撃は午前八時頃には両砦共に落ちたと思われる。その後の移動と考えても、午前十時頃までには桶狭間に着陣できる。つまり、信長、義元、両将共にほぼ同時刻に桶狭間に着陣した。

佐々隼人正と千秋四郎の突撃が終わった時点で、『信長公記』のいう〝朝合戦〟が終わった。午前十一時頃ではなかったか。この朝合戦直後のそれぞれの様子は？

まず、軍勢は、義元は合計一万の軍勢を引き連れての尾張侵攻とはいえ、実際はこの内千五百は前述したが、鳴海、大高、沓掛に在城。次に残り八千五百の内、地鯉鮒城とその近郊にある鴫原城（村木砦着工時の拠点）に三河の反松平勢や水野氏への押さえでそれぞれ五百と三百を配置したと推測。残り七千七百。鷲頭、丸根砦攻撃で、朝比奈勢二千と松平勢千が使われ、残りは四千七百であった、この四千七百が、

「御敵今川義元は、四万五千引率し、おけはざま山に、人馬の息を休めこれあり。（年号）五月十九日　午の刻（正午）、戌亥（いぬい・北西）に向かって人数を備へ、鷲頭・丸根攻め落とし、満足これに過ぐべからざるの由にて、謡を三番うたはせられたる由に候（略）」

（『信長公記』「今川義元討死の事」続き12）

試算結果の数四千七百の約十倍近い人数で書かれているが、桶狭間山に北西に向かって陣を張り、休憩中であった。重臣達の反対を押し切り、初めて自分が采配した鷲頭、丸根両砦攻撃が成功し、嬉しくて堪らなかった、と想像する。さらに飛び出してきた佐々、千秋勢三百を討ち取り、

「是れを見て、義元が戈先には、天魔鬼神も忍（タマ）るべからず。心地はよしと、悦んで、緩々（ゆる

ゆる）として謡をうたはせ、陣を居（す）ゑられ候（略）」

（『信長公記』「今川義元討死の事」続き13）

大高城包囲網に関係した信長方の全戦力を粉砕。戦など、やってみれば簡単なものであると有頂天になり、謡をうたい、ユックリと序盤の勝利の余韻を楽しんでいた。

一方、信長は手持ち四千四百六十の内、既に千七百を付城に配備済み。残りは二千七百六十。内、五百を清洲城、他諸城（守備兵）に残し二千二百六十を引き連れて善照寺砦に来ていた。まず三百六十を沓掛城（守備兵四百）方面へ、押さえとして出し、残り千九百で義元軍中軸を狙ったものと考える。今川（四千七百＋六百大高城守備兵＝）五千三百vs信長千九百が合戦の実数と推定。どう考えても数からすれば信長方には勝てる相手（約3倍）ではなかった。

「ふり切って中島へ御移り候。此の時、二千人に足らざる御人数の由、申し候」

（『信長公記』「今川義元討死の事」続き14）

しかし、信長には劣勢を挽回できる今川方の情報があった。

「夫より善照寺、佐久間居陣の取手へ御出であって、御人数立てられ、勢衆揃へさせられ、様体（ようたい）御覧じ、（略）」（『信長公記』「今川義元討死の事」続き15）

「信長御覧じて、中島へ御移り候はんと候つるを、脇は深田（ふけだ）の足入れ、一騎打ちの道なり」（『信長公記』「今川義元討死の事」続き16）

と、信長は午前十時頃、善照寺砦に着いた際と正午過ぎ、善照寺から中島砦へ移る際、〝御覧じ〟と敵の動きをつぶさに観察し、十時から善照寺砦に留まり、相手の動きに変化が出る十二時過ぎまで待ちの姿勢を取っていた。

また、この間既に善照寺砦から大高城の沖に舟がクモの子を散らす様に集結しているのが見え、打ち手の正しさを確信していた。

信長は梁田から義元軍が大高城下から尾張の西部に向け、総員の半数が舟で移動する事を、そして舟に乗りこむ刻限は夏の夕方南から北に風が吹きだす、申の刻（午後四時）であり、その前に彼らは桶狭間の陣から退く、との情報を得ていた。（これ等も梁田が組織した山口佐馬助の旧臣達からの内部情報）その動きに乗じ攻撃を仕掛ける作戦であった。

この光景は父、信秀が美濃の斎藤道三の稲葉山城を攻め、申の刻（午後4時前後）に退く時、付け込まれて大敗を期した情景（立場は逆だが）と全く同じ。目指すは今川本陣、義元軍中軸であった。

「山際まで御人数よせられ候ところ、俄（にわか）に急雨（ムラサメ）、石氷を投げ打つ様に、敵の輔（ツラ）に打ち付くる。身方は後の方に降りかゝる」
（『信長公記』「今川義元討死の事」続き17）

雨が降り出す前に、既に信長軍は今川本陣のある山裾まで進出。朝方、佐々隼人正や千秋四郎が殲滅された場所を、一度も戦闘する事無く通り過ぎ、山裾に至る。ここでも、信長の軍勢を山口佐馬助の旧臣達が先導していた、と思えてならない。桶狭間の地形は『信長公記』にこの様に描写されてはいるが、

「おけはざまと云う所は、はざまくみて、深田足入れ、高みひきみ茂り、節所と云う事、限りなし」
（『信長公記』「今川義元討死の事」続き18）

例え今川方が退いている最中とはいえ、昼間二千名弱の信長軍が発見されずに敵に近づくのは、この地に詳しい者がいない限り、至難の業ではなかったか。この地形と山口佐馬助旧

臣の先導が功を奏した。

一方、義元は初戦の勝利で大いに気を良くしており、信長軍弱し、と判断したのか信長の動向を全く気にかけている素振りが見えない。その理由は信長軍が午前十時に善照寺砦に着いて以降全く動きが無い事から合戦の意志が無いと（勝手に）判断したからで、正午過ぎには全軍に転進の命令を下すに至った。これを見た信長は善照寺砦から中島砦へ移動した。

「義元ハ、其ヲバ知り給ズシテ、弁当ヲツカハせ給ひて、ユク〳〵トシテ御《ヲハシマシ》給ひシ処に、車軸の雨ガ降り懸ル処に、（略）」

（『三河物語』）

信長が近づいて来るのを知らず、義元が昼の弁当を緩々と食べている最中に激しい雨が降り出し、注意がさらに散漫になる。どうも今川軍全軍が撤収するなか、なぜか、義元の本陣だけは他の部隊と行動を共にせず愚図愚図して動かなかったため、戦場に取り残された状態となっていた、と推定できないか。そして雨が止んだ直後に攻撃を受ける破目となった。今川軍は朝方、魚鱗の陣を敷いていたと思われるが、〝前備〟は午後に入り既にいない。信長は今川本陣のある山裾まで達し、雨が通り過ぎるのを待った。

「（中略）空晴るゝを御覧じ、信長鎗をおっ取って、大音声を上げて、すは、かゝれ〳〵と仰せられ、黒煙立てゝ懸かるを見て、水をまくるが如く、後ろへ〳〵はっと崩れたり。弓、鎗、鉄炮、のぼり、さし物算を乱すに異ならず、今川義元の塗輿も捨て、くづれ逃れけり」

（『信長公記』「今川義元討死の事」続き19）

空が晴れ、鉄砲が使えるようになると信長は〝すは、かかれ、かかれ〟と大音声を上げ、戦闘開始を告げた。特に〝黒煙立て懸る＝鉄砲の一斉射撃での戦闘開始〟は効果があった。今川方の〝くづれ逃れけり〟の表現に、我先に、折り重なるが如く、逃れる描写に突然現れた敵への、そして大量の鉄砲の一斉射撃への、義元軍の驚愕、狼狽、恐怖が見てとれる。

そして義元の最後の時が来る

「旗本は是なり。是れへ懸れと御下知あり、未（ひつじ）の刻（午後2時頃）、東へ向かってかゝり給ふ。初めは三百騎計り真丸になって義元を囲み退きけるが、二、三度、四、五度、帰し合せ〳〵、次第〳〵に無人（ぶにん）になって、後には五十騎計りになりたるなり。信長下り立って若武者共に先を争ひ、つき伏せ、つき倒し、いらつたる若ものども、乱れかゝって、しのぎをけづり、鍔（つば）をわり、火花をちらし、火焔をふらす。然りと雖も、敵身方の武者、色は相まぎれず、爰にて御馬廻、御小姓衆歴々手負ひ死人員（かず）知れず、服部小平太、義元にかゝりあひ、膝の口きられ、倒れ伏す。毛利新介、義元を伐ち臥せ、頸をとる」

（『信長公記』「今川義元討死の事」続き20）

義元本陣には馬廻衆が三百騎居た。従者等を含めれば、今までの計算式では×五で千五百程が本陣の内外で義元を取り囲み、警護していた。一方の信長軍の全兵数が千九百、しかも『三河物語』に拠れば攻め方は、一点に絞られておらず、千九百が分散して山を攻め上がっているが如くの表現である。義元の本陣を固めていた馬廻り衆だけで十二分に対抗できる戦力があったと思われるが、なぜ、討ち取られてしまったのか。その理由を推理すると。

・信長が善照寺砦に到着後、佐々隼人正、千秋四郎を頭にした三百の兵の突撃を見殺しにした。これを見た今川方は信長に〝戦意無し〟と見做した。（午前十〜十一時頃）

義元は事前に信長軍の兵力に関し、尾張国内の統一戦で消耗しその数は少ないとの情報を得ていた。そして夜明け前からの砦攻め、佐々、千秋勢の玉砕、善照寺砦に現れた信長本隊の数の少なさに、この程度か、と〝侮る〟気持ちが段々と強くなった。しかもその後信長本隊は全く動く気配が無い。これ等を総合的に見て、義元は〝信長に戦意無し〟と判断した。

一方の信長は前述の梁田の情報により、敵は舟に乗るために前線から退く、その時を待って背後を撞く、であった。さらに『孫子』がいう敵の戦意が落ちるのを待っていたか？

「故（もと）より朝の気は鋭（えい）、昼の気は惰（だ）、暮れの気は帰（き）。故に善（よ）く兵を用うる者は、其の鋭気を避けて、其の惰帰を撃つ。此れ気を治むる者なり」

（『孫子』「軍争篇：民（たみ）の耳目を壱（いつ）にする」）

信長は義元軍が徹夜で砦攻撃を準備し、陥落させ、それを見届けてから桶狭間に布陣した事を聞いた。実際に砦を攻めた部隊でなくとも、全員徹夜をしている。彼らは時間と共に疲れが出、気が萎える。時間が経てば経つほど攻撃に弱くなる、と判断した。

・次の目的に向かい転進を命じ、全軍が撤収開始（正午頃）。信長はこれを見て中島砦へ移動。その後義元本陣のある山裾へ。（午後一時までに）

『信長公記』に今川方の転進命令が出、全軍撤収中（に背後を突かれた）と推測できる記述がもう一つ、

「二股の城主松井五八郎・松井一門一党弐百人、枕を並べて討死なり。爰（ここ）にて歴々其の数（具体的な数無し）、討死候なり」

（『信長公記』「今川義元討死の事」続き21）

遠江の二俣城城主、松井五郎八郎宗信は〝前備〟に配置されていた。信長軍が進攻してくれば真っ先に迎撃する役目であったし、それができる場所にいなければならない。しかるに義元が討たれる前に戦った、という表現になっていない。単に一門二百名全員討死である。松井一党は天文十七年（一五四八年）の小豆坂の合戦時も、〝前備〟に居り、織田軍に押し返された際、当然前備は殿《しんがり》となる。この時の働きで、義元から感状を貰っている。

「去る三月十九日於三河小豆坂尾州駆合、最前入馬尽粉骨、宗信同前為殿之条、無比類働之儀、感悦之至候、弥可被抽軍忠事専要候、

天文十七年　四月十五日　　義元

松井惣左衛門殿（宗保）」

（『愛知県史』「中世3」今川義元感状写）

と最初、最前線で働き、後退局面で殿となっても比類ない働きをし、感状（宛先は父親名

だが宗信同前とあり）を与えられた。この桶狭間の合戦も背後を突かれるが、松井とその一門は既にいない。殿を勤めるべき者達が存在しない。前備の松井一党の撤収は一番最後で、未だ纏まっていたのか、一族郎党二百名が一か所でかつたいした抗戦もなく討死したか。この記述からも全軍が退いていたと推し量れる。

・激しい雨で煙幕が張られた如くとなり（午後一時〜二時の頃）、雨が止むと信長軍の攻撃を受けた。（午後二時の頃）

初戦の勝利に酔っているのか、信長を侮っているのか、己が撤収命令で回りは陣を畳み移動を始めているにもかかわらず戦場に居座り、哨戒行動も全く取っていない義元本陣。主《あるじ》が主なら、家臣も家臣であったか。

一方の信長は『孫子』の教えを地で行くが如く、である。

「故に兵は詐（き）を以て立ち、利を以て動き、分合を以て変を為す者なり。故に其の疾（はや）きこと風の如く、其の徐（しずか）なること林の如く、侵掠（しんりゃく）すること火の如く、動かざること山の如く、知り難きこと陰の如く、動くこと雷（いかずち）の震（ふる）うが如くして、嚮（むか）うところを指（しめ）すに衆を分かち、地を廓（ひろ）むるに利を分かち、権を懸けて而（もっ）て動く。迂直の道を先知する者は、此れ軍争の法なり」（『孫子』「兵は分合（ぶんごう）を以て変を為（な）す者なり」）

武田信玄の軍旗に使われ、〝風林火山〟で世に知られた『孫子』の言葉である。（信玄は〝唐では兎も角、これは日本では使えない〟といっていたらしいが）。信長はこの文言を忠実になぞっている感を受ける。『孫子』の解説を使わせて頂くと、

「兵は詐《き》を以て立ち＝軍事行動は敵を欺く事を基本とし」つまり合戦前夜の作戦会議無し。また、この朝城を出た際従った兵はたった二百名。この事実が時間遅れで、昼前後に義元に伝わっていれば、信長を大いに侮る理由も分かる。

「分合を以て変を為す者なり＝分散と集合で臨機応変に」すなわち清洲の城を出た時、また熱田神宮前でも供は二百が、善照寺砦に集まったのは二二六〇。バラバラ懸け付け、総勢が幾らになったのかは、敵に分かり辛かったのでは？

其の疾《はや》きこと風の如く＝熱田から善照寺砦まで〝もみにもんで懸けさせられ〟の移動。

その徐《しずか》なること林の如く＝佐々隼人正、千秋四郎以下三百人の突撃を見殺しにした善照寺砦での待機。

動かざること山の如く＝善照寺砦で今川方が撤退を始めるまで二時間以上待機。
知り難きこと陰の如く＝中島砦から義元本陣山裾まで気づかれずに移動。
動くこと雷《いかずち》の震《ふる》うが如くし＝大量の鉄砲を撃ち放しての攻撃開始。

『孫子』のこの章でいわんとしている事に全て適った動きではないか。

・（史料では語られていないが）大量の鉄砲の発砲音とその威力が効果的で、今川本陣にパニックが起きた。（午後二時すぎ）

家督相続後最初の合戦、三の山赤塚合戦で信長は前述した様に敗北。その敗因として飛び道具、弓を扱う者の質、量が共に劣っていた、を挙げた。この桶狭間の合戦で、この点への対応に関し、信長の著しい成長を見る。『信長公記』から、

「〝黒煙立て丶懸かる〟を見て、〝水をまくるが如く、後ろへ〱はっと崩れたり〟若者ども、乱れかかって、しのぎをけづり、鍔（つば）をわり、火花をちらし、〝火焰をふらす〟」

を抜き出してみると、〝黒煙立て懸かる〟と〝水をまくるが如く、後ろへ〳〵はっと崩れたり〟を鉄砲以外の武器が起こせるのか？　〝黒煙立て懸かる〟は黒色火薬の黒煙で、つまり鉄砲を打ちながら攻めかかる、の意。

また〝水をまくるが如く〟も打ち水を撒かれて後ろに飛びのく様子を重ね合わせているが、単に急に攻め込まれただけで、武士の集団が〝後ろへ〳〵はっと崩れたり〟とはならない。やはりここは轟音と実際に鉄砲の玉が飛んで来て何人かに当たれば、後ろにのけ反る、は考えられる。しかも使われた鉄砲はかなりの数ではなかったか。（音も威力も効果は絶大であった）。

次に戦闘シーンの描写で、鍔《つば》を割り（＝刀）、火花をちらし（＝鑓や刀）は今までの戦闘シーンでも使われている表記だが、火焔をふらす（＝鉄砲）の描写は無い。これも鉄砲の使用以外では考えられない描写では。しかも、信長は雨が止んでから攻撃を開始している。鉄砲を使わないのであれば、雨の降り方からして、雨が吹き付けている内に攻撃した方が信長にとり、より有利ではなかったか？

『信長公記』のこの描写から、桶狭間の合戦では鉄砲が使われ、かつ、その数はかなりのものであった。信長は三の山赤塚の合戦時、飛び道具の差で負けたが、それを反面教師に桶狭間の合戦では飛び道具が勝因の一翼を担っていたと推測できる。ここに八年後の成長した信長がいた。

・義元の〝経験不足〟、しかも〝気弱〟。

前述したが、戦場での評定が長い。『三河物語』では鷲頭、丸根砦を攻めるか、攻めないか、で延々と評定。砦を落してからは大高城の城代に関し、〝鵜殿長持ヲ早長々の番ヲサせて有リ。誰ヲ替にカ置ン〟トテ、〝誰カ是カ〟ト云内、良久敷、誰トテモ無。〝サラバ元康ヲ置申せ〟トテ、次郎三郎（元康）様ヲ置奉リテ、引退ク処に〟と余り大した事柄でもないのに、長評定をやる。

ナポレオンもこんな事をいっている。

「戦争会議を重ねすぎると、いつの時代にも起こったことが起こる。すなわち、ついには最悪の策が採られるということである。最悪の策とは、戦争においては、ほとんど常に最も臆病な策である」

（『ナポレオン言行録』）

鷲津、丸根砦に鹿垣《ししがき》を二重、三重に結いまわして無力化すれば、時間のロスも、人的損害もなく、（元の作戦計画通りに）尾張西部に軍勢を展開でき、信長軍を東西に分断し、各個撃破できた可能性は高かった。鷲頭・丸根砦が多数の兵が舟に乗り込む際に脅威と攻め落とし、（臆病な策）予定外の道草を食った。これが信長に義元本陣の捕捉殲滅の機会を与えてしまった。（経験不足）

また、史料から読み取れる義元像は、長評定以外にも、命令を朝比奈泰朝二十三歳（鷲頭砦攻め）、松平元康十八歳（大高城への兵糧搬入、丸根砦攻め、大高城城番）と、この忠実な若い二人にのみ下知をし、鵜殿長持四十八歳が大高城城代はもう嫌だと文句をいう、と真に受けて元康に替えてしまう。最高司令官として余りに気弱、自分より年長者に下知ができない感あり。

一方勝利に酔い、我を忘れて余韻に浸る。これも家臣が賛同しなかった両砦攻めの成功や三百ばかりの信長勢殲滅に、〝見ろ〟自分は正しかったぞ、を表現したかったのでは。周りに陣取っていた家臣達は既に移動し始めていたにも拘らず、勝利の宴、これは気弱の裏返し的行動ではないか。

しかも周りの家臣は誰もこれを諫《いさ》めなかったのか。太原雪斎や朝比奈泰能《やすよし》がおれば諫められたであろうが、諫められるだけの家臣がいなかったか、戦場での経験の無い義元が一番気をつけなければならない点であった。主が主なら、家臣も家臣、全く戦場での緊張感が感じられない。平時ならばいざ知らず、戦場でこれでは命を落とすのも致し方なし。連れて討たれた多くの家臣は哀れというほかは無い。『ナポレオン言行録』にこんな言葉がある、

「作戦計画を立てることは誰にでもできる。しかし戦争をすることのできる者は少ない。なぜなら出来事と情況とに応じて行動するのは真の軍事的天才でなければできないことだからである。最上の戦術家も将軍としてはともすれば凡庸であったのはそのためである」

（『ナポレオン言行録』）

この言葉に則して義元を評すれば、〝出来事と情況とに〟全く関係なく自分の世界に浸りきる人物ではなかったか？〝如律令〟の効かない戦場には出て来てはいけない人であり、戦場では凡庸以下であった、と思われる。残念ながら義元の師僧・太原雪斎の武将としての育成方針に大きな問題があった事はいうまでもない。

最後に義元を三百騎の旗本が取り巻いていた。彼らを楯に、時間を稼がせ、自分は脱兎の如く逃げれば逃げ切れた、と思えるが、やらない、やれない、決断できない〝経験不足〟で

〝気弱〟な人であった、と思えてならない。今、この状況下で何が最優先課題なのか？　が判断できない人であり、戦場ではその代償は己の命であった。

三、合戦後

信長にとり、この合戦の勝利で得たものは〝正の効果二つ〟と〝負の効果一つ〟ではなかったか。まずは〝正の効果〟から、

- 東からの脅威排除
- 〝絶対君主制〟の確立

東からの脅威排除

尾張領内に深く刺さった棘《とげ》が鳴海城であり、笠寺地区の城／砦であった。これを完全に取

り除き、また将来的な脅威も排除（義元以下有力家臣、及び三千討取り）した。さらに鳴海、大高、沓掛、地鯉鮒（知立）、鳴原の五城を一日の合戦で奪還。戦線を三河領内まで押し戻した。

〝絶対君主制〟の確立

桶狭間合戦の当日まで、信長の行動に一々反対していた重臣達も、これ以降は信長の意に逆らう事は無くなったであろう。今川義元と彼の家臣三千の頸は信長にカリスマ性を与えるに十分な重みのある結果であった。信長自身も大いに自信を深めたのではなかったろうか。

信長はさらにこの戦勝に対し、過分とも思われる恩賞を梁田（沓掛城と三千貫）や佐久間信盛（鳴海城）に与える。誰が尾張の当主か、誰が合戦の勝利に貢献したかを決め、賞する。信長は次々と貢献者に恩賞を与えた。誰にも異議を挟ませずに。

一方、丸根砦の守将、佐久間大学充に関し『三河物語』に〝元よりススム殿ナレバ、即押寄て責給ひケレバ、程無タマラズシテ、作（佐久）間ハ切て出ケルガ、雲（運）モ尽キズヤ、打モラサレて落て行。家の子郎従（党）共ヲバ悉打取〟とあり、佐久間大学を討ち漏らした、と出て来る。

また『信長公記』には朝合戦から午後の合戦に場面が切り替わる直前に、手に手に頸を持った者達が現れる。〝前田又左衛門、毛利河内、……佐久間弥太郎、森小介、（中略）右の衆、手に手に頸を取り持ち参られ侯〟とある。この中の〝佐久間弥太郎は佐久間大学〟その人ではないか。

丸根砦から切って出て生き延び、さらに佐々隼人正、千秋四郎ら三百騎と共に敵に突撃し、ここでも敵の頸を取るが、丸根砦からの離脱の罪は許されず、午後の戦で命を落としたと思える。彼の子、盛昭は姓を佐久間から奥山に変えている。（家名を変えなければならない程の罪とされたのか？）佐久間大学充盛重、若い信長を支えた重臣にも関わらず、丸根砦から切って出て生き残った事が、敵前逃亡と見做され、許されなかった。佐々や千秋の砦からの撤退（敵前逃亡）と同罪と見做された。

この過酷な明暗、これはまるで『韓非子』の二柄《にへい》に出てくる内容と同じである。

「明主（賢明な君主）の導（よ）（由）りて其の臣を制する所の者は、二柄のみ。二柄とは刑と徳なり。何をか刑と徳と謂（い）う。曰わく、殺戮（さつりく）をこれ刑と謂い、慶賞をこれ徳と謂う。人臣為（た）る者は、誅罰を恐れて慶賞を利とす、故に人主、自ら其の刑徳を用うれば、即ち群臣は其の威を畏れて、其の利に帰す」

（『韓非子』「第七　二柄（にへい）」（二つの柄（え）））

信長はこの合戦の結果で、二柄を厳格に使い分け、また沢彦《たくげん》から教えられた『孫子』「兵とは国の大事なり」から〝賞罰は孰《いず》れか明らかになる（賞罰の徹底）〟を実施し、弾正忠家家中に〝絶対君主制〟を確立した。

負けた今川家は、嫡男・氏真《うじざね》が挽回を図るも将兵三千の損失は余りにも大きく、三河の松平元康と甲斐の武田信玄に領地を徐々に侵食され、九年後、永禄十二年（一五六九年）に滅亡した。

この合戦の〝負の効果〟として、信長が直面したのが、

兵力の枯渇

信長軍の人的損害は大きく、朝合戦で鷲頭、丸根、氷上山、正光寺の四砦のほぼ全守備兵

が討死、約九百。これに相応する今川の損害は三百（今までの計算式で、勝者であっても敗者の損害の三分の一で計算）。午後は今川の討死二千七百八十（内訳は後述）、一方信長方の損害は『信長公記』に〝爰にて御馬廻、御小姓歴々衆手負ひ死人員知れず〟とあるが、今川の損害の三分の一で九百三十。

この日、合計で千八百三十（＝朝方九百＋午後九百三十）を失った。合戦前の四千四百六十の内千八百三十が討たれ、合戦後兵の総数は二千六百三十まで落ち、兵力不足問題はさらに深刻化した。

（実際は討死だけでなく、手負いも数多くおり、二千六百三十の内情は惨憺たるものではなかったか？）。

桶狭間の合戦が五月十九日、次の日（二十日）首実検、その数は？

『愛知県史』「中世」「天沢寺記」「駿河志料」（歴史図書社）の「桶狭間殉死之士」がありそこには、

「義元の家臣、山田新右衛門（遥か後陣に在りしが馳せ来りて忠死す）から始まり三十八名及び徳川衆で義元本陣に御使いに来ていた七名の名前が列記され、騎士五百八十三人、雑兵二千五百人戦死と云う」

（『愛知県史』「中世」（天沢寺記、駿河志料））

と騎士だけでも、五百八十三名、総計三千を超える、とある。（朝合戦で三百、午後の負け戦で（三千八十一三百＝）二千七百八十が討たれた、と想定）。

天沢寺とは義元の嫡男・今川氏直が父の菩提を弔うために駿河に建立した寺。この寺の建立の趣旨からして討死の数はかなり正確であると思われる。稀に見る討死の規模であった。

信長も首実検をやりながら、終に父、信秀を精神的に追い込み早死にさせ、信長本人も悩まされ続けてきた今川を完膚なきまでに叩いた、と感慨深いものがあったのではなかろうか。しかも勝因は父信秀が美濃で大敗した退陣の際の敗因を、今度は今川に同じ退陣の隙を突き、道三以上の大勝をなし、感無量ではなかったか。

第五章　美濃攻略（二）

火縄銃

ここから信長の天下布武への第二段階、美濃攻略について見る。

まず、桶狭間合戦前後の尾張を取り巻く政治情勢はどの様なものであったか？

- 京：前述の如く、永禄二年（一五五九年）二月、信長は上洛し、将軍に尾張統一の報告を兼ね挨拶を行った。この時の将軍は十三代将軍義輝《よしてる》である。義輝はその前年、永禄元年（一五五八年）十一月に、近江の六角義賢《よしかた》の仲介で管領細川氏の家臣、三好長慶《ながよし》と和睦し、京に五年ぶりに入洛が実現。信長が会った義輝は僅か三ヶ月前に京に戻ったばかりで、しかも管領細川氏の家臣であった、三好長慶の傀儡でしかなかった。三好長慶が畿内を押さえ、京に於ける、〝時の最高実力者〟であった。長慶は永禄七年（一五六四年）に亡くなり、養子、義継《よしつぐ》を三好三人衆が補佐し、権力を維持する。

信長は実権の無い将軍に会い、陪臣の出であった三好長慶の治める、京の街を見、京の民に接し、往き帰りの道すがら民の困窮ぶりを見、自分なりに思う事が多々あった。この上洛が天下布武の着想の契機となったのでは、と思えてならない。

●美濃：弘治二年（一五五六年）斎藤義龍が家督相続後、隠居した父、道三を討つ構えに出、信長が舅、道三支援のため、大良《おおら》（岐阜県羽島市）迄出陣するが、時すでに遅く、道三は長良川の合戦で討たれてしまう。

この出陣以来、義龍は信長を敵視し、事あるごとに、反信長勢力の黒幕となった。美濃は信長の後ろ盾であった道三から、反信長の黒幕となった義龍へと百八十度変った。弟、信行の謀叛、庶兄、信広の謀叛、織田伊勢守家の敵対と全て道三の死後に集中し、その後ろ盾が義龍であった。

桶狭間の合戦後の最大の敵がこの斎藤義龍であった。

●近江：永禄二年（一五五九年）の上洛の段取りは六角氏に依頼したか？　前述したように六角定頼（義賢の父）が十三代将軍義輝の烏帽子親。この関係を頼ったのでは。往復は近江を通過、進んでいる近江から学ぶ事は多かった。同じくこの年北近江の浅井家で当主、久政が家臣により、十五歳の嫡男、長政への家督相続を迫られる。長政は南近江の六角氏と永禄三年（一五六〇年）八月、野良田で干戈を交え、勝利。これにより浅井氏は北近江の覇権を確立。十月久政は隠居。この野良田の合戦の結果が尾張まで影響を及ぼす。負けた六角氏は浅井と友好関係にあった美濃の斎藤氏と同盟を結び、対抗。結果、それまで友好国であった尾張と敵対関係になる。（北近江の浅井氏は当然、敵の敵である信長と誼を通じる関係になっていく）。

●三河：桶狭間の敗戦後、松平元康は今川方が岡崎城を放棄して領国に戻ったのを口実に岡崎城を接収し、駿府に戻らず、自立の動きを見せ、永禄四年（一五六一年）三月には、西三河の掌握に動き出す。

信長は合戦後、美濃との戦に備え、背後の松平元康との和睦を図ろうとした。しかし過去のしがらみからか、元康の地位の不安定さからか話に乗って来ない。業を煮やした信長は、元康に圧力をかける、

「翌年四月上旬、三州梅の坪の城へ御手遣ひ推し詰め、麦苗薙ぎせられ、然うして、究竟の射手ども罷り出で、きびしく相支え、（中略）是より高橋郡へお働き、端々放火し、推し詰め、（中略）、翌日いぼの城、是れ又御手遣ひ。（中略）矢久佐の城へ御手遣い。麦苗薙ぎせられ、御帰陣」

（『信長公記』「家康公岡崎の御城へ御引取りの事」）

独自の動きを始めた（三月）元康に対し、尾張と三河間の係争地であった高橋郡の諸城に攻撃を仕掛け（四月）、元康に和睦の決断を迫る。結果翌永禄五年（一五六二年）一月、信長と元康間に清洲同盟が成る。これは両者に取り大きな節目となる。

なぜ信長は桶狭間合戦勝利後、今川の領地に攻め込まなかったのか？　大勝利後でもあり、簡単そうであるが、この選択肢は二つの理由で無かったか。

一つは、信長軍の兵力枯渇（桶狭間後の兵力は二千六百三十のみ、しかも多数の手負いが含まれる）。二正面作戦を実行するどころか、実質、美濃に対抗するだけの力もなかった。

もう一つは、商業を原動力に、伸し上がってきた弾正忠家の主として、より経済力のある地域を目指すのが自然であった。美濃を押さえれば太平洋側の東国と京の全交通路を押さえる事になり、さらには日本海交易圏に繋がる琵琶湖が視野に入って来る。此処まで来れば東西間の全通商路を押さえられる。その後最大の市場、京や瀬戸内海から続く中国、朝鮮、南蛮交易圏の要、堺へと夢が膨らみ、経済的展望の無い東へ向かう選択肢はなかった。

（古代大和朝廷の時代、勢力範囲の〝東の果て〟＝〝終わり〟が国名となり〝尾張〟と呼ばれる、という説がある）。弾正忠家が尾張の国端、勝幡から中央の清洲へ、信長は東の果て尾張から京を目指す、この家の四代かけての、また、端に生まれた尾張人の遠い過去からの、中央願望もあったのかも。東に興味が湧かないのも、理解できる。

永禄三年（一五六〇年）六月　美濃へ出陣

六月には早くも美濃へ出陣、八月にも同じく出陣となった。（詳細史料無し）

「軍司令官たる者は勝利した軍隊であろうと敗北した軍隊であろうと決してこれを休息させてはならない」

（『ナポレオン言行録』）

信長は兵の不足を義龍に悟られないがためにか、敢えて出陣したか。また美濃は土地勘が無いゆえ、訓練を兼ねた演習に近いものではなかったか。それにしても美濃からの反撃は無い。義龍が美濃の主になって早四年が過ぎようとしているにも関わらず、である。なぜなのか？信長が今川義元を討った、次は自分が標的であると分かりそうなものだが不思議だ。

永禄四年（一五六一年）五月　もりべ合戦・十四条合戦

西三河の松平元康が三月、三河内の今川方に攻撃を開始。元康が東に向かう。四月、係争地・高橋郡を攻撃し、元康に和睦を迫る。北の美濃で五月、桶狭間の合戦後の最大の敵、斎藤義龍が病死。若年（十四歳）の嫡男・龍興が家督を継ぐ。

東の松平元康が東の今川に向かい東からの脅威に完全に蓋をしてくれる。そして存命であれば美濃攻略は苦戦し、長期戦を余儀なくされた最大の敵、義龍がなんと病死。

かくの如く自然と信長の向かうべき方向は天の啓示があった如く開ける感を受ける。

義龍が病死（五月十一日）した二日後、信長は早くも美濃へ侵攻。（いかにお互いの内部情報が筒抜けになっていたかが、分かる動きである）。

「一、五月十三日、木曽川・飛騨川の大河舟渡し、三つこさせられ、西美濃へ御働き。其の日は、かち村に御陣取り、翌日十四日、雨降り侯と雖も、御敵、洲の股より長井甲斐守・日比野下野守大将として、森辺口へ人数を出だし候。信長天の与ふる所の由御諚候て、にれまたの川を越し、かけ向はせられ、合戦に取りむすび、鑓を打ち合はせ、数刻相戦ひ、鑓下にて長井甲斐守・日比野下野を初めとして、百七十余人討たせらる」

（『信長公記』「もりべ合戦の事」）

信長の動きは速い。義龍の死後二日目というタイミングで攻め入る。信長軍は千五百、美濃勢は六千と伝わっている。信長は千五百の軍勢を三つに分け、伏せ、敵が動きの鈍る沼田に入った所で、弓を射かけて敵を圧倒した、と伝わるが全体像や詳細は分からない。『信長公記』にあるが如く、墨俣城より繰り出した長井、日比野両将を討ち取っている所を見るとこの部隊が信長の計略にかかり、待ち伏せ攻撃を受けたと思われる。信長方に地の利があるが如くの戦い方である。

損害の数は『信長公記』では百七十討ち取り、別の史料では両者合計三百二十討死、大半は美濃勢といわれている。これからして、長井、日比野勢は千程の兵力ではなかったか。雨が降り、先の見通しが悪い中、長井、日比野の軍勢千を信長の千五百が待ち伏せ、弓を射かけて怯む所、両敵将目掛けて突撃、討ち取った。『信長公記』に〝信長天の与ふる所の由御諚候て〟とあるのは〝雨が降り、見通しの悪さが伏兵を隠す〟ではなかったか。美濃勢残り五千は未だ戦場に到着していなかったのでは。

森部の合戦

●信長はかち村から森部へ

●斎藤方は墨俣から長井・日比野両将が出てくる。この合戦に勝った信長は墨俣城と十九城を手に入れる

十四条の合戦

●十九城にいた信長軍の先鋒・織田広良（犬山・織田信清の弟）が討死（朝合戦）十四条から軽海に陣を移す（夜が明けるまで滞陣後墨俣へ）

信長の動員兵力は千五百。桶狭間合戦後一年では兵力の回復二百五十程度を加算しても、総兵力は二千八百八十程度。桶狭間以南の守備固め、三河との国境の押さえ、知多半島の臣従化に、佐久間信盛と梁田政綱計千を配置、清洲城とその他の守備固めに三百、計千三百を使えば、千五百八十前後が対美濃に使える全兵力であった。その全兵力を率いての美濃侵攻である。

「長井甲斐守、津島服部平左衛門討ちとる。日比野下野守、津島恒河久蔵討ちとる。神戸将監、津島河村久五郎討ちとる。頸二ツ、前田又左衛門討ちとる。二ツの内、一人は日比野下野余力、足立六兵尉と云ふ者なり（中略）。下野と一所に討死候なり」

（『信長公記』「もりべの合戦の事」続き）

地理的にこの戦は津島から川を渡り、かち村（現海津市）で泊まり、翌日北の墨俣から出陣して来た長井、日比野勢と森部で戦った。土地勘のある津島衆が先陣を切り、伏兵の戦法で勝利の構図。

それから十日後、五月二十三日、再度合戦となる。（漸く、龍興の出陣準備が整ったか）。

「一、永禄四年辛酉五月上旬、木曽川・飛騨川大河打ち越し、西美濃へ御乱入。在々所々放火にて、其の後、洲股御要害丈夫に仰せ付けられ、御居陣候のところ、五月廿三日、井口より惣人数を出だし、十四条と云う村に御敵人数を備へ候。即ち洲股より懸け付け、足軽ども取り合ひ、朝合戦に、御身方、瑞雲庵おとゝうたれ、引き退く。この競ひに御敵北かるみまでとり出だし、西向きに備へ候。信長懸けまはし御覧じ、西かるみ村へ御移り候て、古宮の前に東向にさし向ひ、御人数備へられ、足軽駆け引き候て、既に夜に入り、御敵真木村牛介先を仕り、かさり来たり候を追ひ立て、稲葉又右衛門を、池田勝三郎・佐々内蔵佐、両人として、あひ討ちとるなり。夜合戦に罷り成り、片々はつき負け、逃げ去る者もあり、又、一方は、つき立てかゝる者もあり。敵陣、夜の間に引き取り候なり。

信長は夜の明くるまで御居陣なり。廿四日朝、洲股へ御帰城なり。洲股御引払ひなさる」

（『信長公記』「十四条合戦の事」）

森部の合戦で勝利した信長は斎藤方の墨俣城を奪い、そこより北の十九条城まで占拠。犬山城主、織田信清の弟、広良《ひろよし》（信益（のぶます））を守将として配置した。敵は義龍の葬儀が終わり戦備がととのったか、森部の戦から十日後十九条の北、十四条に布陣。五月二十三日激突。朝合戦では十九条城主の織田広良が討たれ、彼が先陣を任されており、〝引き退く〟とあるので、負けたか？　午後になると斎藤方は北かるみまで進出。信長方もそれに対抗西かるみに布陣し、夜まで一進一退であった、との書き方。

だが、地理的におかしい。〝軽海〟は十四条から見てさらに北、つまり朝方勝った斎藤方が退いていないとこの様な展開にならない筈だが。美濃攻めに参陣していない柴田の家臣、『信長公記』の著者は地理的に理解していないのか、または〝引き退く〟は広良個人の話なのか？　合戦は夜までもつれ込み、夜戦となり信長方がやや優勢となったか、斎藤方は夜戦を嫌い、夜陰に紛れて退陣。信長は翌朝まで戦場に留まり、そして墨俣城に帰城。その後、墨俣城を引き払う。信長軍は、かち村、森部、墨俣、十九条、十四条、軽海と南から北へ転戦している。地理的にこの動きは信長軍が優勢に戦いを進めている感を受ける。実際はどちらが優勢であったのか？

二度の合戦が行われたこの地域は西美濃三人衆の居城が大垣城（氏家氏）（墨俣の西）、曽根城（稲葉氏）（十九条の西）、北方城（安藤氏）（軽海の北東）と南から北へと続いてあり、大まかには、この三つの城で囲まれた場所といえる。

前述した『孫子』「九地篇」（地形とは、兵の助けなり）にこんな言葉もある。

「諸侯の地三属し、先に至らば而（すなわ）ち天下の衆を得る者は、衢（く）と為す。」

諸侯の領地に三方で接続していて、そこに先着すれば諸国と好（よしみ）を通じて天下の人びとの支援が得られるのを、衢地（くち）と称する。

この合戦が終わると信長は合戦で得た墨俣城等を放棄し尾張に退いてしまう。そしてその後の新たな侵攻は全て東美濃方面となる。何故か？

この合戦で信長が最後に陣を張ったのが西かるみ村。ここは美濃の林一族である稲葉氏の居城、曽根城から近い『孫子』のいう衢地では。何らかの話し合い（好を通じ）が有っても不思議ではない。

信長の西美濃からの撤収は、まず根源的な理由がまず持ちあがり、急ぎ稲葉氏と話し合いをし、撤収の順ではなかっただろうか。ではその理由とは？

・戦をする大義名分の喪失
・永禄の飢饉、打ち続く戦、そして天然痘の大流行で、領民が困窮し、不穏な動きであり、これらが絡み合って、信長の動きに強い影響を及ぼした。

・**戦をする大義名分の喪失**

美濃侵攻以前、信長の家督相続以来の軍事行動は表向き全て〝受け身〟であった。謀叛を阻止（三の山赤塚、稲生）、売られた喧嘩を買う（萱津）、弑逆の成敗（中市場）、尾張防衛（村木砦、桶狭間）と已むを得ず戦に臨んだ、という状況下で行われてきた。受け身かどうか分らないのは織田伊勢守家（岩倉）を攻めた浮野の合戦のみ（敢えていうならこれは謀叛幇助への懲罰か）。しかもさらに重要なのはこれ等の合戦は全て尾張領内で行われたという事。

一方、美濃攻めは、他国に侵攻する侵略戦争、これまでの戦とは全く趣旨の違った戦であった。戦いを支える領民にとり明確な戦をする大義名分は見えずらかったか。

・**永禄の飢饉、打ち続く戦、そして天然痘の流行で領民が疲弊、不穏な動き**

特に東国であったが、Ｐ276で述べた如く、弘治二年（一五五六年）から永禄二年（一五五九年）の四年間は〝永禄の飢饉〟と呼ばれる程の大飢饉となり、相模の北条氏康は責任を取り、家督を氏政に譲り、〝代替わりの徳政〟を実施する程であった。尾張、美濃地方がどの程度この飢饉の影響を受けたかは史料が無いが、皆無であったとは思えない。そして永禄四、五年（一五六一、六二年）は天下大疫病〝天然痘（疱瘡）の流行で多死〟であったようだ。

この様な環境下では自分達を守るための戦は許されても、他国への侵攻まで許される状況ではなかったか。勝っても戦を止めない信長、気候変動からの天候不順による凶作の連続、そしてこの年は疫病の流行が尾張の民を追い詰め、不測の事態を招来するかの如くの不穏な状況となった。

「夫（そ）れ戦いて勝ち攻めて得（う）るも、其の功を隋（お）わざる者は凶（きょう）なり。之を命（なづ）けて費留（ひりゅう）と曰う。故に曰く、明主は之を慮（はか）り、良将は之を隋（お）うと。利に非（あら）ざれば動かず、得るに非ざれば用いず、危（あや）うきに非ざれば戦わず」

（『孫子』「火攻篇」「死者は以て復（ま）た生く可（べ）からず」）

（表 26）『戦国期の災害被害』（1561 年～ 1563 年）

永禄４年	1561 年	天下大疫病、多死（加賀、能登、甲斐２、常陸、陸奥）
永禄５年	1562 年	大疫、多死（能登）稲皆損（甲斐２）大洪水、水損前代未聞（備後）
永禄６年	1563 年	麦大風損（甲斐２）大水損（甲斐２）大地震、大洪水（常陸）高潮（備後）

そもそも戦闘に勝利を収め、攻撃して戦果を獲得したにもかかわらず、それがもたらす戦略的成功を追求しないで、だらだら戦争を続けるのは、国家の前途に対して不吉な行為である。是を国力の浪費と名ずける。先を見通す君主はすみやかな戦争の勝利と終結を熟慮し、国を利する将軍は、戦争の短期決戦と戦略的成功を追求すると。利益にならない軍事行動は起こさず、勝利を獲得できなければ軍事力を使わず、危険が迫らなければ戦闘しない。

十四条の合戦後、尾張の不穏な状況下西美濃の占領地を棄て帰国。状況打開に向け、沢彦《たくげん》と話をしたのではなかろうか？　沢彦は信長のその後の動きからして、この様な話をした、と推測する。それは『史記』から、古代中国の最初の帝国秦の始皇帝が亡くなると、苛斂誅求《かれんちゅうきゅう》な秦の政に叛旗を翻し各地で叛乱が勃発、その中で台頭して来たのが楚の項羽と劉邦の両雄であった。序盤では戦の上手い項羽が優勢で劉邦も何度も打ち負かされ、漸く命を繋ぐあり様であったが、〝民の人心掌握〟〝部下の活用〟〝同盟国を募り〟〝人口の多い経済力のある地（旧秦領）の掌握〟等の打手で力を盛り返し、最終的に項羽を倒し、漢の建国に至った話をした。

信長はこの話を聞き、動きを変える。

永禄四年（一五六一年）、信長は、ここで一度立ち止まり、桶狭間の大勝利で得た名声を最大限活用し、体制の再構築を図る、を決断した。このため、この年五月の十四条の合戦以降、永禄六年（一五六三年）四月までの約二年弱、戦から遠ざかる。

第六章　小牧山城築城

永楽通宝（永楽銭）

一、なぜ、築城か？

これまでの休みない軍事行動が深刻な兵力不足をもたらし、また、打ち続く天候不順による凶作、そしてこの年、永禄四年（一五六一年）は疫病が蔓延し領民の疲弊が急速に進み、領内に〝不測の事態〟の勃発が想定された。このまま美濃への武力進攻を継続する事は無理と気付かされ立ち止まる、を選択した。信長は単に立ち止まるだけでなく、腰を据えて将来を見つめ、根源的な所まで自分自身に問い詰めたのではなかろうか。具体的にはこの様な事を考えた。

- 精神的最高権威
- 社会的最高権威
- 政治権力
- 経済力

一つずつ見ていく。

精神的最高権威

これを象徴するのが神である。父親の葬儀の場面で見せた如く、信長は既存の宗教（仏教）に懐疑的であった。僧達が行う加持祈禱に霊験が無い事は明々白々。だが、美濃攻めを中断させた大きな要因は領内の〝不測の事態〟の発生、つまり一向一揆の勃発の兆候ではなかったか。

なぜ、一向一揆に走るのか？

信長にとり霊験など無い宗教になぜ縋るのか？　の疑問は己の理解を越えた、解の無いものであった。

井上鋭夫教授の『本願寺』にこの様な話がある。

「近世の知識階層に属する松浦静山は『甲子夜話（かつしやわ）』のなかで、無知な庶民が本願寺のために財を捨て生命を捨てる事を理解し難いものとして、繰り返し繰り返し例話を挙げている。しかしそれは大名でなくても、また門徒であっても容易に説明し尽くせるものではない」

「松浦静山：名は清。肥前平戸藩主（六万一千石）。藩財政の再建を図り、学問、武芸の振興にも務めた。天保十二年（一八四一年）歿、八十二歳。『甲子夜話』の著者。

『甲子夜話』：静山六十二歳の十一月甲子の日の夜から記筆した随筆。近世初期からの武篇話や政治談に関する聞書風のものから、世俗風俗に関する実見談等を網羅」

つまり、なぜ縋るのかは当事者ですら、良く説明できない行為であり、ましてや外部の人間（信長）が理解できなくとも宣《むべ》なるかな、であった。が信長はこの狂信的ともいえる門徒を持った、浄土真宗の存在を現に自分の美濃攻めを中断させた者達を不可解な競合相手と見做し、その組織力に、信仰の為に命を捨てる事を厭わない門徒衆の存在に危機感を持ち、沢彦の『史記』からの教え〝民の人心把握〟競争での、対抗策の必要性を痛感した。

浄土真宗の本尊は阿弥陀如来である。『本願寺』には、

「阿弥陀如来はいうまでもなく四十八の大願を発した仏である。とくに第十八願は十方衆生が至心に信

楽（しんぎょう）して極楽浄土に往生しようとし、もしそれが実現できないなら、自らも正覚（しょうがく）をとらじという大慈大悲の本願である。この阿弥陀如来の本願を信じ、自力の修業を捨てひとえに絶対者の慈悲に生きる事が真宗門徒の本分である」（『本願寺』）

とあり、その門徒は、

「寺院（元は道場）を運営する「惣中」＝「講中」の構成員であり、世俗的身分に制約されていたが、彼等は阿弥陀如来や御開山の前では互いに御同朋御同行（おんどうぼうおんどうぎょう）」（『本願寺』）

と描写される固い絆で結ばれた仲間、同志であった。

精神的に阿弥陀如来というバックボーンがあり、念仏を唱え阿弥陀如来に縋る事で来世の極楽浄土が約束される単純明快な教理、神の前では御同朋御同行の平等性、命も財産も投げ出す絶対的な帰依とその結果としての強い組織力と財政力。どの点から見ても信長にとっては手強い競合相手であった。

これの対応は今の言葉でいえば、対抗するビジネスモデルをいかに創造するか、であり、信長は、宗教が政に口を出すなら、自分は今生の御利益を掲げ宗教の世界に踏み込む、の結論に到った。

社会的最高権威

この象徴が朝廷（天皇）と幕府（将軍）であり、両者共に権力的には微力な存在となっていたが、社会的には厳然としてその残映が残っていた。朝廷に父、信秀の如く高額の寄進をし、官位官職を得、それを統治の正統性や戦の大義名分としていた。また、将軍の権威もこの様なものであった。

「無力な足利将軍家が織田信長の義昭追放までなおも存在することができたのは、いまひとつの儀礼的な権威によるものであった。義満のころに生まれた儀礼的秩序は、戦国期の無力な将軍をもささえ、成り上がりの戦国大名でさえ、将軍の名の一字や、白笠袋・毛氈（もうせん）鞍覆の免許を得ようとし、あるいは名ばかりの幕府の官職名をほしがった。こうした儀礼的権威が存在している間、将軍家も存在しえたのであった」

（『合戦の文化史』）

信長は自身の出自の低さを隠れた弱点である、と認識していた。自分は出自の低さなどはどうでも良く、官位官職等は必要ない、と思っているのだが世の中はそうでもない。官位官職をありがたがる輩が大半であった。ならば自分は全く別の方法でこの問題に挑戦し解決をしてやる、と思い至ったのでは。同じ悩みを持っていたナポレオンはこの問題にこの様に対処した、

「五つか六つの名家がヨーロッパの帝位や王位を分け合っている、だから彼らは一介のコルシカ人がやって来てそれらの帝位の一つに就いたのを見てにがにがしく思っているのだ。私は力によってしかこの地位を維持する事ができない。私は彼らをくびきの下につなぎとめておくことによってのみ、彼らの同等の者として私を見る習慣を彼らにつけさせることができる。私が恐るべき者でなくなれば、私の帝国は滅ぼされる。だから私は彼らのどんな企てをも黙視するわけにはゆかず、必ずそれを鎮圧せずにはいられない。威嚇されれば必ず反撃せずにはいられない。古い家柄の王にとっては何でもないことでも私にとっては極めて重大なのだ。私はいのちある限りこのような態度を維持しつづけるだろう」

（『ナポレオン言行録』）

両者は出自の低さに対する意識とそれへの対応が必要であるとの理解は共通している。ナポレオンは〝力〟で、信長はこの問題を自ら、〝権威を創りだす〟という壮大な方法で解決しようとしたのではなかったか。つまり精神的、社会的権威の両方を凌ぐ絶対的権威の創造を目ざす、であった。

政治権力

この時点で、信長は尾張に於ける武力を基盤とした政治権力者であった。外見上、尾張統一、桶狭間合戦勝利で盤石に見えたが、内実はその権力基盤が〝兵力不足〟により、揺らぐのを感じていた。この後も継続して、なけなしの兵力を使い、美濃勢を叩き、たとえ勝ったとしても立ち枯れの危険が感じられたか。権力基盤の再構築が喫緊の課題であると認識するに至った。

「孫子曰く、凡（およ）そ用兵の法は、国を全（まっと）うするを上と為し、国を破るは之れに次ぐ。軍を全うするを上と為し、軍を破るは之に次ぐ。（中略）。是（こ）の故（ゆえ）に百戦百勝は、善の善なる者には非（あら）ざるなり。戦わずして人の兵を屈するは、善の善なる者なり」

（『孫子』「戦わずして人の兵を屈する」）

およそ軍事力を運用する原則は、敵国を保全したまま勝利するのが最上の策であり、敵国を撃破して勝つのは次善の策である。敵の軍団を保全したまま勝利するのが最上の策であり、敵の軍団を撃破して勝つのは次善の策である。（中略）。したがって、百戦して百勝するのは最善の策ではない。戦わずして敵の軍事力を屈服させる事こそが、最善の方策である。

兵力不足を解消する手っ取り早い方策は美濃の兵を自分の傘下に取り込む、であり、殲滅してしまっては、将来に渡って禍根を残す、と信長は気づかされた。調略を主に、力攻めは極力控える方針に至った。これは、沢彦の『史記』からの教え〝同盟国を募る〟の打手でもあった。

ドイツの前身、プロイセン出身の将軍、カール・フォン・クラウゼヴィッツの『戦争論』に

「戦争とは相手にわが意思を強要する為に行う力の行使である」

とある。戦を継続できない信長はクラウゼヴィッツの〝戦争〟を〝外交（調略も含め）〟に置き換えた、のではなかったか。戦争でも外交でも、結果が同じ（自分の意志を相手が飲む）ならば良し、とした。

一方対内的には当面政治基盤である武力を温存、それをさらに精神的支柱を持った集団に変革する時間的猶予を得たかったのでは。中長期的に見るとこれは尾張、美濃の兵力維持・増強となり、その次の段階、義昭を奉じての上洛への行動にスムーズに移行できた。兵力不

足がもたらした怪我の功名的成果となった。

経済力

三の山赤塚合戦での敗戦以来、信長は経済権益の自身への集中化を押し進めてきた。それは敗戦後に置かれた難局を打開するための打手として高価な鉄砲の買い付けや高禄での有能な人材の領国外からの召し抱え等に、多額の資金を使わざるを得なかったからで、信長は領国をあげての総力戦的経済、財政運営を目指したと思えてならない。このために一長の林や二長の平手との確執も物ともせず、彼らから経済権益の剥奪を急いだ。が、清洲の古いしがらみの残る地ではその集中化は不十分ではなかったか？　新約聖書、マタイ伝にある、〝新しい酒を古い革袋に入れる〟状態であった。〝新しい革袋〟でこの問題の一挙解決を図る。

根底にこの様な問題意識を抱える中、信長は具体的な行動を起こす前に、さらに沢彦《たくげん》に助言を求めたと思う。沢彦はこんな事をいったのではなかろうか。

南北朝を統合し、争いを鎮めた三代将軍、足利義満は位人臣を極め、武家、公家（天皇をのぞき）、仏教界の頂点に立った。その義満は色々な目的を持って北山第（鹿苑寺（金閣）、邸宅であり、政務を見る役所）を二十八万貫の経費と日本の最高実力者の威信を懸けて造営した事が語られ、信長に強い刺激と競争心を与えた。当初公家達の反抗があり義満は、ならば朝廷と同等の儀礼の仕組みを幕府内に造りあげ、あたかも仕組全体を入れ替えるとの言動をとり、脅し公家達を屈伏させた。この義満の北山第造営と儀礼の仕組み造りは〝位、人臣を極めた〟象徴であり、明と国交を結ぶ為の国威そのものでもあった。また南北朝の長い動乱で疲弊した国土や民を経済的に救済する手立てであり、この国の持つ最高水準の技術の復興・維持をも図った事が語られた。

信長は、この話を聞き、時を越えたライヴァル足利義満（将軍）の北山第造営越えを意識した。絶対的権威の創造、政治権力の再構築、外交の手段、民の経済的救済、土木・建築技術の継承・発展等の意図を内在させた多目的大プロジェクト小牧山城築城を決めた。

二、築城

・基本概念：織田信長を体現し、象徴する建造物である。

その目的は、

・絶対的権威の創造
・政治権力の再構築とその可視化
・外交の手段
・経済の再生
・人材の育成

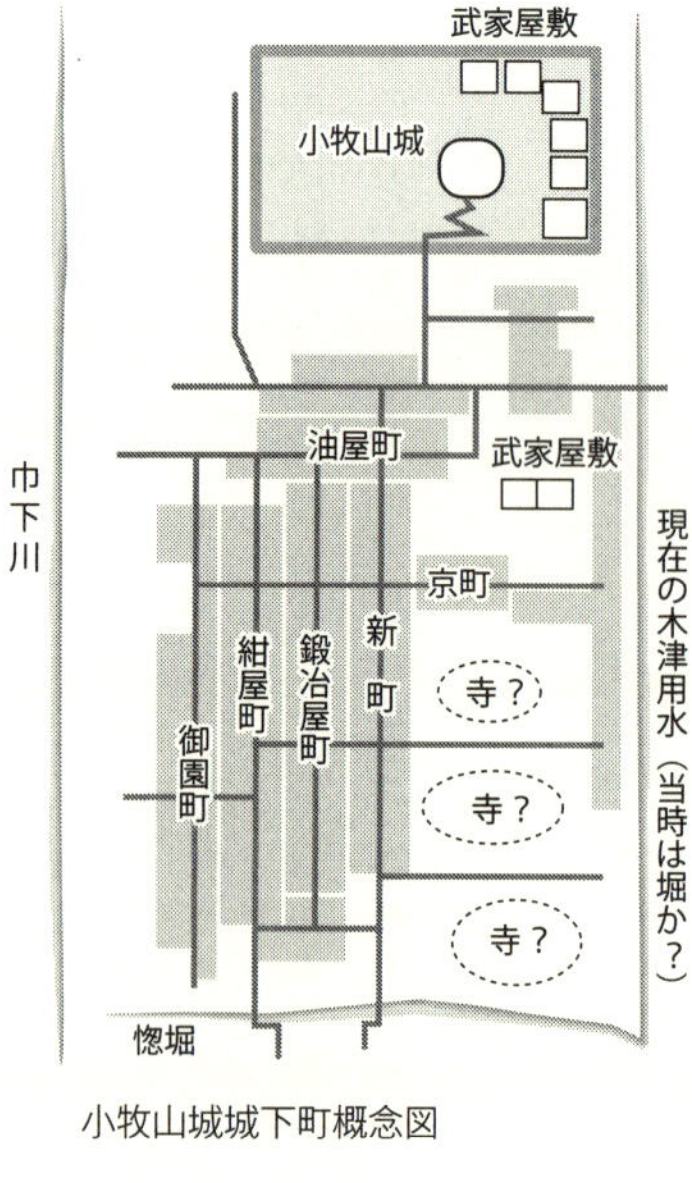

小牧山城城下町概念図

絶対的権威の創造

精神的・社会的最高権威を凌駕し、つまり阿弥陀如来を、朝廷を、幕府を凌ぐ〝絶対的権威の創造〟への信長の回答であり、今後の自分の政《まつりごと》の方向性を示し、その背後に存在すべき正統性を担保する権威の創造である。

- 場所：濃尾平野のほぼ中央に位置する標高86ｍの〝独立峰〟小牧山を使う（自然景観をも取り込む）。濃尾平野全域から見る事ができる好立地。信長が入り浸っていた小折の生駒屋敷から南東に一里（４㎞）。信長も毎日目にし、意識させられた存在であり、何度も登り、その有効性を確認したのではなかろうか。戦略的にも、十四条の戦いで弟が討たれ、怒って離反した織田信清の犬山城に睨みが利き、かつ次の東美濃攻略の拠点ともなる絶好の場所であった。
- 城：小牧山の頂上部を削り大規模に整地する工事を実施し、天守閣構築の敷地を確保。そこに高さ２ｍにも及ぶ盛り土（版築）を造成した。これは下から見上げた時、天守閣全体が完全に望める仕掛け造りであったと推測できる。構造的には南面（城下町方向）に幅の広い石垣に導かれた大手道を一直線に通す、城の常識を覆す造りであった。山麓に、自分用の館や重臣達の館を配置。かつ、外交の接待に使われたと思われる建造物〝迎賓館〟もあった。

- 石垣：高さが3.8ｍある部分もあり、これはそれまでの野面積みと呼ばれる石垣の高さの技術的限界3ｍを超えるものであった。見る人の目を意識し、常識に囚われる事無く、技術の限界に挑戦したものとなった。さらに上層部には意匠を凝らした石までもが配置され、信長の〝見せる〟を全面に押し出した造りで、山を下から見上げると一面石の壁となる工夫が凝らされていた。石垣の高さが3.8ｍになったのはこのためか？（防御より見せる事を優先：小牧山市の発掘調査の成果より）。

なぜ、信長は石に拘ったのか？　亡くなられた五来重《ごらいしげる》大谷大学教授の著書『石の宗教』から、

「自然石を信仰の対象とするのは自然宗教であるが、日本人の自然宗教は二つの道に分かれて文化宗教へと発展した。その一はいうまでもなく神道であり、その二は修験道であった。そしてこの二つの文化宗教が理論化され、観念化されて、自然石崇拝を忘れたり軽んじたりしたので、庶民信仰、民間信仰といわ

れる呪術宗教が、是を継承するようになった。宗教というものはきわめて原始的な精神のはたらきなので、決してその起源を忘れることはない」（『石の宗教』「影向石（ようごういし）と磐座（いわくら）」）

影向石：神が降臨する際に御座（みくら）とするといわれている石。
磐座　：神が鎮座する所。

信長は既存の宗教（特に浄土真宗）に対抗し、宗教の起源に立ち返る考えをこの築城に織り込んだのではなかろうか。濃尾平野の真ん中に孤高する小牧山を全面的に覆うが如く石垣を張り巡らし、山全体を影向石《ようごういし》の如く見たてた。そしてその山の頂上部に息をのむような天守閣を組上げ磐座《いわくら》とし、その中に鎮座するのが神・信長である、と表現したかったのであろう。この城を見上げる家臣、領民の意識の底にある〝原始的な精神〟を揺さぶり、信長＝神＝〝絶対的権威〟を刷り込む意図を持った建造物に仕立て上げたと思えてならない。

ここまでを見ると、この城の説明は、小高い岡の上に造られ、しかも盛土のような一段高い土台の上に建てられたアテネのパルテノン神殿の説明をしているかのような錯覚に陥る。(著者は四年間アテネに住んでいた)。町の至る所から仰ぎ見る事ができる、白い石垣の上に、盛り土（版築）（２ｍ）まで造成し、その上に見る人を〝あっ〟といわせる荘厳な神殿、いや天守閣を建てた。南面の一直線の広い大手道はいい方を変えると宗教施設の本殿へ向かう〝表参道〟といえるのでは。城でありながら〝厳かさ〟へ誘《いざな》う雰囲気を醸し出す石垣で囲われた大手道を持ち、見る者を、自然とひれ伏させる〝絶対的権威〟の創造、つまり精神的、社会的最高権威を超越する舞台装置の創造であった。

〝石〟に関しては、ルイス・フロイスの『日本史』に信長最後の城安土城での話として、

「神々の社（やしろ）には、通常、日本では神体と称する石がある。それは神像の心と実体を意味するが、安土にはそれがなく、信長は、予自らが神体である、と言っていた。しかし矛盾しないように、すなわち彼への礼拝が他の偶像へのそれに劣ることがないように、ある人物が、それにふさわしい盆山（ぼんさん）と称せられる一個の石を持参した際、彼は寺院の一番高所、すべての仏（ほとけ）の上に、一種の安置所、ないし窓のない仏龕（ぶつがん）を作り、そこにその石を収納するように命じた。さらに彼は領内の諸国に触れを出し、それら諸国のすべての町村、集落のあらゆる身分の男女、貴人、武士、庶民、賤民が、その年の第五月の彼が生まれた日に、同寺とそこに安置されている神体を礼拝しに来るように命じた。諸国、遠方から同所に集合した人々は甚大で、とうてい信じられぬばかりであった」

（『日本史』Ⅲ「第55章」）

とある。信長は〝絶対的権威〟の象徴として石を使ったのは確かであり、その出発点がここ

小牧山城の石垣であった。

〝城〟に関しても、ルイス・フロイスの『日本史』に、信長の次の築城となる岐阜城の様子が彼の一五六九年七月の手紙の中に出て来る。岐阜城も小牧山城と同じく、山の山頂に城があり、麓に信長の館があった。

「彼（信長）と語ることを望む、政庁になんらかの用件のある者は、彼が城から出て宮殿に下りて来るのを途上で待ち受けるのです。すなわち何びとも登城してはならぬことは厳命であり、犯すべからざる禁令で、彼は登城をごくわずかの人に許可しているに過ぎません」

（『日本史』Ⅱ「第38章」）

ここに書かれている事を解釈すると〝神聖な神域（山頂の城）〟には〝神である信長と神の親族（家族）〟〝及び〟許された者（神職の者や巫女に該当か？）〝以外は入る事が許されなかった。城に限られた人しか入れない、これではもはや城の概念では無く、神殿に近い。小牧山城も同様な措置が取られていたのでは？　このような考えのもと、小牧山城は築城された。

政治権力の再構築とその可視化

築城は、信長の陣頭指揮の元、尾張中から領民が動員され、国を挙げ、山全体を動かすが如くの大工事を行った（動員された領民にはそれなりの給金が支払われたのは当然）。石垣は近江の穴太衆《あのうしゅう》、天守閣は熱田の宮大工と最高の技能を持つ集団がそれぞれ呼ばれた。動員された何千、何万の領民が信長の号令一下、家臣も含め一斉に、組織的に、迅速に、一糸乱れず作業に取り掛かる。築城作業を通して、身を以て領民を率いる信長の姿を見せ、圧倒させる意図を持ったやり方（権力の可視化）であったのではなかろうか。作業のはかどり方も尋常ではなかった。

築城の作業では家臣達はいかに命令を迅速に、確実に実行するかを競い合った。集めた領民を組織的に、まるで戦場での戦働きの如く、その成果を競い合わせたのではなかったか。勿論、早く割り当てを終えた者には、一番槍の如く、割増しの報奨が支払われるなどがあって当然。城山の麓の東から北にかけて、重臣達の屋敷地を、城下町の東側に上級、下級家臣の屋敷地を配置したが、その屋敷地の割り当てなども実力主義、功績次第の割り当てが実施されていたと思えてならない。常に功名心や忠誠心を競わせ、結果を見える形で実施したのではなかろうか。かつ家臣の、領民の人心掌握のために、来世の極楽浄土ではなく、今生の御利益を実感できる形で与えた。

この城は九十日で完成した、と伝わっている。築城に関わった者達が全て初めての経験で、どの程度の数の領民を動員したのかも、分かっていないが、九十日ならば凄い。

これが兵力不足下、信長が考えだした別の方法での〝政治権力の再構築とその可視化〟への回答であった。

外交の手段

この城の持つ威力はまず城主が桶狭間の合戦で大国、駿河の今川義元の大軍勢を完膚なきまでに殲滅させた織田信長であり、かつ、城が前代未聞の斬新な発想、構想、規模を持ち、贅を尽くした造りであった事で国威発揚の建造物となった。このため、外交への効果は絶大であった。信長は城の付属施設として〝迎賓館〟を建て、来訪者をもてなした。信長の何事にも凝り、完璧を期す性格から、また沢彦の『史記』からの教え〝同盟国を募る〟の実践から、そして合戦と同等の位置付けで、その成果も同等のものを期待する以上、〝もてなし〟のやり方も尋常ではなかったのでは。このコンセプトはこの後の岐阜城に、安土城へ、と進化しながら連綿と続いていくが、その原型がこの小牧山城築城時に既に出来上がっていた。

経済の再生

信長は築城を起爆剤として疲弊した尾張の経済の再生を意図し、かつ、斬新な城の城下に独創的な町を造る事で、沢彦の『史記』からのお教〝人口の多い経済力のある地の掌握（ここでは創造）〟を目指した。

三代将軍足利義満が〝北山第〟として、京の都に自分の邸宅や政務場所を造ったが、信長は何も無い所に〝城〟と〝惣構え〟の町を造り経済の再生とその持続化を図る、その構想の壮大さ、斬新さで義満越えを狙ったのではなかったか。

- 惣構えの城下町：惣構えの城で有名なのは、摂津の荒木村重の有岡城と相模の北条氏の小田原城であるが、これ等は小牧山城より新しい築城。小牧山城が日本で最初の大規模な惣構えの城ではなかったか？　惣構そのものは、信長が斎藤道三と参会した富田の寺内町を参考にしたのではなかろうか。それを城下町に取り入れたのが信長であった。

信長は狭義の城そのものには防護施設としての価値を余り認めていなかった節がある。小牧山城は正にその様な造りといえる。が〝惚構え〟は単に町民を庇護し町を守る、でなく、最初から城と町を一体化させ、その有機体を守る、斬新な考えを持っていた。この考えは現代の総力戦と同じ考えではなかったか。城下の住民全体を戦力の源泉であり、それを維持する要員と考え、彼らの経済的発展を促し、庇護を与える、であった。つまり、これは浄土真宗に対抗し、今生の御利益を得る場を与え、庇護する新ビジネスモデルそのもの、でもあった。

・城下町：規模は南北1.3㎞、東西1㎞、（東京ドーム百個分）土塁と濠で守られた惣構えであった。東に武家屋敷と寺が並び、西は信長が上洛した際見た京の街を模した〝長方形の街区〟と〝短冊型地割〟で町人町を形成していた。信長の独創性は具体的には紺屋町と鍛冶屋町に最大の広さを与え、先端衣料、木綿で兵衣、旗指し物、陣幕等を紺屋町で、鎧兜から武具全般を鍛冶屋町で生産させる、現在でいえば兵器廠を核として組みこんだ事ではなかったか。これは兵衣、武具等をも含めて即応性を上げる（有事即応体制向上）を意図（現代の軍隊と発想が同じ）していた。

・楽市：商売をしたい者に自由に市場参入させた。これは近江の海音寺城城下の石寺市場（保内町も？）を真似たか？　基本は（道三との参会場所となった）富田の繁栄を参考にした、政治権力から半独立させた市場の設立を考えていたか？　また本願寺派の拠点として繁栄する富田が一揆の拠点となる事を封じ込めるための打ち手でもあった。

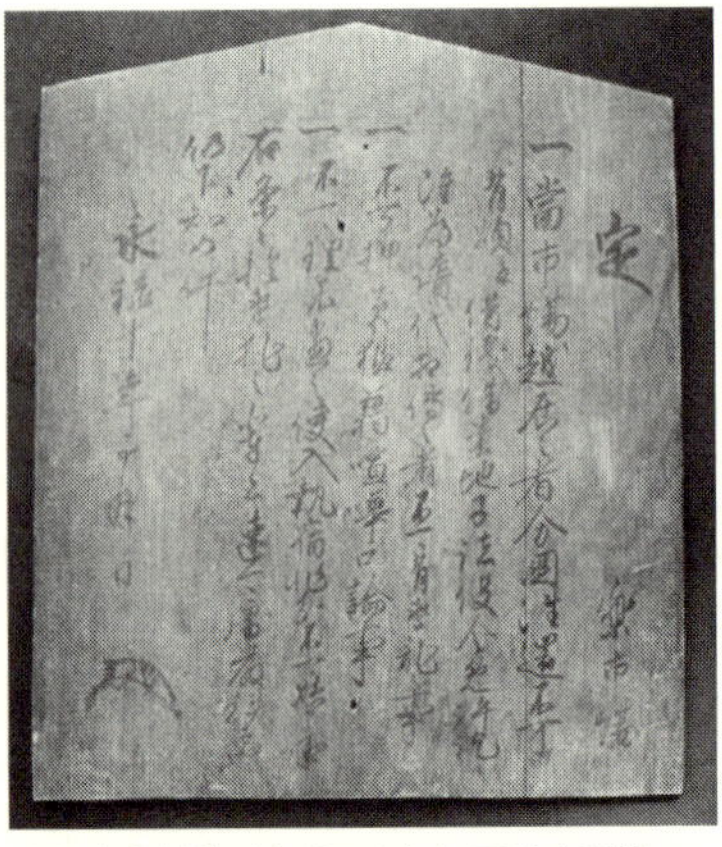
楽市楽座制札（永禄 10 年）円徳寺所蔵

町全体の周囲を濠で囲む総構えにして〝ここに住む住民に安心安全〟を、楽市を施行する事で〝出身地が何処の誰でも自由に商売〟をさせ、〝家臣を城下に集住〟させ、軍事面での有事即応を町民と一体となって可能にすると共に、商品需要の喚起を図り経済発展の拠点を自分の管理下に取り込む、〝人口の多い経済力のある地の創造〟を具現化するあらゆる手が打たれた場所であった（現代でいえば政府肝いりの経済特区）。

〝城下町〟に関しては、次の岐阜の様子は分からないが、安土の様子はルイス・フロイスの『日本史』に出てくる、

「そこで同山（安土山）の麓の平野に庶民と職人の町を築き、広く真直ぐに延びた街路（中略）それは実に長く立派な通りだったので、美しく見事な景観であった（中略）を有するその市（まち）の整備を彼らに担当させた。これ等の街路ははなはだよく手入れされていて、人々の往来が盛んなために、毎日二回、午前と午後に清掃が行われていた。すでに市（まち）は一里のながさに及び、住民の数は、話によれば六千を数えるという」
（『日本史』Ⅲ　第53章）

信長の発想は城に留まらず、〝城と城下町〟を一体で、見せるを重視した素晴らしい景観を造り上げる、であった。また、その景観を維持するために、街路の清掃を欠かさないルールを、自分の感性に従い、城内だけでなく町全体にも適応させている。これも原型は小牧山の城下町から始まった、と思えてならない。

城下町の運営は町民に任せ、市場も統制は商人司に任せた。自分はインフラと制度を造り、後は町人、商人に運営を任せる。つまり民の力も取り込んだ考えで、現在の我々の社会より余程民活が進んでいる感を受ける。最後に商人司を従わせ、信長が必要とした財源集中を完

壁にし〝新しい革袋〟の完成を図った事はいうまでもない。

人材の育成

この城は具体的に誰が造ったのか（史料は無い）。安土城の史料が残されており、そこには総奉行が丹羽長秀、普請奉行が木村高重、縄張奉行が羽柴秀吉、大工棟梁は岡部又右衛門、石奉行は西尾吉次、小沢六郎三郎、吉田平内、大西某、瓦奉行は小川祐忠、堀部佐内、青山助一とある。

小牧山城に話を戻すと、総奉行は信長、その人ではなかったか。信長の下で活躍したのが、安土城築城でも名前の出て来る丹羽長秀であり、羽柴秀吉の二人であろう。（美濃攻略で活躍した両名と重なる）。

築城は地選、地取り、縄張り、普請、作事の順で進められる。地選＝場所選び、地取り＝城域の範囲決め、縄張り＝配置図（実際に縄を張って）、普請＝濠を掘削し、石垣を築く等土台造り、作事＝建物の建築（大工）。信長は最初の構想関連の三工程は自分、その後の普請と作事は信長の構想の下、作事が丹羽長秀と普請は羽柴秀吉が実行した、と思うのが妥当では。

織田家中では、その後〝木綿藤吉、米五郎佐、掛れ柴田に、退き佐久間〟との評ができる。木綿藤吉＝秀吉は華美でないが使い勝手が良い。米五郎佐＝長秀は器用で何でもでき、毎日の暮らしに無くてはならない米と同じの評。戦場の外で重宝するのは長秀と秀吉であった。特に丹羽長秀は信長から〝長秀は友であり、兄弟である〟と呼ばれ、信頼も厚かった。年も一歳下で同年代、信長の考え、嗜好が分かる側近ではなかったか。一方、近世の築城の三名人といわれる、加藤清正、藤堂高虎、黒田官兵尉は全て秀吉との関わりが強い。秀吉が信長から、これ等三名は秀吉から薫陶を受け、実際に使われる事で築城の名人に育ったのではと思う。

信長はこの築城を通し、沢彦の『史記』からの教え〝部下の活用〟を実践していた。軍事面だけでなく、行政面でも使える人間を探し、育成していた。

築城は永禄四年（一五六一年）五月の十四条の合戦以降、永禄六年（一五六三年）二月までの約二年をかけて城と城下町が造られた。（城は九十日で出来上がるとしても、構想を練り、かつ城下町の完成まで入れれば二年弱程度はかかったか？）、この間の信長の軍事行動はない。

信長はこの大プロジェクトの中で、陣頭指揮で何千、何万の家臣・領民を率いて、斬新な発想の下、短期間で、今まで何処にも存在しなかった壮麗な小牧山城と惣構えの城下町を創って見せ、しかも参加した者達に働きに応じて今生の御利益を与え、その持続化をもとり込んだ。これは一向一揆に対抗できるビジネスモデルの具現化であり、自分が目指した治世の体現ではなかったか。その効果は、例えば『信長公記』の記述から信長と領民の距離が近い感を受ける、に現れており人心掌握に成功した、といえる。尾張版「天下布武」の成功事例といっても過言ではない。この考え、やり方を広める、が美濃攻めの大義名分となった。

この城は、家臣、領民、内外の商人、仏僧、津島神社の御師、他国から来た外交使節団等の口を通して尾張の隅々へ、さらには隣国へと伝わっていった。

美濃攻めが再開される。

第七章　美濃攻略（二）

信長が使用した麒麟の麟花押

永禄六年（一五六三年）築城効果

この年二月、築城が終わり、新城下町も完成し、疫病も収まった。信長は、軍事行動を再開するに当たり、家臣や寺社に対する知行の再安堵、闕所地（没収地）の確認を行っている。家臣の掌握と兵の動員力の再確認をした。

小牧山に引っ越す前に、辺鄙な二宮山に越すという御触れが出、『信長公記』では〝上下迷惑大形ならず〟となった。皆が難儀というので仕方ない、アクセスの良い小牧山にした、と発表したら皆、悦んで引っ越した、という話の後半部に次の話が出てくる。

「小真木山並びに、御敵城於久地と申し候て、廿町計隔てこれあり。御要害、ひた〳〵と出来候を、見申し候て、御城下の事に候へば、拘へ難く存知、渡し進上候て、御敵城犬山へ一城に楯籠もり候なり」

（『信長公記』「二宮山御こしあるべきの事」）

小牧山城ができてくると近くにあった犬山側の要害、於久地（小口城）がその威容に、と

新加納合戦

- 永禄六年　小口城味方に
- 永禄六年　加治田の佐藤親子が味方に
- 永禄六年　犬山城支城主達味方に
　→犬山城無力化
- 永禄六年四月　新加納合戦

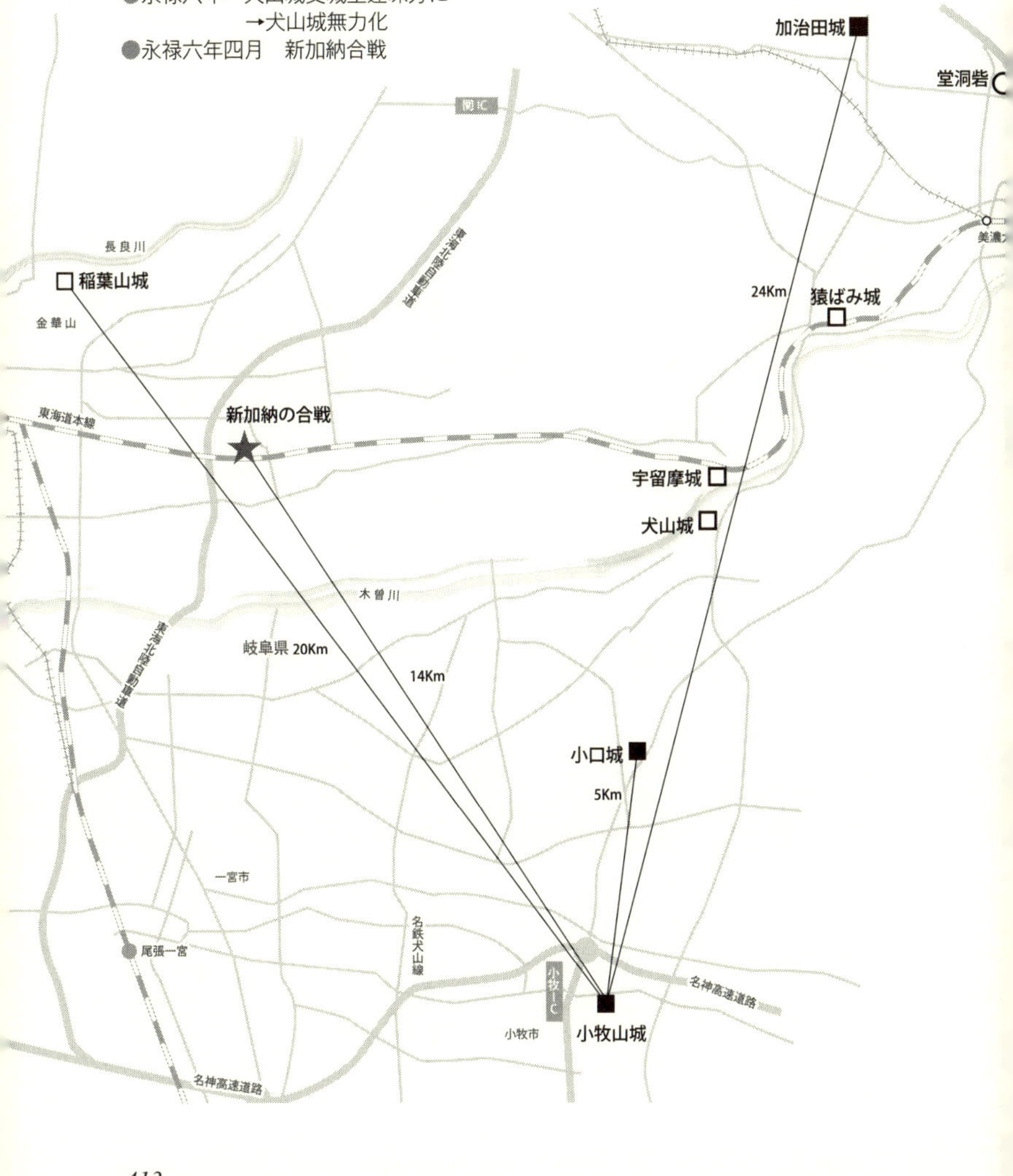

てもではないがここは支えきれないと戦う前から戦意を喪失し、城を明け渡してしまう。この要害、小牧山城築城前に攻めたが落せなかった所。小牧山城の威容は敵に驚き以上の衝撃を与え、戦わずして敵を下した、という所か。

その後も、新城の効果で、次々と調略が成功していく。『信長公記』から、

「一、さる程に、美濃国御敵城宇留摩の城・猿ばみの城とて、押し並べ二ヶ所、犬山の川向ひにこれあり。是より五里奥に山中、北美濃の内、加治田と云ふ所に佐藤紀伊守、子息右近右衛門と云ひて、父子これあり。或る時、岸良沢を使として差し越し、上総介信長公へ偏（ひとえ）に憑み入るの由、丹羽五郎左衛門を以て言上候。内々国の内に荷担の者御所望におぼしめす折節の事なれば、御祝着斜ならず。先、兵糧調へ候て、蔵に入れ置き候へと御諚候て、黄金五十枚、岸良沢に渡し遣はされ候」

（『信長公記』：加治田の城、御身方に参る事）

犬山城から河を隔てて五里（?）の加治田城（賀茂郡富加町）の城主、佐藤忠能（ただよし）父子が内応してくる。加治田は美濃と飛騨を結ぶ街道沿いに在る中濃の戦略的要衝であった。

「一、或る時犬山の家老、和田新介、是れは黒田の城主なり。中島豊後守、是れは於久地の城主なり。此

の両人御忠節として、丹羽五郎左衛門を以て申し上げ、引き入れ、生か城になし、四方鹿垣二重三重、丈夫に結ひまはし、犬山取り籠め、丹羽五郎左衛門警固にて候なり」

（『信長公記』「犬山両おとな御忠節の事」）

犬山城の支城主達も内応し、犬山城は孤立。鹿垣を結いまわされ無力化された。

と、小牧山城の築城効果は大きかった。また、この『信長公記』の項から分かるのは東美濃方面の調略は丹羽五郎左が担当であった事。小牧山城の築城といい、調略といい、この時期の丹羽五郎左の活躍が著しい。『信長公記』には出て来ないが西美濃で調略を実行していたのは秀吉であった。築城、調略と美濃攻めはこの二人の活躍が顕著である。

新加納の戦い

築城効果が出て来たこの年四月（具体的には犬山城封じ込めが成ると）、美濃の新加納で、信長軍と斎藤軍が合戦に及ぶ。信長軍は五千といわれている。斎藤軍はこれより少ない動員であったが結果は斎藤軍の勝ち、であったと伝わっている。

信長軍の陣容は先陣池田恒興、坂井右近、二陣森三左衛門可成《よしなり》、三陣柴田権六勝家、四陣

丹羽五郎左長秀、本陣織田信長であった。合戦の子細は信長軍は三陣まで敵に攻め込まれ敗色が濃くなってきた夕方、敵城のある稲葉山の尾根伝いに大量の松明が城に向かって動き出したため、美濃軍が慌てて引き返した事で窮地を脱した、と伝わっている。この大量の松明は秀吉が川並衆と機転を利かせて行ったものであった。これが合戦の顛末であるが、後世の脚色では？

まず信長がこの時点で五千の兵を動員出来るとは思えない。森部の合戦前の時点で信長の動員可能数は二千八百八十にまで減っていた。それから二年で五千まで回復したとはとても思えない。しかも、新加納の合戦には桶狭間で活躍した、佐久間信盛や一番手柄の梁田政綱の名前が未だ出て来ない。佐久間は鳴海城に、梁田は沓掛城に、それぞれ知多郡と三河との国境の押さえとして配置されていた。これは合戦時の動員では負の要因となる。

計算すると基本二千八百八十、二年間の召し抱えを年間二百五十前後と見做し、合計五百増か。犬山の家老衆内応で三百増、川並衆の獲得六百で信長の動員可能数は四千二百八十前後が最大。ここから犬山城の押さえに五百、鳴海、沓掛方面に千（桶狭間の合戦勝利で奪った城の数が増え、最低でも千は必要）、最後に新城小牧山に三百を残し、森部・十四条の戦いの討死を百とすると、最大二千三百八十程度しか参陣出来なかった筈。これで美濃勢が五千前後の動員であれば、常識的に勝てない。

ではどの様な状況判断で出陣を決断したのか？　考えられる理由は、

・小牧山城築城とその効果で、領民の経済的困窮改善、兵数の増加、そして大義名分も得、次の行動に移れるようになった。
・犬山の信清の家臣、小口・黒田両城の城主が内応し、犬山城を鹿垣で封じ込める事ができ、東美濃への侵攻が背後を気にすることなく可能となった。
・小牧山城築城で二年以上兵を戦場に出していない、この間に召し抱えた兵は築城ばかりやっており、実戦経験が必要と感じ始めた。

ではなかったか。また、この合戦から信長軍に初めて陣立ての事が出て来る。つまり戦のやり方を変えたか？　それまでの信長の陣頭指揮による一丸的運用から、有能な武将に権限を委譲し、組織的運用に変えた。（小牧山築城で、何千何万という領民を効率的に、効果的に動かすには権限委譲が有効である事を学んだか。また築城時、武将の能力も見極めていたのでは）。

沢彦《たくげん》の『史記』からの教えである〝部下の活用〟の実践を戦場で試みる初回となった。

信長初の陣立は、

- 先陣：池田恒興（母が信長の乳母。信長と乳兄弟）、坂井右近（元道三家臣、美濃出）
- 二陣：森三左衛門可成（元美濃守護・土岐氏の家臣、美濃出）
- 三陣：柴田権六勝家（この時点で使われたかは疑問）
- 四陣：丹羽五郎左長秀（この時点で筆頭家老か？）
- 本陣：織田信長

である。柴田権六が実際使われていたかどうかは兎も角、この武将達の面々からいえる事はここに来て信長版奉公衆（親衛隊）が小姓上がりと領国外からの有能な人材で構成され、一陣を任せられるまでに育ってきた事が窺い知れる。つまり人材面からも信長の要求レヴェルに達し、権限委譲が出来る状況となった。

一方、美濃側はこの戦いを、竹中半兵衛が指揮し、十面埋伏陣という伏兵戦術で織田軍を破った、といわれている。十面埋伏陣とは全軍を十隊に分け、伏兵とし隠す。信長軍が通り過ぎるのを待ち、まず一隊が一番後ろの部隊の背後からを攻撃。混乱が起き、その前の隊にも動揺が出た所を次の隊が襲う。これを残りの隊も繰り返す戦法であった、という。教科書に出て来るだけのような戦法で、本当に実行できたのか？　しかしいえる事は、兵の数、地の利は明らかに美濃側にあった。

しかも、信長軍の数の少なさからこの出撃は稲葉山城奪取の勝算があってのものであったかは、大きな疑問。この年は西美濃の土豪衆の一部が内応に応じているが、東美濃衆のさらなる内応の史料は無い。調略を促すのが目的の侵攻であったか？　それにしても結果は御粗末。成長の為の過渡期でこの結果も已むなしか。

この年、信長にとり二つの重要な出来事が尾張の外で起こる。一つは同盟国、三河の元康の所で大規模な〝一向一揆〟が勃発。もう一つは近江の六角氏に〝海音寺騒動〟が勃発である。

三河の一向一揆はこの年の秋から翌年の二月まで約半年程続く。原因は元康の東三河支配を目指した軍事行動が一向宗寺内の不入権を侵害し、これが引き金となり、松平一族、家臣団を二分する騒動となった。が、一揆側の組織的結束力が弱く、翌春までには鎮圧された。実態は打ち続く天候不順下の軍事行動で、少ない食糧の奪い合いが原因で起きた一揆であった。この年、元康は義元からの偏諱、元を外し、家康に改名。今川家からの自立を鮮明にし、三河統一への軍事行動を活発化させた、その矢先の領内での反発であった。

一方、近江では十月、当主、六角義治が重臣筆頭、後藤賢豊と彼の嫡男を観音寺城で暗殺してしまう。家臣の間に大きな衝撃と動揺が走り、北近江の浅井氏も攻め込む構えを見せ、当主、義治と父、義賢が一時家臣に追放される事態にまで発展、六角氏の弱体化が進む。原因は有力家臣の力が当主の地位を脅かすまでになった結果であった。

三河の一向一揆勃発を見るに、信長の美濃攻めの一時中断と小牧山城築城（尾張の国を挙げての大プロジェクト）で、領民へ米・銭の還元を図り経済を再生した事がいかに時宜を得た適切な打ち手であったか、また近江の騒動では、信長がやってきた二つの事、有力家臣達（林、平手等）から不釣合と看做した経済権益を剥奪し力を削ぐと共に、それで得た財力で馬廻衆と呼ばれる様になる信長版奉公衆（親衛隊）を整備し、かつ多数の鉄砲を装備して有力家臣や領国内外の競合相手の力を遥かに凌ぐ実力を培ってきた事が的を射た打ち手であったと、結果として分かる。

観音寺騒動は六角氏と美濃の斎藤氏との同盟関係を弱体化し、信長は斎藤氏への攻撃に際し、近江からの支援が来る事を考慮しなくて済む出来事であった。さらにその先では、次の上洛に際しての通行路が弱体化した六角氏を排除すれば道は開ける情勢となった事を意味していた。それにしても信長の進む方向は自然と障害がなくなる感を益々強くする。

永禄七年（一五六四年）犬山城攻略：尾張完全統一

信長はこの年美濃包囲網を造る画策をしている。沢彦の『史記』からの教え〝同盟国を募り〟に倣った動きか。越後の上杉輝虎（謙信）、越前の朝倉義景等がその対象であった。（目に見えての効果は無かった様だが）。

二月、竹中半兵衛重治（後の秀吉の軍師）が稲葉山城を簒奪。

美濃の竹中半兵衛が主君、龍興やその取り巻きから軽んじられた事に怒り、手勢僅か十六名で稲葉山城を簒奪する事件を起す。舅の安藤守就《もりなり》の手も借り実行。だが八月に龍興に返還。何度も龍興を諌めた後でのクーデターであったのでは。だがこのクーデターへの支持は集ま

河野島合戦

- ●永禄七年　犬山城攻略
- ●永禄七年　宇留摩・猿ばみ城攻略
- ●永禄八年　堂洞砦攻略
- ●永禄九年　河野島合戦

らなかった。
（この件も間接的な小牧山城築城効果でなかったか？　龍興は日頃から信長と比較され、家臣から諫言をいわれ、政《まつりごと》に嫌気がさし、佞臣を取り立てる中で起こった騒動であったのでは）。
五月、犬山城攻略、城主、織田信清は甲斐の武田へ。（尾張の完全統一が成る）
八月、犬山城から木曽川を隔てた対岸に在る美濃方、宇留摩城、猿啄《さるばみ》城を落す。

「一、飛騨川を打ち越し、美濃国へ御乱入。御敵城宇留摩の城主大沢次郎左衛門、ならびに、猿ばみの城主多治見とて、両城は飛騨川へ付きて、犬山の川向ひ押し並べて持ち続けこれあり。十町十五町隔て、伊木山とて高山あり。此の山へ取り上り、御要害丈夫にこしらへ、両城を見下し、信長御居陣候ひしなり。うるまの城ちかぢかと御在陣候間、越訴（おつそ）とも拘へ難く存知、渡し進上候なり。

一、猿ばみの城、飛騨川へ付きて、高山なり。大ぼて山とて、猿ばみの上には、生茂りたる崱（カサ）あり。或る時、大ぼて山へ丹羽五郎左衛門先懸にて攻めのぼり、御人数を上げられ、水の手を御取り候て、上下より攻められ、即時につまり、降参、退散なり」
（『信長公記』「濃州伊木山へ御上の事」）

犬山城の落城を間近に見ていたこの二つの城も口実さえできれば逃げ出したい、が本音ではなかったか。信長が出張り、丹羽五郎左が攻めるとあっという間に降参、城を引き渡して退散してしまう。ここに至るまで調略もやっていたであろうが、美濃内の諸勢力は半兵衛のクーデター等もあり次第に信長に傾いていく感あり。

さらに、西美濃の国境の諸勢力、市橋氏、国枝氏等が信長に下ってくる。

永禄八年（一五六五年）麒麟の花押

この年以降数年、天候が悪化。美濃攻略までの3年間を『戦国期の災害年表』（1565年～1567年）（表27）で見ると全国規模で大混乱となっていた。その様な中、五月、京で十三代将軍足利義輝が三好三人衆と松永久秀の軍勢に襲われ、横死した。前年、最高実力者三好長慶が、嫡男、義興の死以降気弱になり病死。三好家の退潮が鮮明となる中、義満以来の聡明な将軍といわれた義輝と衝突し、起きた政変であった。信長にとり先の上洛時に会った将軍義輝が討たれた衝撃は大きかった。これを機に自

（表27）『戦国期の災害年表』（1565年～1567年）

永禄8年	1565年	諸国不孰、万民餓死（美濃）、長雨、不作、飢饉（上野、常陸、陸奥）
永禄9年	1566年	夏霜大飢饉、天下三分一死（京都22）旱魃凶作（肥前）、飢饉、人畜多死（陸奥）
永禄10年	1567年	大旱魃（大和）、大飢饉、餓死（会津）

分が世の秩序を立て直さなければ、と強く思う様になったのであろう。

信長はこの年から麒麟の麟を模した花押（サイン）を使い始める。将軍が機能する、しないはとも角、簡単に暗殺されてしまう世に、麒麟の登壇を望むを意図した新花押の使用ではなかったか。

九月　武田信玄の息子、勝頼に養女を嫁がせ、同盟関係を結ぶ。（美濃包囲網構築の一環と攻略が終盤に差し掛かり直接国境を接する前に手を打った）。

九月末、堂洞砦《どうほら》を攻め落とす。

「一、猿ばみより三里奥に、加治田の城とてこれあり。城主は佐藤紀伊守・子息右近右衛門とて父子御身方として居城候。長井隼人正、加治田へ差し向ひ、廿五町隔て堂洞と云う所に取手を構へ、岸勘解由左衛門、多治見一党を入れ置き候。さて、長井隼人、名にしおふ鍛冶の在所関と云う所五十町隔て、詰め陣にこれあり。さ候へば、加治田迷惑に及ぶの間、九月廿八日、信長御馬を出だされ、堂洞を取り巻き、攻められ候。三方谷にて、東一方尾つゞきなり。其の日は風つよく吹くなり。信長かけまはし御覧じ、御諚には、塀ぎはへ詰め候はゞ、四方より続松（たいまつ）をこしらへ、持ちよって、投げ入れるべく候旨、仰せ付けられ候。然（しか）うして長井隼人後巻として、堂洞取手の下、廿五町山下まで懸け来たり、人数を備へ候へども、足軽をも出ださず、信長は諸手に御人数備へられ、攻めさせられ、御諚の如く、続松を打ち入れ、二の丸を焼き崩し候へば、天主構へ取り入り候を、二の丸の入口おもてに、（略）」

（『信長公記』「堂洞の取手攻めらるゝのこと」）

信長に最初に下った中美濃の加治田城救援のため、信長が自ら兵を率いて駆け付け、敵、岸勘解由左衛門、多治見一党が陣を取った堂洞砦を攻撃する。

「午刻（正午頃）に取り寄り、酉の刻（午後六時前後）まで攻めさせられ、既に薄暮に及び、河尻与兵衛天主構へ乗り入り、丹羽五郎左衛門つゞいて乗り入るところ、岸勘解由左衛門・多治見一党働の事、大形ならず、暫（しばらく）の戦ひに城中人数乱れて、敵身方見分かず、大将分の者皆討ち果たし畢（おわんぬ）」

（『信長公記』「堂洞の取手攻めらるるのこと」続き）

激戦であったが、詰め陣していた敵将、長井隼人等は信長方に攻撃も仕掛けず、砦は全員討死し陥落した。なぜ攻撃をかけなかったか。不可解。

「翌日、廿九日、山下の町にて頸御実検なされ、御帰陣の時、関口より長井隼人正、並に、井口より龍興懸け出でられ、御敵人数三千余あり。信長御人数譏（わずか）に七、八百これに過ぐべからず。手負・

死人数多（あまた）これあり。退かれ候所はひろ野なり。先、御人数立てられ候て、手負の者雑人どもを引き退けられ、足軽を出すやうに、何れも馬をのりまわし、かる〴〵引き取って、のかせられ候。御敵ほいなき仕合せと申したるの由に候」

（『信長公記』「堂洞の取手攻めらるるのこと」続き2）

翌日信長の頸実検がどの位時間を要したかは伝わっていないが、終わって帰ろうとしている所に斎藤勢が押し寄せる。三千対八百、しかも信長方は砦を攻め落とした後で、死人や多数の手負いを抱えての帰り道しかも平坦。だが斎藤勢は攻める事をしない。どう見ても信長を仕留める絶好の好機の筈だが、信長は軽々と退却してしまう。後になって斎藤方は〝ほいなき仕合せ〟＝〝本意でない成り行きになった〟という。前日討死した者達は無駄死にであった様だ。

『信長公記』には出て来ないが、鉄砲を使って追撃して来る斎藤勢を威嚇しながらの退陣であったか、軽々と退く。それにしても信長は八百のみでの出陣、地形的制約があったのか？兵力不足を象徴しているのか？　それでも砦を落とし、やるべき事を済ませての帰還。斎藤側は表向き後詰に来たが諸将は信長を本気で討とうとしない。やる気に問題が出て来ていると疑わざるを得ない。この辺りで既に信長対龍興の戦いの勝敗は流れが決まりだしていたか。

永禄九年（一五六六年）九月　河野島合戦

後に十五代将軍となる足利義秋（義昭）が何度も畿内に出兵し将軍家再興をと信長に要請し、信長も美濃攻略の進捗状況から、その気であったらしいが、それほど簡単に事は進まなかった。またもやこの年九月、信長は河野島で斎藤軍と対戦するも、洪水で身動きが取れなくなり、水が引き始めてから撤退を図った所を攻め込まれ、少々討取られ、多数の溺死者を出した。

信長の美濃攻略戦は桶狭間の合戦での颯爽とした勇姿から程遠い体たらくに見える。小牧山城築城後の美濃攻略では、将来を見据えて、合戦のやり方を変え、部下に権限委譲したのが裏目に出ているのか？　または新規召し抱えの兵が多数を占め、実戦で教練をやっている様なもので、少々の負けは織り込み済みだったか？　ともかく、この頃の信長軍は合戦に弱い。

この様な中で能力を期待以上に発揮したのが秀吉であった。調略、合戦、築城と卑賤の出ながら機会が与えられると、才能を存分に発揮した、ではなかったか。これも戦上手の柴田権六が信長から疎まれ、佐久間や梁田は尾張南部の押さえに使われ、丹羽五郎左のみが使われている美濃攻略で、間隙をぬって秀吉が主要家臣の地位にまで台頭してきた。

秀吉は信長がその時々で一番困っている問題に具体的な回答を出す事で、信長から高い評価を受けた感がある。信長が兵力不足で困りぬいている時に、蜂須賀小六率いる川並衆数百人を味方に取り込み、美濃攻略を戦闘から調略に方針を変えると命懸けで西美濃での調略に邁進する。小牧山城築城を開始すると川並衆の力で、資材（石や木材）の運搬に尽力したのが秀吉ではなかったか？　この男の評価は急上昇した。〝木綿藤吉〟の使い勝手の良さを遺憾なく発揮している。秀吉の活躍は信長の外から有能な者を雇う方針と〝部下の活用〟の最たる成果が出てきた事を端的に示している。

合戦では苦戦が続いた信長であったが、〝桶狭間での大勝利と小牧山城を創り上げた男（信長）〟と〝凡庸な男（龍興）〟の対比から、徐々に調略が龍興の家臣達に浸透していった。

永禄十年（一五六七年）美濃攻略

この年、信長は北伊勢の攻略に滝川一益《かずます》を大将にして軍勢を派遣、この地における近江六角氏の影響力排除に乗り出す。美濃攻略も大詰めを迎え、兵を北伊勢へ出す余裕ができたという事であろうか。次の一手のための布石を打ち始めた。そして肝心の美濃攻略の詰めは、

「一、四月上旬、木曽川の大河を打ち越し、美濃国加賀見野に御人数立てられ、御敵、井口より、龍興人数罷出で、新加納の村を拘え、人数を備へ候。其の間、節所にて馬の懸引きならざる間、其の日、御帰陣候ひしなり。

一、八月朔日（ついたち）、美濃三人衆稲葉伊代守、氏家卜全、安藤伊賀守申し合せ候て、信長公へ御身方に参ずべく候間、人質を御請取り候へと、申し越し候。然る間、村井民部丞・島田所之助人質を請取りに西美濃へさし遣はされ、未だ人質も参らず候に、俄（にわ）かに御人数出だされ、井口山のつゞき瑞龍寺山へ懸け上られ候。是は如何に、敵か味方かと申すところに、早、町に火をかけ、即時に生（はだ）か城になされ候。其の日、以外に風吹き候。翌日御普請くばり仰せ付けられ、四方鹿垣結ひまはし、取り籠めをかせられ候。左候ところへ美濃三人衆も参り、胆をひやし、御礼申し上げられ候。信長は何事もケ様に物軽に御沙汰をなされ候なり。

一、八月十五日、色々降参候て飛騨川のつゞきにて候間、舟にて川内長島へ、龍興退散。さて、美濃国一篇に仰せ付けられ、尾張国小真木山より、濃州稲葉山へ御越しなり。井口と申すを、今度改めて、岐阜と名付けさせられ、明くる年の事」

（『信長公記』「稲葉山御取り侯事」）

この年、四月初めにも稲葉山城攻めで出陣したが、手違いがあったか兵を退く。八月一日、西美濃三人衆が終に調略で下る。信長はここぞと許りに、彼らの人質が到着する前に城を包囲。

半月後龍興が城を出、稲葉山城落城。

美濃攻略がなった。

完

美濃攻めの最後はあっけない。永禄四年（一五六一年）五月の十四条合戦以降、西美濃では合戦はなく調略が進められた。永禄十年（一五六七年）八月、ようやく西美濃三人衆が下る。彼らが美濃を支えていたのか、中美濃での合戦での勝ちが無いにも拘らず、美濃は落ちる。表向き華々しくも無く、一つ一つ砦を落としながら主に調略で美濃を手中に収めた。桶狭間の合戦勝利から七年、桶狭間まではまた違った苦労があった、のではなかろうか？　それは、

・桶狭間合戦の後遺症：権力の基盤である兵数を家督相続時よりも落とした。
・一向一揆勃発の危惧：打ち続く凶作と合戦による民の疲弊の深刻化で一向一揆の勃発のおそれが増した。

であった。これ等への信長の回答が、

小牧山城築城と城下町創建：独創的な構想と壮大な規模での大プロジェクト実施であった。この回答は結果として、自分が目指す〝新しい政〟を見える形で、また実感できる形で家臣・領民に指し示す事ができた。具体的には、絶対的権威の創造（築城）の過程で多くの民を参加させ、信長が持つ指導力、統率力を見せつけ、かつ今生の利益《りやく》を与えることで民の困窮の問題を一挙に改善する一方、惣構えの城下町の創建で、住民には家業に勤しめる環境、継続的安心安全を実現して見せた。その効果は領民の信長信奉として現れ、この効果を美濃にまで拡げる美濃攻略の大義名分となり、美濃調略の進展へと、期待したもの以上となった。結果、自分の考え、打ち手にさらに自信を深める効果ももたらした。

小牧山城築城の二年後、京で十三代将軍・義輝が三好三人衆と松永弾正に討たれる。全く世も末。京に上り自分が幕府に取って代わり小牧山築城で実践したやり方で、天下を治めなければ、という使命感が生じたのでは。それが麒麟の麟の字をかたどった花押の使用にまず表れた。

次に京で将軍、義輝横死後、次の将軍が決まらない混沌とした状況下で美濃を切り従え、さらに自信を深めた信長が、小牧山城築城効果の普遍化を天下に知らしめるために選んだ言葉が〝天下布武〟であった。泰平の世を自分がもたらして見せる、の決意表明である。

これは、出口の見えない戦国の世に一点の松明を掲げた効果をもたらした。少なくとも信長は〝戦国の世の終わりの始まり〟を〝天下布武〟で告げた男といえる事は確かであろう。この男が、このタイミングで世に現れなければ、戦国の世はより長く続いたのは確か。やはりこの男は時代を変える、まさにそのために生まれてきた男であった。

存亡の危機に陥った尾張、弾正忠家の家督を継いで十五年、尾張、美濃を切り従え、次の目標として戦国の世に、天下泰平の実現を目指す『天下布武』を宣言するに至った。

ようやく「天下布武への道」を辿り終えた。

完

『参考資料』一覧表　（天下布武への道）

（1）『愛知県史』中世3　愛知県総務部法務文章課県史録さん室
（2）『足利義満』小川剛生著（2012年）中公新書
（3）『アレクサンドロス大王』パーサ・ボース著（2004年）集英社
（4）『石の宗教』五来　重著（2007年）講談社
（5）『合戦の文化史』二木謙一著（2007年）講談社
（6）『韓非子』（1～4）金谷　治訳注（1994年）　岩波文庫
（7）『逆説の日本史』4「信長全史」井沢元彦著（2011年）小学館
（8）『史記』1「本記」小竹文夫・小竹武夫訳（1995年）ちくま学芸文庫
（9）『新説　桶狭間の合戦』橋場日月著（2008年）学研新書
（10）『信長公記』（原文）太田牛一著　桑田忠親校注（1997年）新人物往来社
（11）『信長公記』（現代語訳）太田牛一著　中川太古訳（2013年）KADOKAWA
（12）『戦国時代』永原慶二、ジョン・W・ホール、コーゾー・ヤマムラ著（1978年）吉川弘文館
（13）『戦国期の貨幣と経済』川戸貴史著（2008年）吉川弘文館
（14）『戦国期の室町幕府』今谷　明著（2006年）講談社
（15）『戦争論』カールフォンクラウゼヴィッツ著　日本クラウゼヴィッツ学会訳（2001年）芙蓉書房出版
（16）『宋長日記』島津忠夫注（1975年）岩波文庫

(17)『雑兵物語　おあむ物語』中村通夫、湯沢幸吉郎　校訂（1943年）岩波文庫
(18)『孫子』浅野裕一注訳（1997年）講談社
(19)『土一揆と城の戦国を行く』藤木久志著（2006年）朝日新聞社
(20)『ドイツ参謀本部』渡辺昇一著（1974年）中公新書
(21)『苧麻・絹・木綿の社会史』永原慶二著（2004年）吉川弘文館
(22)『三河物語　葉隠』齋木一馬・岡山泰四・相良亨校注（1974年）岩波書店
(23)『ナポレオン言行録』オクターヴ・オブリ編　大塚幸男訳（1983年）岩波文庫
(24)『ナポレオン戦争全史』松村　劭著（2005年）原書房
(25)『日本史』「織田信長Ⅱ・Ⅲ」ルイス・フロイス著　松田毅一・川崎桃太訳（2000年）中公文庫
(26)『日本農業史』木村茂光著（2010年）吉川弘文館
(27)『日本社会の歴史』網野善彦（1997年）岩波新書
(28)『本願寺』井上鋭夫著（2008年）講談社
(29)『六韜・三略の兵法』守谷　洋著（1994年）プレジデント社
(30)『歴史群像シリーズ　ドキュメント　信長の合戦』藤井尚夫著（2011年）学研
(31)『ヨーロッパ文化と日本文化』ルイス・フロイス著　岡田章雄訳（1991年）岩波文庫

蜂須賀　剣（はちすか　けん）

1949年群馬県館林市で生まれる。
早稲田大学卒業後、（株）東芝入社。
ギリシヤ、ドイツ、イタリア、イギリス、ベルギー、フランスに計21年駐在。
退職後著作活動に入る。

天下布武への道

発　行　2016年1月27日　初版第1刷

著　者　蜂須賀　剣
発　売　株式会社　水曜社
〒160-0022 東京都 新宿区新宿1丁目14-12
電話：03-3351-8768　Fax：03-5362-7279

編集・制作協力　ティエフピー企画・GREEN-LOOP. LLC
印刷　日本ハイコム株式会社

ISBN 978-4-88065-377-8 C0021